beck'sche reihe

b sr

Was ist Wissen – und wie hängen seine Formen, seine Inhalte, seine Verteilung und sein Ansehen mit der Gesellschaft zusammen, die es erzeugt? Wie wird es weitergegeben, bewahrt, kontrolliert – und welchen Einfluß hat das auf gesellschaftliche Machtstrukturen? International angesehene Prähistoriker und Ethnologen, Philosophen und Geschichtswissenschaftler haben sich in diesem Band zusammengefunden, um auf diese Fragen einzugehen. Indem sie ihre fachspezifischen Ansätze auf einen fachübergreifenden Gegenstand beziehen, stellen sie das menschliche Wissen in all seinen Facetten vor Augen.

Johannes Fried ist Professor für mittelalterliche Geschichte an der Johann Wolfgang Goethe-Universität Frankfurt/M. und Experte für das Frühe und Hohe Mittelalter

Johannes Süßmann ist Assistent am Lehrstuhl für frühneuzeitliche Geschichte der Johann Wolfgang Goethe-Universität Frankfurt/M.

Revolutionen des Wissens

Von der Steinzeit bis zur Moderne

*Herausgegeben von
Johannes Fried und Johannes Süßmann*

Verlag C. H. Beck

Den Aufsatz von Colin Renfrew hat Hans-Peter Wotzka aus dem Englischen übersetzt, den Aufsatz von John McDowell, Eva Gilmer, die Aufsätze von Jack R. Goody, Geoffrey Lloyd und Steven Ascheim Johannes Süßmann.

Die Deutsche Bibliothek – CIP-Einheitsaufnahme

Revolutionen des Wissens: Von der Steinzeit bis zur Moderne / hrsg. von Johannes Fried und Johannes Süßmann. – Orig.-Ausg. – München : Beck, 2001
(Beck'sche Reihe ; 1450)
ISBN 3 406 47576 0

Originalausgabe
ISBN 3 406 47576 0

Umschlagentwurf: +malsy, Bremen
© Verlag C. H. Beck oHG, München 2001
Gesamtherstellung: Druckerei C. H. Beck, Nördlingen
Printed in Germany

www.beck.de

Inhalt

Johannes Fried / Johannes Süßmann
Revolutionen des Wissens – eine Einführung 7

Colin Renfrew
Symbol before concept. Die Macht des Symbols
und die frühe Gesellschaftsentwicklung 21

Jack R. Goody
Wissen und die Arten seiner Weitergabe 40

Jan Assmann
Ägypten in der Wissenskultur des Abendlandes 56

Arnold Angenendt
Revolution in der Religion? 76

Geoffrey Lloyd
Wissenschaft und Gesellschaft in antiken Kulturen 96

John McDowell
Moderne Auffassungen von Wissenschaft
und die Philosophie des Geistes 116

Steven E. Aschheim
Jenseits von Bildung und Liberalismus: Die radikale jüdische
Erneuerungsbewegung in der Weimarer Republik 136

Anmerkungen und Literatur 156
Über die Autoren 186
Register 190

Johannes Fried und Johannes Süßmann

Revolutionen des Wissens
– eine Einführung

Wir leben in einer Epoche politischer und gesellschaftlicher Umbrüche, neuer Medien und technischer Innovationen, wir erleben eine Epoche der Wissensrevolutionen. Was wir eben noch wußten: politisch über die Welt des Ost-West-Konflikts, wirtschaftlich über die soziale Marktwirtschaft, gesellschaftlich über die Identität des Westens, hat über Nacht an Geltung verloren. Ganze Kontinente unseres Wissens versinken, ganze Organisationsformen dieses Wissens veralten. Immer häufiger beziehen wir unsere Informationen von elektronischen Bildschirm- und Speichermedien anstatt aus Drucksachen. Entlang der großen Informationsströme entsteht eine neue Gesellschaft von Wissenden. Im Internet nimmt unser Wissen einen neuen Aggregatzustand an.

Für die Kulturwissenschaften ist diese Erfahrung eine Herausforderung und eine Chance zugleich. Eine Herausforderung, weil sie – bislang als „Buchwissenschaften" ein privilegiertes Wissen verwaltend – sich nun neuen Wissensarten zuwenden müssen. Eine Chance, weil sich dadurch ihr Gegenstand verändert. Er wird universeller, er gewinnt eine neue anthropologische Dimension. Er gibt den Kulturwissenschaften Gewicht für eine gesellschaftliche Schlüsseldiskussion. Denn wie der gesellschaftliche Wandel zusammenhängt mit der Verteilung des Wissens, welche Wissensformen in jeder Gesellschaft konkurrieren und welches Ansehen sie genießen, wie die Kontrolle über das Wissen auf einer Kontrolle über die Medien beruht und welche Institutionen diese Kontrolle ausüben, all dies erfährt die Gesellschaft am besten von den Kulturwissenschaften.

Die hier gedruckten Vorträge stellen Studien über solche Fragen dar. Sie gehen von der Überlegung aus, daß Wissen – ein totales gesellschaftliches Phänomen im Sinne von Marcel Mauss – die Kompetenz jeder einzelnen kulturwissenschaftlichen Disziplin überschreitet. Nur in transdisziplinärer Zusammenarbeit können die hier gestellten Fragen bearbeitet werden. Nur indem

Philosophen und Prähistoriker, Geschichtswissenschaftler und Ethnologen sich zusammenfinden, indem sie ihre fachspezifischen Ansätze auf fachübergreifende Fragen beziehen, ist ein Gegenstand wie das menschliche Wissen überhaupt in den Blick zu bekommen. Die an der Reihe *Revolutionen des Wissens* Beteiligten haben dafür ein, wie wir meinen, eindrucksvolles Beispiel gegeben. Mit ihrer Souveränität und ihrer Offenheit, ihrer exzellenten Sachkenntnis und Vermittlungsfähigkeit, ihrer Bereitschaft, auf unsere Fragen einzugehen, und ihrer Neugierde auf mögliche Anschlußstellen kamen sie den Hoffnungen der Veranstalter nicht nur in idealer Weise entgegen – ganz nebenbei haben sie dabei auch die derzeit vielbeschworene (und vielvermißte) Einheit der Kulturwissenschaften in der Vielfalt ihrer Ansätze vor Augen geführt.

Wissen ist ein eigentümlich Ding. Unverzichtbar für das Leben jedes einzelnen, allgegenwärtig in dem, was Menschen sagen und tun, wird es rätselhaft, sobald man es selbst zum Gegenstand erhebt. *Daß* man das tut, daß man Wissen betrachtet, systematisiert und erforscht, ist keineswegs selbstverständlich. Lange wohl, sehr lange haben die Menschen sich mit seiner praktischen Weiterentwicklung begnügt. Bis weit in die Neuzeit hinein verließen sie sich in erster Linie auf ihre praktische Klugheit: ein naturwüchsig entstandenes, problemlösendes, „schweigendes" Wissen, sprachlich oft nicht abfragbar, aber in den Kulturleistungen von Gesellschaften manifest. Selbst als die Menschen eine reflektierende Vernunft zu entwickeln begannen, als die Philosophie und die Wissenschaften entstanden, beschränkte man sich häufig auf die Reflexion weniger Wissensarten.

Das zeigt sich an den Wissensbestimmungen. Wissen, lehrt Platon, bestehe aus wahren und begründeten Meinungen – über die Wahrheit und Begründbarkeit dieser Definition jedoch streiten die Philosophen bis heute. Dient die Bestimmung in erster Linie der Eingrenzung dessen, was wir *sicher* wissen können (z. B. indem wir es aus präzisen Definitionen durch Schlußfolgerungen herleiten)? Zielt Platon mithin primär auf die Etablierung des theoretischen und wissenschaftlichen Wissens – auch um den Preis, daß der unsichere Rest als bloße Meinung denunziert und in die Praxis verwiesen wird? Oder soll sein Wissensbegriff weniger gesicherte Ergebnisse hervorbringen als einen Prozeß in Gang setzen: den der Erschütterung nämlich, der Infragestellung und Prüfung von Meinungen – *aller* Meinungen, derjenigen des vorwissenschaftlichen Alltags so gut wie derjenigen, die eben noch als gesichertes Wissen galten? Von Anfang an, könnte man sagen, ist in der philosophischen Bestimmung des Wissens ein unendlicher Regreß angelegt. Bereits bei seiner Entdeckung beginnt das Wissen, sich wieder zu entziehen. Der Versuch, es systematisch dingfest zu machen, mündet in die Feststellung, daß wir nicht wissen (können?), was Wissen ist.

Nicht weniger paradox sind die Ergebnisse, wenn wir versuchen, uns dem Wissen über seine Inhalte zu nähern. Wissen, so läßt sich vermuten, beruht auf erfolgreichen Problemlösungen. Es enthält vergangene Erfahrung im Umgang mit Welt, es entsteht, indem Erfahrung gesammelt und symbolisiert, weitergegeben und erinnert, verwertet, verfeinert und systematisiert wird. In dieser Perspektive ist Wissen der historische Gegenstand *par excellence*. Stets ist in ihm die gesamte Menschheitsgeschichte enthalten. Bei seinem Gebrauch profitieren wir von der Arbeit aller uns vorausgegangenen Generationen. Kann es ein besseres Fenster in die Vergangenheit geben? Nur bei dem brauchen wir anzusetzen, was uns das Nächste ist: was wir wissen. Sobald wir danach fragen, woher es kommt und wie es zu uns gelangt ist, müßte sich eine weite Aussicht in die Vergangenheit öffnen. Doch das Fenster ist beschlagen, das Wissen opak. Denn es repräsentiert Antworten, nicht offene Fragen, Ergebnisse, nicht ungelöste Probleme, es half Krisen überwinden – und verdeckt eben damit den Blick auf sie. So mühsam ist es errungen, so sorgsam verfestigt, so lange bewährt, daß es die Situation vor dem Wissen – die Krise, die zu seiner Erzeugung zwang, wie auch den gesamten Prozeß seiner Generierung, Reinigung und Weitergabe – in der Regel verdeckt. Wissen soll ja allgemeingültig sein. Es soll aus seinem Entstehungskontext gelöst und auf andere Situationen übertragen werden können; die Tilgung des Entstehungszusammenhangs ist dafür konstitutiv. All die Vergangenheit, die in ihm gegenwärtig ist, die Dramen, die Kämpfe – es selbst scheint uns den Blick dorthin zu verbauen.

Das Problem ist: Wir versuchen, unser Wissen dingfest zu machen (schon um es weitergeben zu können), wir denken es statisch. Vielleicht können wir nicht anders. Dabei besteht es aus einem unablässigen gesellschaftlichen und mentalen Umwälzungsprozeß.

Dynamisch ist schon der Prozeß der Wissenserzeugung, sind die Krisen und Probleme, die zur Generierung neuen Wissens führen. Dynamisch sind die Inhalte, die eine Gesellschaft als Kulturwissen organisiert. Dynamisch ist ihre Vergegenwärtigung. Zugänglich nur durch Erinnerung, werden sie mit jeder Erinnerung aktualisiert, bei jeder Aktualisierung verändert, durch jeden Erinnerungsprozeß umgeformt. Unbrauchbar gewordene Inhalte werden abgestoßen, neue eingefügt, sie gewinnen andere Funktionen und wechseln ihre Qualität. Dynamisch ist ihre Zusammensetzung. Neben der aktualisierenden Erinnerung wirkt das Vergessen – ein produktives Vermögen, wie Nietzsche bemerkt hat, eine notwendige Aktivität, die das Erinnerte zur Auswahl macht und dadurch erst wertvoll, die es lückenhaft macht und damit geeignet für Neukombinationen, die es perspektiviert und so seine Umwertung ermöglicht. Gemindert wird das Vergessen je nach den Hilfsmitteln einer Gesellschaft durch einen Speicher für entaktualisiertes Wissen: das Archiv. In ihm sammeln sich Wissensbestände, die für unbrauchbar gelten, aber doch als Mahnung an frühere Zustände dienen, als Beutegut überwundener Kulturen, als kuriose Zeugnisse exotischer Verhältnisse. Plötzlich können soziale Gruppen auf sie zurückgreifen, können sie wiederentdecken, aktualisieren, umdeuten. Dynamisch also ist auch der gesellschaftliche Gebrauch des Wissens. Er bekräftigt soziale Wahrnehmungsformen oder fördert die Entwicklung von neuen, er legitimiert die beharrenden Kräfte einer Gesellschaft oder ihre Herausforderer, er verzögert die Erfahrung des Neuen oder beschleunigt sie. Durch diese Dynamik wirkt Wissen als unerschöpfliche Triebkraft sozialen Wandels. Umgekehrt wirkt der gesellschaftliche Wandel, durch Bevölkerungsverluste ebenso wie durch Bevölkerungswachstum, durch Migration, Begegnung und Abgrenzung, durch technische Innovation oder politische Katastrophen, vor allem aber durch das wechselnde Licht gesellschaftlicher Wertideen, von dem Max Weber spricht, ständig auf das Wissen einer Gesellschaft ein. Nur in großen historischen Zusammenhängen, nur als Teil des Zivilisationsprozesses ist diese Wechselwirkung deshalb zu studieren.

Um diese ungeheure Dynamik des Wissens zu bezeichnen, das ständige Wechselspiel von kognitiven und gesellschaftlichen Vorgängen, die Verschränkung einer notwendig feststellenden und einer dynamisierenden Perspektive, haben wir die Metapher von den „Revolutionen des Wissens" gewählt. Ursprünglich aus der Astronomie stammend, ist der Begriff der Revolution heute in erster Linie mit politischen und gesellschaftlichen Umwälzungen assoziiert: mit Umstürzen von grundsätzlicher und einschneidender Bedeutung. In dieser Grundbedeutung wird er zunehmend auch auf andere Gegenstandsbereiche übertragen. Von Herbert Butterfield beispielsweise, später auch von Thomas S. Kuhn stammt die einflußreiche Anwendung des Revolutions-Begriffs auf die Wissenschaftsgeschichte. Nach ihrer bekannten These hätten die genialen Ideen der naturwissenschaftlichen Meisterdenker in der Frühen Neuzeit eine *scientific revolution* bewirkt, hätten sie eine qualitativ neue Phase der naturwissenschaftlichen Theoriebildung eingeläutet. Mit guten Gründen (aber gegenüber Pionieren wie Butterfield und Kuhn vielleicht nicht ganz gerecht) hat eine spätere Generation von Wissenschaftshistorikern dieses Konstrukt zurückgewiesen – vehement hat sie dabei auch den Revolutions-Begriff kritisiert. Wenn schon mit Blick auf die politische Geschichte bezweifelt werden könne, ob es grundsätzliche Umwälzungen überhaupt gebe, so gelte dies noch stärker für die Wissenschaftsgeschichte. Jede theoretische oder methodische Neuerung vollziehe sich hier auf der Grundlage einer ungleich bedeutenderen, wenn auch unauffälligen (weil unspektakulären) Kontinuität. Nur der Selbstanpreisung ungeduldiger Nachwuchsgenerationen gehe die Metapher von den wissenschaftlichen Revolutionen auf den Leim.

Gegenüber einem inflationären Gebrauch dieser Metapher hat dieser skeptische Einwand seine Berechtigung. Grundsätzlich geteilt wird er hier nicht. Die historische Betrachtung bedarf der Akzentuierung. Sie bedarf der Unterscheidung von Überkommenem und historisch Neuem; der Gliederung ihres Gegenstands in verschiedene Epochen; der – unvermeidbar metaphorischen – Kennzeichnung von deren Beziehungen. Anders wäre eine gegenwartsbezogene – und das heißt immer auch werthaltige – Geschichtserkenntnis gar nicht möglich. Dies gilt für die politische Geschichte in der gleichen Weise wie für die Wissenschaftsgeschichte und auch für die Geschichte des Wissens in einem weiten, umfassenden Sinn.

Um zu verdeutlichen, was mit Revolutionen des Wissens gemeint ist, möchten wir eine Geschichte erzählen, die wir Friedemann Schrenk verdanken: lange genug vergangen, um niemandem zu nahe zu treten und doch uns elementar betreffend; zusammengesetzt aus vielen kleinen Indizien und doch von der Kraft eines Ursprungsmythos. Ist sie wirklichkeitshaltig, wie uns die Paläontologen versichern? Oder nur eine Theorie, ein Forschungsszenario? Vielleicht gar nur ein Gedankenspiel oder Gleichnis?

Vor 2,8 Millionen Jahren sah sich ein Vorfahre des Menschen, der *Australopithecus affarensis*, mit einer Klimakatastrophe konfrontiert. Binnen kurzer Zeit kam es in seinem zentralafrikanischen Lebensraum zu einem Klimasturz: Um die 5 °C sanken im Jahresmittel die Temperaturen. Die unmittelbaren Folgen dieser klimatisch-physikalischen „Revolution" waren beträchtlich. Das gesamte Vegetationsprofil Zentralafrikas veränderte sich. Wo vorher dichte Regenwälder gestanden hatten, breitete sich nun die Savanne aus, von einer ungeheuren Fülle an Pflanzen und Tieren behaupteten sich in dem rauheren Klima nur wenige Arten. Auch der *Australopithecus* geriet in Bedrängnis. Immer schwerer, immer seltener waren die reifen Früchte und zarten Triebe zu beschaffen, die der Regenwald in paradiesischer Üppigkeit geboten hatte; immer häufiger, in immer größerem Maße mußten sie durch Wurzeln und hartfaserige Pflanzen ergänzt werden. Notgedrungen erschloß der *Australopithecus* sich neue Nahrung. In einer bemerkenswerten Anpassungsleistung stellte er – und das ist die zweite „Revolution" in dieser Geschichte – seine gesamte Ernährungsweise um.

Offenbar jedoch – und darauf kommt es uns an – erwuchs aus dem Zwang zur Anpassung auch die Freiheit zu unterschiedlichen Reaktionen. Das veränderte Nahrungsangebot und die damit verbundene Krise setzte Möglichkeiten für Innovationen frei. Auf zwei verschiedene Arten nämlich, mit zwei verschiedenen Strategien haben die Australopiteceen auf diesen Wandel reagiert. Angesichts der harten und bitteren Nahrung verlegte ein Teil der Population sich auf langes und ausdauerndes Kauen und formte dadurch ihre gesamten Kauwerkzeuge um. Ihre Backenzähne wurden breiter, die Kaumuskeln stärker, entsprechend veränderte sich der Schädel – es entstand eine neue Art: der *Australopitecus robustus*. Ein anderer Teil der Population – von den Paläontologen die grazile genannt – bearbeitete die Nahrung dagegen schon vor der Aufnahme. Sie setzte aufs Hauen und systematisierte dafür den bereits bekannten Werkzeuggebrauch. Spezifische Kenntnisse und Fertigkeiten entstanden (Werkzeugsuche, Werkzeuggebrauch, Werkzeugverbesserung), eine Spirale von Wissenserwerb und Wissensweitergabe kam in Gang: eine weitere, nur von einem Teil der Vormenschen vollzogene Revolution, die das Verhältnis zu ihrer Umwelt grundlegend veränderte.

In der Dynamik, die damit entfesselt wurde, bewegen wir uns noch heute. Die Wissensgesellschaft ist Millionen Jahre alt. Oder anders formuliert: Seit es Menschen gibt, leben sie in Wissensgesellschaften. Von den Klopfwerkzeugen zum Computer, der Nahrungszubereitung zur Gentechnik – Wissensrevolutionen in Serie! Die gesamte Sozialstruktur war davon betroffen. Der Umgang mit den Werkzeugen mußte erlernt, erworbene Fertigkeit mußte weitergegeben, nützliche Erfahrung gelehrt werden. Die Abhängigkeit von diesen Techniken machte das Gruppengedächtnis zu einer lebenswichtigen Institution. Unterschiedliche persönliche Geschicklichkeit und die zunehmende Differenzierung des Werkzeuggebrauchs führten zur Arbeitsteilung. Die verschiedenen Aufgaben mußten reflektiert, die dafür Zuständigen ausgewählt und in die Verantwortung genommen werden. Im Zusammenhang mit weiteren Veränderungen wie dem aufrechten Gang entwickelte sich eine neue Art des Denkens. Die Sprache bildete sich heraus, Zeichensysteme wurden geschaffen, die das Erfinden und Durchspielen von hypothetischen Möglichkeiten erlaubten. Immer weiter lösten die Menschen sich aus der unmittelbaren Abhängigkeit von der Natur, immer neue kollektive Leistungen ermöglichten eine immer weitergehende Emanzipation.

Und die sozialen Revolutionen wirkten auf die Biologie des Menschen zurück. Wer mit seinen Händen besser umgehen konnte, hatte ebenso Vorteile wie diejenigen mit der rascheren kognitiven Auffassungsgabe. Ein ständiger Selektionsdruck steuerte die Entwicklung von Gehirn, Greifhand und aufrechtem Gang. Die Wissensrevolutionen waren das Medium, über das die Wechselwirkung von biologischer und gesellschaftlicher Evolution des Menschen erfolgte. Sie waren sein Schicksal aber auch das Mittel seiner Selbstschöpfung.

Solchen Zusammenhängen ist an der Frankfurter Johann Wolfgang Goethe-Universität eine Forschergruppe auf der Spur. Nach über zweijähriger Vorbereitung ist hier zum 1. Januar 1999 ein Forschungskolleg der Deutschen Forschungsgemeinschaft eingerichtet worden. Vierzehn Professoren der Frankfurter Universität, zahlreiche Nachwuchswissenschaftler, Gäste aus dem In- und Ausland forschen gemeinsam über das Thema „Wissenskultur und gesellschaftlicher Wandel". Die Geschichtswissenschaft ist dabei ebenso vertreten wie die Philosophie, die Archäologie ebenso wie die Ethnologie, die Soziologie so gut wie die Rechts- und die Wirtschaftswissenschaft. Von der Steinzeit bis zur Gegenwart, an den indigenen Kulturen Nordamerikas wie an der klassischen Kultur der Griechen, machen sie die gesellschaftliche Dynamik von Wissensformen zu ihrem Thema. In transdisziplinärer Zusammenarbeit untersuchen sie das theoretische Wissen der Philosophen wie das praktische Wissen der Handwerker. Sie befragen das Jedermannswissen einer Gesellschaft und das identitätsstiftende Sonderwissen verschiedener gesellschaftlicher Gruppen. Sie fragen nach dem aufgeschriebenen, aber auch nach dem mündlich oder mimetisch weitergegebenen Wissen. Sie rekonstruieren das Herstellungs- und Gebrauchswissen, das in der Sachkultur einer Gesellschaft steckt. Sie zeichnen das Symbolwissen gesellschaftlicher Gruppen auf. Ihr systematisches Ziel ist die Entwicklung einer materialen und doch umfassenden Theorie der verschiedenen Wissensarten; in historischer Perspektive suchen sie den Zusammenhang von Wissen und gesellschaftlichem Wandel aufzuklären.

Die im Wintersemester 1998/99 gehaltene Vortragsreihe *Revolutionen des Wissens* stellt einen ersten Anlauf dazu dar. Veranstaltet im Rahmen der Stiftungsgastprofessur „Wissenschaft und Gesellschaft", konnten dank des Mäzenatentums der Deutschen Bank erstrangige Experten aus Deutschland, England und den Vereinigten Staaten nach Frankfurt eingeladen werden. Ihre Beiträge legen wir hier vor. Jeder beleuchtet das Thema mit der spezifischen Kompetenz seiner Disziplin, jeder stellt einen fach- oder methodenspezifischen Ansatz vor Augen. In einer Synthese solcher Ansätze fände das Frankfurter Kolleg sein Ziel. Ihre Reichhaltigkeit läßt den Reiz der Aufgabe erahnen – aber auch die Herausforderung, die es für die Beteiligten bedeutet, das eigene Fach und den eigenen Ansatz in häufig brillanter Weise von anderen relativiert zu sehen.

Bei der materialen Seite des Wissens, den Symbolen und Zeichensystemen, setzen Colin Renfrew und Jack Goody an. Als Prähistoriker und Ethnologen sind sie Experten für die Interpretation von Sachkulturen. Unablässig schließen sie von materiellen Überresten auf das darin enthaltene Wissen, denken sie über Zusammenhänge zwischen der Symbolisierung von Wissen und der Art seiner gesellschaftlichen Weitergabe nach. In ihren Beiträgen rücken sie mit dieser Kompetenz zwei weltgeschichtliche Umwälzungen in neues Licht. So wendet Colin Renfrew sich der „neolithischen Revolution" zu: dem Übergang des Menschen zur Seßhaftigkeit. Mit ihr findet nach Renfrew der *Homo sapiens sapiens* zu einem ihm gemäßen Handeln, mit ihr beginnt sein materielles Verwandeln der Welt. Erst durch seine bildende und umbildende Tätigkeit nämlich bringe der Mensch Gegenstände, Materialien, Verhältnisse hervor, die als institutionelle Tatsachen zugleich kulturelle Konzepte darstellten (das des Eigentums etwa, der Äquivalenzbeziehung oder des Geldes). Ohne die erzeugten Dinge wären die Begriffe nicht entstanden; vor der materiellen Umgestaltung der Welt habe die Konzeptualisierungsmöglichkeit der Sprache brachgelegen. Wissen (hier verstanden als gesellschaftliches Elementarwissen) ist nach Renfrew prinzipiell an materielle Symbole geknüpft. Die Symbole gingen den Begriffen voraus, seien für ihr Entstehen konstitutiv.

An diesem Zusammenhang ändert auch die Erfindung der Schrift nichts, schließlich handelt es sich bei ihr ebenfalls um eine symbolische Form. Dennoch hat ihr Gebrauch gravierende Folgen. In einem großen Überblick faßt Jack Goody seine langjährigen Forschungen zur gesellschaftlichen Bedeutung von Schriftlichkeit zusammen. Dabei gilt sein Augenmerk stets den Orten der Wissensvermittlung und den dadurch begünstigten Herrschaftsverhältnissen. Sind dies in Gesellschaften mit mündlicher Tradition vor allem die Familie und die Wortführer der unmittelbaren Kommunikation, so tritt in Schriftkulturen neben oder über sie der autoritative Text. Er ist die Hinterlassenschaft einer räumlich und zeitlich fernen Autorität, er bedarf der Vermittlung (also der Schulen), der Lesekundigen und Auslegungsexperten, auf die ein Teil der Schriftautorität sich überträgt. Ihr gegenüber, deutet Goody an, scheint Widerspruch leichter möglich als in eng verfugten Nahbeziehungen; zumindest wächst der Spielraum für Umdeutung, Auseinandersetzung, Kritik. Die moderne Entmachtung der Autoritäten und die breite politische Partizipation in den modernen Großgesellschaften hängen für Goody unmittelbar mit dem Alphabetisierungs- und Bildungsgrad der Menschen zusammen.

Zwei Fallstudien über den Umgang mit autoritativen Texten boten Yosef Hayim Yerushalmi und Jan Assmann. Natürlich legen die Judaistik und die Ägyptologie die Beschäftigung mit rituellem Wissen und kanonischen Schriften auch nahe. Interessanterweise zeigten die beiden Forscher jedoch völlig verschiedene Entwicklungen auf. Yosef Hayim Yerushalmi erzählte eine Geschichte der Traditionsbewahrung – auch über traumatische Umbrüche hinweg. Sein Thema war der Umgang mit dem Talmud: jener ursprünglich mündlichen Überlieferung religiöser Gesetze, die für das Judentum von identitätstiftender Bedeutung ist. Auch nach ihrer Verschriftlichung erforderte 'das Erlernen' der Lehren – nichts anderes bedeutet das Wort Talmud – mit seinen sanglich-körperlichen Elementen eine Fortsetzung der gesprochenen Überlieferung. Früh trat daneben die intellektuelle Auseinandersetzung, der Streit um die richtige Auslegung der Gesetze; in Form der *Gemara* wurde er selbst zum Bestandteil der Tradition. Diese Überlieferung allen Verfolgungen zum Trotz zu bewahren, war für die Juden von existentieller Bedeutung. Nicht der Buchstabe machte die Überlieferung dauerhafter als Erz, nicht die häufig verbrannte Schrift, sondern ihre Einverleibung durch jede neue Generation. Nach Yerushalmis Meinung können deshalb auch moderne Zugänge zum Talmud allenfalls relative Geltung beanspruchen, sei es die historisch-kritische Philologie, sei es die Verbreitung auf CD-Rom. Zum großen Bedauern der Herausgeber hat der Vortrag trotz (oder wegen?) seines Themas den Weg von der mündlichen Form in die schriftliche nicht gefunden.

Als eine Geschichte von Brechungen und Umdeutungen erzählt dagegen Jan Assmann die Rezeption des alten Ägypten in der Wissenskultur des Abendlands. Schon mit der Schließung der

Tempel in der Spätantike wurde das ägyptische Ritualwissen zum Gegenstand eines mystisch-magischen Geheimkults; unter griechischem Einfluß lud es sich mit neuplatonischen Elementen auf. Nicht umsonst ist das unter dem Namen des Hermes Trismegistus zusammengestellte Textkorpus zum Inbegriff „hermetischer" Geheimlehren geworden – aus höchst unterschiedlichen Interessen hat man sich seiner seit der Renaissance bedient. Ob die Ärzte und Alchemisten, Goldmacher und Astrologen eher die praktische Seite dieses Geheimwissens entdeckten, die antiquarischen Philologen darin nach Erklärungen für die biblischen Ritualgesetze suchten oder die Aufklärer hinter dem Kult der Isis von Sais eine Art Freimaurerloge vermuteten, stets war die Aneignung mit einem geistigen Schock verbunden, stets lieferte sie Impulse für eine Revolutionierung der eigenen, christlichen Wissenskultur.

Unmittelbar an die religionsgeschichtlichen Studien Assmanns knüpft Arnold Angenendt an. Doch faßt er Religion gerade nicht als Buchstabenglauben ins Auge, als Überlieferung und Umdeutung von kanonischen Schriften. Vielmehr fragt er nach der geistigen Seite der Religionen, nach der Bedeutung von verschiedenen Gottesvorstellungen für das Selbstverständnis der Menschen. In einer Gegenwart, die den abendländischen Subjektbegriff ebenso relativiert wie die auf ihm beruhende Verantwortungsethik, rückt Angenendt die Wurzeln dieser Errungenschaften ins Licht. Beide hängen für ihn mit dem Jenseitsglauben der Menschen zusammen. Erst mit der Steigerung der Transzendenz zum Gottesgericht bildete sich ein innerer Mensch heraus. Erst mit ihr wurden Herz und Sinn, Gefühle und Absichten den Taten vorgeordnet. In der Erwartung von Gottes Zu- oder Abwendung nach dem Tode erfanden die Menschen das Gewissen. An eindrucksvollen Beispielen stellt Angenendt die gesellschaftlichen Folgen dieser Revolution vor Augen. Ohne das Mit-Wissen des eigenen Denkens und Handelns sähen unsere Begriffe von Schuld und Recht, von Familie und Herrschaft anders aus. Insofern ist die von Angenendt entworfene Geschichte des Gewissens ein entscheidender Bestandteil der okzidentalen Wissenskultur.

Einer anderen Art von Wissen wenden Geoffrey Lloyd und John McDowell sich zu. Ihr Gegenstand ist die empirische Naturbeobachtung; in Form der modernen Naturwissenschaft ist sie zu einer Wissensmacht ersten Ranges aufgestiegen. Weithin bestimmt sie, in den angelsächsischen Ländern zumal, was unter Wissenschaft und damit auch unter Wissen zu verstehen ist; ganze Weltbilder hat man aus ihr abgeleitet. Mit diesen setzen Geoffrey Lloyd und John McDowell sich auseinander. Beide suchen die Geltung dieser Weltbilder zu relativieren, beide trachten danach, ihre Gegenstände aus dem ausschließlichen Bezug auf die moderne Naturwissenschaft zu lösen.

Nicht als Vorbereitung und Vorstufe der modernen Astronomie beispielsweise ist die Sternenkunde in den alten Hochkulturen zu verstehen. Vielmehr diente sie in Babylon, im alten China und im klassischen Athen höchst unterschiedlichen Zwecken. In einem erhellenden Vergleich deckt der Altertumswissenschaftler Geoffrey Lloyd Zusammenhänge auf zwischen der politischen Verfassung dieser Gemeinwesen, ihrer jeweiligen Art, die Himmelsbeobachtung zu institutionalisieren und ihrer Theoriebildung. Listig hat er als Vergleichskriterium die Fähigkeit zur Voraussage von Himmelsereignissen gewählt – gilt die Prognosefähigkeit vielen modernen Wissenschaftstheoretikern doch als wichtiges Kennzeichen echter Gesetzeswissenschaft. Weshalb sie aber *für diese Kulturen* wichtig war und wozu sie dort tatsächlich verwendet wurde, das zu erfahren ist ebenso vergnüglich, wie es die Wissenschaftstheoretiker nachdenklich stimmen könnte. Man verrät nicht zu viel von den Pointen dieses an Hintergedanken reichen Vortrags, wenn man unterstreicht, daß ausgerechnet die alten Griechen im Blick auf ihre Prognosefähigkeit nicht gut abschneiden (dafür umso besser *in puncto* Modellbildung) und daß sie ihren prognostischen Scharfsinn seit dem Hellenismus vor allem auf das Erstellen von Horoskopen verwendeten.

Hebt Lloyd auf die Eigenart des Naturwissens *vor* der Entstehung der modernen Naturwissenschaften ab, so faßt der Philosoph John McDowell deren Folgewirkungen ins Auge. Zu diesen Wirkungen gehört der Abgrund, den die neuzeitlichen Naturwissenschaften zwischen der Naturbeobachtung und der Modellbildung aufgerissen haben. So sehr bereits ihre Empirie auf Abstraktionen beruht, auf künstlichen Versuchsanordnungen und dem Einsatz von Technik, so wenig lassen sich die Prinzipien, nach denen die empirisch gewonnenen Daten geordnet werden (etwa der Begriff der Kausalität), diesen selbst entnehmen. Ebensowenig die Begriffe und Theorien der Wissenschaftler: Auch sie stellen sich in der Moderne als Konstruktionen dar, die gegenüber der Empirie ein Eigenleben führen. Wie ist diesem Dualismus heute zu begegnen? Wie ist er unter den zahlreichen Spaltungen der Moderne zu begreifen und wissenschaftstheoretisch einzuholen? In steter Auseinandersetzung mit den einflußreichsten angelsächsischen Wissenschaftstheoretikern entwirft McDowell eine Erkenntnistheorie, die einerseits naturalistische Reduktionen vermeiden, den erkennenden Geist andererseits aber auch nicht aus der Natur herauslösen und ihr unverbunden gegenüberstellen soll.

Dem Denken der Moderne, ihren Dualismen und Brechungen, ihrer Auseinandersetzung mit dem von ihr in die Welt gesetzten Erkenntnis- und Geschichtssubjekt, wendet sich auch der letzte unserer Beiträger zu. Mit Franz Rosenzweig, Gershom Scholem, Walter Benjamin und Ernst Bloch betrachtet der Geistesgeschichtler Steven Aschheim vier jüdische Denker, deren Arbeiten zu den klassischen Deutungen der Moderne gehören. Geprägt durch die Katastrophenerfahrung von Weltkrieg, Revolution und Inflation, herausgefordert von der politisch-intellektuellen Polarisierung der Weimarer Republik, nicht zuletzt von einem immer radikaler werdenden Antisemitismus, entwarfen diese Denker Geschichtsphilosophien, die nicht die Kontinuität in den Mittelpunkt rücken, sondern den Bruch, nicht den Fortschritt, sondern die Konstellation, nicht Bildung, sondern Erlösung, nicht ein autonomes Erkenntnissubjekt, sondern eine neue Art von Messianismus. Aschheim hebt vor allem die jüdischen Wurzeln dieses Denkens hervor. Weniger als in einzelne Inhalte reichen sie seiner Ansicht nach in eine spezifisch deutschjüdische Erfahrung hinab, die das assimilierte Judentum des 19. Judenhunderts voraussetzt, dessen Liberalismus und Bildungsidee aber vor den neuen Erfahrungen des 20. Jahrhunderts revidiert. Ist die Idee der Bildung damit aufgegeben? Das Wissen in der Moderne auf Bruchstücke reduziert, auf die Sammlung von Daten und Informationen? Die provozierenden Erkenntnistheorien der von Aschheim untersuchten Denker legen das ebensowenig nahe wie Scholems Universitätspolitik in Jerusalem. Auch unter den Bedingungen der Moderne, heißt das, ist eine Theorie des Wissens unverzichtbar, die nach der Bedeutung des Wissens fragt – für den Wissenden ebenso wie für die Gesellschaft, in der er lebt.

Schließen möchten die Herausgeber diese Einführung mit Worten des Dankes: Dank an die Deutsche Bank, deren Mäzenatentum die Vortragsreihe möglich gemacht hat; Dank auch an Lucia Lentes, die Betreuerin der Reihe in der Frankfurter Universität. Experten der Finanzierung wirkten da zusammen mit einer Expertin der Organisation, um Forscher bei ihrem Nachdenken über Experten und Wissen zu unterstützen. Das zeigt das Interesse aneinander, das zeigt den Wunsch, voneinander zu lernen, das zeigt Perspektiven künftiger Zusammenarbeit auf.

Colin Renfrew

Symbol before concept.
Die Macht des Symbols und die frühe Gesellschaftsentwicklung

Ich möchte eine zeitlich sehr weit gespannte Perspektive auf das Thema dieses Sammelbands einnehmen. Dabei werde ich zunächst vorschriftliches, dann nichtschriftliches Wissen erörtern, letzteres in bezug auf die Rolle von Symbolen, und zwar wirklichen, materiellen Symbolen und nicht geschriebenen Wörtern, die natürlich ebenfalls Symbole sind. Meine These lautet, daß die Rolle des materiellen Symbols in unserer Gesellschaft, in ihren frühen Anfängen ebenso wie heute (und in Zukunft), bislang ungenügend beleuchtet wurde. Zwar ist die Schrift die mächtigste symbolische Form, über die wir verfügen – oder war es zumindest bis vor kurzem –, doch scheint es, daß wir im Begriff sind, die Ära zu verlassen, in der die Schrift das Denken dominierte.

Ich werde über urgeschichtliche Gesellschaften sprechen und über die Rolle, die materielle Symbole für diese spielten. Einige der Beobachtungen zu den vorschriftlichen Epochen der Menschheit dürften jedoch auch noch für jene nachschriftliche Ära gelten, auf die wir uns zubewegen.

In jüngeren Arbeiten über die Ursprünge des Denkens und die entscheidenden evolutionären Entwicklungen, die zur Entstehung menschlicher Gesellschaften der uns bekannten Form führten, wird oft behauptet, es habe einen entscheidenden Zeitpunkt (oder eine Phase) gegeben, in der die „Menschliche Revolution" stattfand (Mellars & Gibson 1986). Es wird häufig behauptet, aber nicht nachgewiesen, daß die Entstehung unserer eigenen Art *Homo sapiens sapiens* in Afrika vor vielleicht 150 000 Jahren, in Europa gesichert vor mindestens 40 000 Jahren, nicht nur mit der Entwicklung anatomisch moderner Menschen einhergegangen sei, sondern zugleich mit der Entstehung einer voll entwickelten Sprache, einer komplexeren materiellen Kultur und schließlich eines in vollem Sinne menschlichen Bewußtseins. Ich weise darauf hin, daß nach diesem bedeutsamen Wendepunkt – wenn es denn ein solcher war – in den folgenden 30 000 Jahren der Menschheitsentwicklung nichts wirklich Entscheidendes mehr geschah. Jäger und Sammler bevölkerten große Teile der Erde in Form einer adaptiven Ausbreitung, wie Biologen das nennen – viel mehr aber passierte nicht. Warum? Warum vollzog sich jener Wandel, der später vielerorts zur Entwicklung komplexer Gesellschaften führte, so langsam? Mein Versuch einer Antwort geht von zwei Prozessen aus, in denen die materielle Kultur jeweils eine bedeutende, aktive Rolle spielt. Dieser Vortrag kreist um die Behauptung, daß die menschliche *Auseinandersetzung* mit der materiellen Welt der entscheidende Prozeß war.

Die Sprachentwicklung des Menschen mag vor etwa 40 000 Jahren abgeschlossen gewesen sein. Und Worte sind wirklich Symbole, die flexibelsten Symbole, mit denen Realität sich auffassen, abbilden und kommunizieren läßt. Aber die Sprache selbst brachte offenbar keinen allzu großen Unterschied. Jäger-Sammler-Gesellschaften scheinen mit wenigen Ausnahmen konservativ gewesen zu sein, adaptiv zwar, aber selten innovativ. Worte und Geschichten hat es sicher gegeben, verändert jedoch hat sich wenig, so lange jedenfalls, bis die Menschen anfingen, sich interaktiv mit der materiellen Substanz der Welt auseinanderzusetzen, bis sie begannen, auf neue Art und Weise und mit einem breiteren Spektrum von Materialien auf die Welt einzuwirken. Und als einigen dieser materiellen Dinge dann selbst Symbolkraft zuwuchs bzw. zugeschrieben wurde, entwickelte sich der Prozeß der Auseinandersetzung mit der materiellen Welt zu einer mächtigen Antriebskraft des sozialen und wirtschaftlichen Wandels.

Ich möchte zeigen, daß wir in diesem Prozeß noch vor der Schriftentwicklung, die, wie Merlin Donald (1991) demonstriert hat, schließlich die flexibelste und bedeutsamste Form „externer symbolischer Speicherung" hervorbrachte, zumindest zwei entscheidende Phasen ausmachen können. Donald und andere übersehen nämlich eine Reihe fundamentaler Entwicklungen, bevor Schriftlichkeit überhaupt möglich war (Renfrew & Zubrow 1994; Renfrew 1998). In der ersten der angesprochenen Phasen erlaubte die Entstehung seßhafter Gesellschaften sehr viel variablere Beziehungen zur materiellen Welt; im Verlauf der zweiten Phase entwickelten sich bestimmte materielle Dinge zu Verkörperungen von Reichtum und Prestige, was fundamentale Veränderungen im Wesen der menschlichen Kultur und Gesellschaft zur Folge hatte.

Das Sapiens-Paradox

In einem früheren Aufsatz (Renfrew 1996) habe ich zu zeigen versucht, wie seltsam es aus der beschriebenen, konventionellen Perspektive einer „Menschlichen Revolution" anmutet, daß der neue Genotyp, der für den neuen Phänotyp *Homo sapiens sapiens* verantwortlich war, nicht sogleich ein ganzes Spektrum interessanter neuer Verhaltensmuster mit sich brachte. Was war dann so neu an dieser neuen Art? Gewöhnlich entwickeln neue Arten doch neue Verhaltensweisen, an denen wir sie erkennen. In Anlehnung an den Begriff der Praxis können wir hier von einem mit Aktivität und Verhalten zusammenhängenden „Praktotyp" sprechen. Im Rückblick mag uns dieses neue menschliche Tier als etwas sehr Besonderes erscheinen, wenn wir seine Errungenschaften über die rund vierzig Jahrtausende seit seinem ersten Auftreten in Europa oder über die 100 000 oder noch mehr Jahre seit seiner Entstehung in Afrika verfolgen. Aber warum treten durchgreifend neue Verhaltensmuster – weltverändernde Bauten, Innovationen, Erfindungen – erst während der letzten zehn Jahrtausende auf?

Meine Antwortet lautet: Die wahre Menschheitsrevolution kam erst sehr viel später, mit der Entstehung einer Lebensweise nämlich, die eine sehr viel intensivere Auseinandersetzung zwischen dem menschlichen Tier und seiner Umwelt gestattete. Die Kultur des Menschen wurde substantieller, materieller. Wir begannen die Welt auf eine neue Weise zu nutzen, gerieten in eine neue Art der Auseinandersetzung mit ihr. Ich meine, der Schlüssel zu dieser neuen Verkörperung, dieser neuen Materialisierung, liegt in der Seßhaftigkeit.

Eine hypostatische Perspektive

Vor sehr langer Zeit, in der Epoche des *Homo habilis*, erlernten Hominiden die Herstellung von Werkzeugen – ein Schritt, der den Anthropologen zu Recht als Meilenstein gilt, weil er eine neue Art der Auseinandersetzung mit der Welt ermöglichte. Freilich nutzen auch viele andere Arten materielle Bestandteile der Welt für Zwecke, die über die Nahrungsversorgung hinausgingen. Auch die kunstvollen Bauten der Termiten oder der Laubenvögel sind Beispiele. Aber bereits zur Zeit des *Homo erectus* besitzt das intentional gefertigte Artefakt, der Faustkeil, einen Komplexitätsgrad, den keine andere Art erreicht. Oft mußte das Rohmaterial aus einiger Entfernung herbeigeschafft werden, bevor das Gerät sorgfältig hergestellt werden konnte; dabei gebrauchte man Techniken, die zweifellos durch mimetisches Lernen über Jahrhunderte und Jahrtausende weitergegeben wurden. Mit dem Auftreten des *Homo sapiens sapiens* kam es schließlich zu einer Diversifizierung und Vervollkommnung des Gerätespektrums, wie die jungpaläolithischen Klingenindustrien Europas belegen.

Daß es sich hierbei um ein komplexes Tier gehandelt haben muß, läßt sich daraus erschließen, daß es wahrscheinlich schon vor seiner Ausbreitung vor ca. 90 000 Jahren über ein gut entwickeltes Sprachvermögen verfügte. Einen weiteren Beleg bildet die exzeptionell fortgeschrittene franko-kantabrische Höhlenkunst im spätpleistozänen Europa, wie sie freilich nirgends sonst bekannt ist.

Trotz alledem kennzeichnet die paläolithischen Jäger und Sammler ein beschränktes Verhaltensrepertoire. Auch eine diachrone Betrachtung von Jäger-Sammler-Gesellschaften bis zum heutigen Tag widerlegt diese Aussage nicht, wenngleich in den letzten fünf- bis zehntausend Jahren hier und da komplexere Verhaltensweisen entstanden, als man sie aus dem Pleistozän kennt. So lassen sich Jäger-Sammler-Fischer-Gesellschaften mit eindrucksvollen Dorfsiedlungen und komplexen Verhaltensmustern anführen – ich denke hier insbesondere an den Potlatch der amerikanischen Nordwestküstenbewohner. Die komplexesten dieser Gesellschaften waren indessen seßhafte Gemeinschaften, wenn auch mit einer durch Jagen, Sammeln und Fischen gekennzeichneten Wirtschaftsweise.

Nach meiner Auffassung war es die Entwicklung einer seßhaften Lebensweise, abhängig natürlich unter anderem von einer stetigen Nahrungsversorgung, die das Tor zu einem komplexeren Leben öffnete und zwar durch einen Prozeß der „Substantialisierung". Hier stößt die alte Dichotomie von „Geist" und „Materie" an ihre Grenzen. Der Fehler, den jene machen, die ausschließlich den „Geist" betrachten, besteht darin, das Potential für ein reiches Symbolverhalten hervorzuheben, ohne klarzustellen, daß das Kriterium dafür letztlich die Praxis in der materiellen Welt ist. Dieses angenommene Potential verwirklicht sich nur, wenn Geist und Materie in einem neuen materialen Verhalten zusammenkommen. Ein angemessener Umgang mit diesen Aspekten erfordert deshalb eine Überwindung der Geist/Materie-Dichotomie durch einen Ansatz, den man „hypostatisch" nennen könnte (auch wenn die vorgeschlagene Terminologie an theologische Debatten des Mittelalters über das Wesen der Heiligen Dreifaltigkeit erinnern mag). Ich behaupte, daß die Annahme, der Geist gehe der Praxis voraus, oder das Konzept dem materiellen Symbol, in vielen Fällen falsch ist. Wie wir sehen werden, sind Symbole nicht immer nur Reflexionen oder „Materialisierungen" (DeMarrais, Castillo & Earle 1996) präexistenter Konzepte. Vielmehr bringt der substantielle Handlungsprozeß beides zugleich hervor.

Seßhaftigkeit

Was wie ein einfacher Wechsel vom mobilen Leben der meisten Jäger-Sammler-Gemeinschaften zur Seßhaftigkeit aussieht, ist in Wirklichkeit ein Übergang mit äußerst bedeutsamen Folgen. Seßhaft sein, heißt permanent – oder zumindest jeweils für mehrere Jahre – an ein und demselben Ort leben. Damit ist eine dauerhafte Wohnstätte verknüpft, in der Regel das Haus: ein bewußt geschaffener Wohnbau, der sowohl Arbeits- als auch Materialaufwand erfordert. Dies ermöglicht die Entwicklung permanenter Vorrichtungen, etwa Einrichtungen zur Vorratshaltung, schweres Gerät für Zubereitungstätigkeiten, Anlagen (beispielsweise Öfen) für die Anwendung spezieller Techniken usw. Ebenso eröffnet sich die Möglichkeit zur Aufbewahrung von Besitztümern und somit zur Schaffung von Tauschgütern.

Freilich existieren auch halbmobile Wirtschaftsweisen, in denen einige der genannten Entwicklungen möglich sind, zum Beispiel Transhumanzsysteme. Ebenso gibt es andere Anpassungsformen, etwa den nomadischen Pastoralismus, die einige der Merkmale seßhafter Gesellschaften besitzen.

Eine besonders augenfällige Voraussetzung für Seßhaftigkeit ist die Verfügung über ein gemischtes Spektrum von Nahrungsressourcen, die eine ganzjährige Siedlungstätigkeit erlaubt. Meistens ist das gleichbedeutend mit Nahrungsmittelproduktion, wenngleich bereits oben festgestellt wurde, daß eine Nutzung mariner und anderer aquatischer Ressourcen Seßhaftigkeit ohne Nahrungsmittelerzeugung erlauben kann.

Seßhaftigkeit fördert die Entstehung von „Eigentum". Das von einer bestimmten Gruppe gebaute Haus bleibt von derselben Gruppe, die bevorzugten Zugang zu dem Gebäude genießt, bewohnt. Die von einer Gruppe gehaltenen Haustiere stehen gewöhnlich den Gruppenmitgliedern zur Schlachtung und Nutzung zur Verfügung: sie sind ihr Eigentum. Der Zugang zu dem von einer Gruppe bestellten Land und seinen Erträgen wird ebenfalls gewöhnlich beschränkt sein – wer aussät, darf ernten. Es läßt sich leicht nachvollziehen, wie die „institutionelle Tatsache" (Searle 1995) Eigentum entsteht, bevor ein rechtliches Konzept daraus wird. Eigentum ist eines jener besonderen, weiter unten näher erörterten Konzepte, die symbolisch und materiell zugleich sind und als „konstitutive" Symbole bezeichnet werden können.

In seinem Buch *The Domestication of Europe* stellt Ian Hodder (1990) sehr klar den tiefgreifenden Wandel der Lebensweise heraus, der mit der Ausbreitung des *domus*, des Heimes seßhafter Populationen, verknüpft ist. Zwar geht die seßhafte Lebensweise zumeist mit der Erzeugung von Nahrungsmitteln einher, doch muß betont werden, daß nicht so sehr dieser Aspekt das revolutionäre Element in dem darstellt, was Gordon Childe (1936) als „Neolithische Revolution" bezeichnet hat, sondern vielmehr die Seßhaftigkeit auf einer stabilen, nachhaltigen Grundlage.

Der Prozeß der Auseinandersetzung oder Substantivierung geht mit der Entwicklung der damit zusammenhängenden neuen Technologien weiter. Im Rahmen einer mobilen Wirtschaftsweise sind schwere, für den Transport ungeeignete Mahlsteine ein Problem. Ebenso wird die Verwendung von Lehm (*tauf*; *pisé*) als Baumaterial erst im seßhaften Milieu praktikabel und ermöglicht ausgedehnte Baukomplexe wie diejenigen von Çatal Hüyük. Auch die Errichtung großer Steinbauten erscheint nicht länger übermäßig arbeitsaufwendig, wenn diese für lange Benutzungszeiten gedacht sind. Die Errichtung von Schutzbauten wie die sehr frühen Mauern von Jericho werden durch solche Faktoren nicht nur ermöglicht, sondern erscheinen angesichts der umfassenden Investitionen sogar wünschenswert.

Die Seßhaftigkeit ist auch mit der „Geburt der Götter" assoziiert, wie Jacques Cauvin (1987; 1994) eine Entwicklung genannt hat, die sich im Nahen Osten schon vor der Domestikation von Pflanzen und Tieren vollzieht, ja nach Cauvins Ansicht vielleicht sogar kausal mit letzterer verbunden ist. Wichtig ist die Feststellung, daß Gottheiten materielle Gestalt annehmen müssen, um ihre volle Wirkungskraft zu entfalten – dies ist der „Materialisierungsprozeß", von dem DeMarrais, Castillo & Earle (1996) sprechen. Eine ähnliche These findet sich bei Mithen (1989) im Zusammenhang mit der langfristigen Persistenz religiöser Glaubensvorstellungen, die durch deren ständige materielle Verkörperung gefördert wird.

Die obige Erwähnung dauerhafter Anlagen im Zusammenhang mit seßhaften Gesellschaften führt uns zu einer der wichtigsten Einrichtungen dieser Art: dem Ofen. Der Ofen repräsentiert eine neue Entwicklung in der Pyrotechnologie, die bereits in Jäger-Sammler-Gesellschaften beim Kochen, bei der thermischen Vorbehandlung von Feuersteinrohmaterialien für Geräte und in anderen Kontexten eine wichtige Rolle spielte. War der Ofen selbst vielleicht nur eine Weiterentwicklung des offenen Feuers für die Nahrungszubereitung – das Darren von Getreide und das Brotbacken –, so führten neuartige Verwendungen doch zur Entwicklung ganz neuer Materialien. Die meisten seßhaften Gesellschaften töpfern, aber nur wenige mobile. Und in Europa wie im Vorderen Orient bot die für die Töpferei erforderliche Pyrotechnologie bald die technischen Voraussetzungen der Metallurgie. Die Herstellung von Keramik und die frühe Metallurgie waren gleichbedeutend mit der erstmaligen künstlichen Erzeugung von Werkstoffen. Im Zusammenhang mit Kupfer und Gold, später auch mit Silber und Bronze, führte dies zu einem entscheidenden Nexus um jene Prestigegüter: zu dem Zusammenhang zwischen Wert, Maß und Tausch.

Symbol vor Konzept

Es besteht weithin Übereinstimmung darin, daß es die Fähigkeit zur Verwendung von Symbolen ist, die den Menschen am deutlichsten von anderen Arten unterscheidet. Ernst Cassirer (1944, 26) definierte den Menschen als *animal symbolicum*, und alles, was wir über ihn hinzulernen, stützt die Gültigkeit dieser Definition. Wörter sind ja nichts anderes als Symbole, und die Definition umfaßt sowohl Sprechen als auch Sprache. Aber es gibt auch nonverbale Kommunikation, in der das Symbol der Sprache vorausgeht wie beim Tanz der Bienen, der die Richtung und Entfernung zur Nahrungsquelle anzeigt.

Mir geht es darum, daß materielle Kultur eine eigene aktive Rolle spielen kann, wie Hodder (1986) feststellte, und daß es Symbolklassen gibt, die durch die konventionelle Definition eines Symbols

X repräsentiert Y in C (wobei C der Kontext ist),

in der X als Bezeichner eines Bezeichneten Y fungiert, nicht angemessen beschrieben sind.

Ich möchte die Aufmerksamkeit auf eine Reihe von Fällen lenken, in denen das materielle *Ding* zwar als Symbol fungiert, also eine symbolische Rolle spielt, jedoch nicht etwas anderes repräsentiert, sondern selbst aktiv ist. Wir können hier von einem *konstitutiven Symbol* sprechen.

Der Philosoph John Searle (1995, S. 31 ff.) stellte in seinem Buch *The Construction of Social Reality* die Schlüsselrolle bestimmter Realitäten heraus, die die Gesellschaft beherrschen und von ihm „institutionelle Tatsachen" genannt werden. In seinen Worten (Searle 1995, S. 27 [S. 38 der dt. Ausgabe]):

„Einige Regeln regulieren schon vorher bestehende Tätigkeiten [...] Einige Regeln regulieren freilich nicht nur; sie schaffen auch genau die Möglichkeit bestimmter Tätigkeiten. So bestimmen die Schachregeln nicht eine bereits bestehende Tätigkeit [...] Vielmehr schaffen die Schachregeln eben gerade die Möglichkeit, Schach zu spielen. Die Regeln sind für Schach konstitutiv in dem Sinn, daß Schachspielen teils durch Befolgung der Regeln konstituiert wird."

Zu Searles institutionellen Tatsachen, den Grundbausteinen der Gesellschaft, gehören soziale Gegebenheiten wie Heirat, Königtum, Eigentum, Werte, Gesetze usw. Die meisten dieser Konzepte werden in Worten formuliert und kommen auch am besten durch Worte zum Ausdruck: So sieht es Searle – schließlich arbeiten Philosophen mit Worten. Searle lenkt die Aufmerksamkeit auf etwas, das er die Selbstreferentialität vieler sozialer Konzepte nennt und führt das „Geld" als ein Hauptbeispiel an. Hingegen möchte ich hier betonen, daß in manchen Fällen – und Geld ist ein gutes Beispiel – die materiale Wirklichkeit, das materielle Symbol, den Vorrang besitzt. Dabei ist das Konzept ohne die wirkliche Substanz bedeutungslos – zumindest beim Geld war es über Jahrhunderte so, bis neue Regelsysteme die Verwandlung von Schuldscheinen in Papiergeld erlaubten, später in Wertpapiere und Bankschecks, inzwischen in elektronische Transaktionen.

In frühen Gesellschaften gab es kein Geld unabhängig von Wertgegenständen, die als solches dienen konnten: Die Wertgegenstände (Materialien) gingen dem Konzept des Geldes voraus.

Einige materielle Symbole sind also konstitutiv in ihrer materialen Wirklichkeit. Sie sind keine immateriellen verbalen Konzepte, zumindest anfänglich nicht. Sie besitzen eine unauflösliche Realität der Substanz: Sie sind substantiell. Das Symbol in seiner realen, gegenwärtigen Substanz geht dem Konzept voraus. Geht die letzte Aussage auch schon beinahe ein wenig zu weit, so sind solche Symbole doch auf jeden Fall selbstreferentiell. Das Symbol kann nicht ohne die Substanz existieren, und die materielle Realität der Substanz geht der symbolischen Rolle voraus, die ihr zugeschrieben wird, wenn sie eine institutionelle Tatsache im genannten Sinne verkörpert.

Diese Erörterung mag recht abstrakt erscheinen, deshalb gebe ich jetzt ein Beispiel, dem später weitere folgen.

Nach meiner Überzeugung bildet der genannte Prozeß den springenden Punkt für die Entwicklung menschlicher Gesellschaften. In nichtschriftlichen Gesellschaften spielen materielle Symbole eine zentrale Rolle, indem sie die Entstehung und Entwicklung institutioneller Tatsachen ermöglichen. Einige Arten institutioneller Fakten sind allen menschlichen Gesellschaften gemeinsam. Die Schwiegerschaft (affinale Verwandtschaft) einschließlich der Ehe oder ähnlicher Institutionen ist ein solches universal-menschliches Faktum (stabile Paarbeziehungen bei vielen anderen Arten scheinen etwas Ähnliches in der Tat auch für das Tierreich anzudeuten). Andere Arten materieller Symbole finden sich hingegen in mobilen Jäger-Sammler-Gesellschaften nicht. Erst mit dem Auftreten seßhafter Gesellschaften (gewöhnlich in Verbindung mit Nahrungsmittelproduktion) nahm die menschliche Beschäftigung mit der materiellen Welt eine neue Qualität an, ermöglichte sie neue Formen der Auseinandersetzung mit dieser Welt, die es erlaubten, materiellen Objekten (symbolische) Bedeutungen zuzuschreiben.

Darin liegt nach meiner Auffassung die Lösung des Sapiens-Paradoxes – warum so wenig wirklich radikal Neues die Entstehung unserer eigenen Art *Homo sapiens sapiens* begleitete, obwohl sie, wie wir heute wissen, ein enormes Potential besitzt, sich radikalem Wandel anzupassen oder solchen herbeizuführen.

Der ausschlaggebende Nexus:
Die Entwicklung von Ungleichheit und Macht

In vielen Gesellschaften der Alten Welt, vielleicht ebenso der Neuen, kann man versuchen, jenen entscheidenden Zusammenhang der symbolischen Konzepte zu erkennen, für den die bisherigen Bemerkungen hochrelevant sind. Auffälliger als dieser Nexus ist indessen eine andere Konfiguration, nämlich der Macht-Nexus, der weithin als entscheidend für die Existenz nichtegalitärer Gesellschaften angesehen wird und in dem die Machtausübung von herausragender Bedeutung ist. Dies ist in Gemeinwesen der Fall, die man als Staatsgesellschaften kennt. Sie werden gewöhnlich durch die Ausübung und Institutionalisierung von Macht definiert. In solchen Systemen gehen Machtinstitutionen allgemein mit einem komplexen, ein breites Spektrum institutioneller Tatsachen betreffenden Symbolismus einher, der unter anderem das Königtum selbst, die verschiedenen Staatsämter und die gegenseitigen Verpflichtungen zwischen Herrscher und Beherrschten einbezieht. Auch mit der Militärmacht hängt ein Symbolismus zusammen, der ihre wirkungsvolle Ausübung ohne häufigen Ausbruch offener Konflikte erlaubt. Die Rolle materieller Symbole in all diesen Sphären gilt es noch gründlich zu untersuchen.

Ich möchte hier aber einen anderen Zusammenhang betonen: die Beziehung zwischen mindestens vier zentralen Konzepten. Drei von diesen sind unzweifelhaft symbolischer Natur und gehören in die oben beschriebene Kategorie, bei der das zugehörige Konzept nicht ohne die begleitende oder vorausgehende materielle Realität denkbar ist. Das Symbol ist dabei nicht einfach die Projektion eines bestehenden Konzeptes, sondern es ist kraft seiner substantiellen Wirklichkeit konstitutiv für das Konzept. Die Konfiguration sieht folgendermaßen aus:

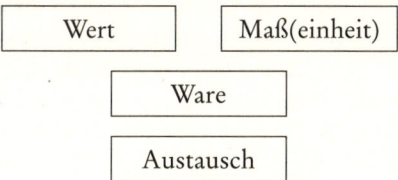

Wert und Maßeinheit sind jeweils primäre Konzepte der genannten Art. Das Konzept der Ware hängt vielleicht sowohl von der Präexistenz dieser beiden Primärkonzepte ab als auch von der Existenz von Austausch (zumal Objekte auch ohne jedes Waren-Konzept ausgetauscht werden können, wohingegen Güter als Waren ohne die Möglichkeit des Austauschs nur schwer vorstellbar sind).

Maß(einheit): Im Zusammenhang mit den Steinwürfeln des Indus-Tals habe ich an anderer Stelle (Renfrew 1982) zu zeigen versucht, daß sich für die Indus-Kultur aufgrund direkter archäologischer Beobachtungen und darauf basierender Schlußfolgerungen ein Verfahren postulieren läßt, das dem entspricht, was wir als *Wiegen* bezeichnen würden – ein Zählen von *standardisierten Einheiten* für Gewichte. Auf höherer Ebene darf man schließen, daß die Praxis des Wiegens einen Gebrauchszweck besitzt, nämlich eine Äquivalenz zwischen dem links und dem rechts Gewogenen herzustellen, wobei es sich – wenn das Unterfangen einen Sinn haben soll – um zwei verschiedene Materialien handelt. Damit kommen wir in die Nähe des Konzeptes der Äquivalenz zweier verschiedener Materialien bezüglich gemessener Größen. Dies erlaubt eine Quantifizierung solcher Äquivalenzen ohne selbst schon Austausch vorauszusetzen. Aber es ist einleuchtend, daß die Quantifizierung von Äquivalenzen gut in einen Kontext paßt, in dem Wertvorstellungen und die Praxis des Tauschs eine Rolle spielen.

Im Hinblick auf die obige Erörterung liegt der springende Punkt hier darin, daß „Gewicht" im immateriellen Sinne keine Bedeutung besitzt. Nur materielle Dinge können ein Gewicht haben, und ohne Anschauung solcher Dinge bleibt das Konzept bedeutungsleer. Die substantielle Realität geht jeder Vorstellung von Quantifizierung und Standardisierung durch Abwiegen eines Standardobjekts („des Gewichts") gegen andere Objekte voraus.

Dasselbe gilt für alle Arten der Messung. Das Phänomen (Größe, Volumen) geht seinem Maß voraus. Jeglicher Meßstandard, der X mit Y zu vergleichen erlaubt (wobei letzteres in die symbolische Sphäre gehoben wird) ist sekundär in Relation zu den substantiellen Realitäten. Dies trifft offenkundig in gleicher Weise zu auf das Messen von Dimensionen wie von Gewichten, von Zeit wie von Volumen (flüssig oder fest), von Temperatur wie von Feldstärke.

Wert: Der Wertbegriff gehört zu den am schwersten faßbaren Konzepten. In letzter Instanz ist Wert zweifellos eine zugeschriebene Eigenschaft. Nichts besitzt „Wert", sofern es sich keiner „Wertschätzung" erfreut. Im Zusammenhang mit der für die kupferzeitliche Nekropole von Varna in Bulgarien nachgewiesenen frühesten bekannten Goldbearbeitung habe ich darauf hingewiesen, daß das Konzept eines inhärenten Wertes auf ein institutionalisiertes Faktum hinausläuft (Renfrew 1986). Es ist in der Tat so, daß in vielen Kulturen bestimmte Materialien herausgehoben und als wertvoll angesehen werden.

In unserer eigenen Gesellschaft sind wir mit der Vorstellung vertraut, Gold und Diamanten besäßen einen „inhärenten" Wert. Im präspanischen Mexiko erfreuten sich Türkis und Arafedern einer besonderen Wertschätzung, ebenso wie Jade, die auch in China einen entsprechenden Status besaß (Clark 1986). Indessen erscheint es offenkundig, daß keines dieser Materialien begehrt (also geschätzt) sein könnte, wenn nicht seine inhärenten Qualitäten erkannt und bewundert würden. Das Material wird erst zur Wertsache, wenn man es als solche wahrnimmt.

Diese Erörterung bezieht sich auf Prestige-Materialien und -Güter, nicht jedoch unmittelbar auf alltägliche Dinge, für die Marx den Begriff des „Gebrauchswertes" prägte. Dieser erforderte eine andere Argumentation. Zwar ist eine eßbare Substanz nützlich in dem Sinne, daß sie gegessen werden kann. Aber ihr Wert hängt von anderen Möglichkeiten ab, insbesondere von einem Tauschpotential. Das Wert-Konzept impliziert im allgemeinen irgendein Maß für den „konventionellen Wert", der durch Einigung zwischen Individuen festgelegt wird: Es handelt sich um ein soziales Konzept. Der Wertzuschreibung liegt die Auffassung zugrunde, die Menge K von X entspreche der Menge L von Y.

Diese Äquivalenz wiederum führt uns zu der Vorstellung, X sei gleichwertig mit Y (X könne in gewissem Sinne für Y stehen), und wir bemerken erneut, daß der potentielle Austauschvorgang eine symbolische Beziehung, oder etwas sehr Ähnliches, impliziert.

Zurück zu den „Wertsachen": Ihr Wert ist zwar zugeschrieben, doch untrennbar mit ihrer substantiell-materiellen Existenz verknüpft. (Dies ist nicht der Ort für eine lange Abhandlung über den Wertbegriff: Einige Objekte erlangen ihren „Wert" ausschließlich kraft ihrer Geschichte, etwa eine Haarlocke Napoleons. Das ist ein anders gelagerter Fall, der von anderen symbolischen Konstrukten abhängt.)

Die Entstehung von Wertsystemen ist ein interessantes Merkmal in der Entwicklung der meisten, vielleicht aller, komplexen Gesellschaften. Was uns gleich noch weiter beschäftigen soll, ist die Beobachtung, daß solche Systeme kaum je bei egalitären Gesellschaften, einschließlich der meisten Jäger-Sammler-Gesellschaften, zu finden sind.

Ware: Das Konzept der Ware ist eindeutig symbolisch und vom Spektrum der möglichen spezifischen Fälle abstrahiert: Weizen, Mais, Oliven, Wolle, Leinen, Parfüm, Computerchip, Kühlschrank, Fernsehen oder was auch immer. Aber in seinem ursprünglichen Sinne bezieht es sich auf Substanzen (die ersten sechs in der gerade genannten Liste) und nicht auf hergestellte und zusammengesetzte Produkte (die drei letztgenannten). Es meint ein Material, dessen Menge meßbar ist, das einen bestimmten Wert besitzen kann und das sich austauschen läßt. Die zentrale Position dieses Konzeptes im Nexus ist augenfällig.

Austausch: Im Englischen ist das Wort „exchange", ebenso wie „value" und „measure", Verb und Substantiv zugleich. Wie bereits festgestellt, impliziert Austausch eine Transaktion zwischen zwei Akteuren auf der Grundlage einer Konzeption von Gleichgewicht oder Äquivalenz zwischen dem Gegebenen und dem Empfangenen. Ein Tauschakt erzeugt somit die Beziehung „X gleicht Y aus". Dies kommt der für das Symbol definierenden Relation „X steht für Y" sehr nahe. Es liegt etwas Besonderes in dieser Homologie, ebenso wie in der Substitution nach dem Muster „X ersetzt Y", die eine Metapher auszeichnet.

Vielleicht sollten die verschiedenen Äquivalenzen dieses Nexus nicht als „symbolisch", sondern eher als „katallaktisch" (griech.

katallaktikos: 'austauschbezogen') charakterisiert werden. Fahren wir aber zunächst fort, indem wir unterstellen, dies sei in dem Attribut „symbolisch" enthalten.

Die genannten Beziehungen scheinen entscheidend für die Entstehung und Entwicklung der meisten komplexen Gesellschaften gewesen zu sein. Ich möchte im folgenden am Beispiel des urgeschichtlichen Europas illustrieren, wie die Entwicklung der Metallurgie neue Wertobjekte hervorbrachte, die die Entstehung vieler, zuvor nicht so herausragender sozialer Rollen und Erscheinungen ermöglichten: Krieger, Handwerker, Seefahrer, Händler; die Konstruktion von Maskulinität (und damit auch Feminität) in der europäischen Eisenzeit. In oft kaum merklicher Weise hatte der Wertbegriff (und bisweilen der verwandte Prestigebegriff) mit den meisten dieser Entwicklungen zu tun. In allen genannten Fällen läßt sich die zentrale Bedeutung von Erzeugnissen der materiellen Kultur und ihrer Inwertsetzung erkennen.

Diesen Standpunkt habe ich bereits vor längerer Zeit in meinem Buch über die Entstehung komplexer Gesellschaften in der prähistorischen Ägäis vertreten (Renfrew 1972, 496–98):

„Die Interaktionen zwischen den gesellschaftlichen Subsystemen erfolgen vornehmlich auf der Ebene des menschlichen Individuums, zumal die Subsysteme einer Kultur letztlich durch die Aktivitäten von Individuen definiert sind. Es ist das Individuum, das beispielsweise Reichtum mit Prestige oder sozialem Rang gleichsetzt oder für sich eine Projektion der Welt schafft, in der sowohl soziale Rollen als auch religiöse Vorstellungen einen Platz finden [...] Diesen Ausdrucksformen für sozialen Status, diesen Mechanismen zur Steigerung der Reputation und der Selbstzufriedenheit liegt eine symbolische Äquivalenz sozialer und materieller Werte zugrunde, eine Äquivalenz, ohne die der *multiplier effect*[1] kaum funktionieren könnte. Das auf die Befriedigung primärer tierischer Bedürfnisse gegründete Wohlergehen ist nicht länger das oberste menschliche Ziel, sondern vielmehr eine Befriedigung erwachsend aus Prestige, Status und Reputation. Letztere können bisweilen durch materielle Güter erlangt und ausgedrückt werden. Die materielle Welt wird zum Feld eines symbolischen Wettbewerbs [...]."

Die hierin liegende Betonung des Individuums ist in gewissem Sinne gültig – der Ansatz entspricht einem „methodologischen

Individualismus" (Bell 1994) –, doch verdient Searles Standpunkt Hervorhebung, nämlich daß diese symbolischen Äquivalenzen „institutionelle Tatsachen" sind, die für die Gesellschaft als Ganzes gelten und nicht nur für Individuen. Die Symbole, von denen wir sprechen, sind in diesem Sinne zugleich soziale und kognitive Konstrukte.

Dies also ist der zentrale Aspekt meines Beitrags: Die entscheidenden Übergänge in der Urgeschichte hingen von der Entwicklung einer Reihe recht komplexer Konzepte ab. Ihre Komplexität ist heute freilich nicht unmittelbar offenkundig, weil sie längst selbstverständlich für uns geworden sind, eingebettet in unser eigenes Denken. In der Tat mag es in einer kapitalistischen Gesellschaft, in der Geld das Maß aller Dinge ist, nicht nur des Reichtums, fast wie eine Häresie erscheinen, den inhärenten Wert des Goldes zu hinterfragen. Die oben beschriebenen Unterscheidungen sind jedoch essentiell, und ihre Entstehung und weitreichenden Folgen lassen sich anhand der archäologischen Überlieferung des urgeschichtlichen Europas und darüber hinaus nachvollziehen.

Die europäische Entwicklung während der Bronzezeit

Der Gang der Kulturentwicklung in der europäischen Bronzezeit ist ein gutes Beispiel für diese Aussagen. Gegen Ende der britischen Jungsteinzeit besaßen einige Gesellschaften einen gewissen Zentralisierungsgrad der Sozialorganisation, der es ihnen ermöglichte, große Monumente wie Stonehenge zu errichten (Bradley 1993; 1998). Dabei handelte es sich um „gruppenorientierte" Gemeinschaften, im Gegensatz zu den „individualisierenden" Gesellschaften der folgenden Frühbronzezeit (Renfrew 1974), die den Status des Individuums durch Einzelbestattung unter einem Grabhügel und bisweilen kostbare Grabbeigaben ausdrückten.

Wenngleich schon die geschliffenen, bisweilen aus Jadeit gefertigten Steinbeile ebenso wie die Muschelschalen-Armbänder und -Anhänger der Jungsteinzeit als Prestigegüter gelten müssen – die Schalen der Meeresmuschel *Spondylus gaederopus* wurden über große Entfernungen ausgetauscht – treten Gräber von Personen herausragenden Prestiges erstmals auf dem während der südosteuropäischen Kupferzeit angelegten Gräberfeld von Varna in Bulgarien auf (Renfrew 1986). Bezeichnenderweise zeigen die dort in die Gräber gelegten Materialien gewisse Innovationen an: das weltweit erste Auftreten von Goldschmuck in einiger Menge und die Verwendung von Kupfer als offensichtliches Prestigegut. Dies freilich sind nur die kupferzeitlichen Anfänge.

Zwei Jahrtausende später, zu Beginn der nordwesteuropäischen Frühbronzezeit, tritt mit dem Bronzedolch ein neuer, offenkundig bedeutungsvoller Artefakttyp auf. Hier entsteht um diese Zeit ein neuer Nexus zwischen Bronze, Kriegswaffen und einem maskulinen Ethos, ein Komplex, der sich in den folgenden drei Jahrtausenden weiterentwickelt und zunächst zu den Häuptlingstümern der „keltischen" Eisenzeit, später zum mittelalterlichen Rittertum führt.

Paul Treherne (1995) hat das Werden einer maskulinen Eigenidentität und den Begriff von Kriegerschönheit während der Bronzezeit nachgezeichnet. Auch für diese Attribute sind die Metallwaffen und der Ornat des Kriegers konstitutiv, nicht bloß reflexiv. Die „Materialisation" (physische Verwirklichung), von der DeMarrais, Castillo und Earle (1996) sprechen, liegt nicht in der Verdinglichung präexistenter Konzepte in Objekten der materiellen Kultur – vielmehr handelt es sich um eine hypostatische Union von Idee und Material. Ohne Bronze, ohne Waffen hätte es keine bronzezeitliche Kriegeridee gegeben. Ich habe zu zeigen versucht (Renfrew 1998), wie Pferd und Streitwagen, später das den Krieger tragende Pferd Elemente „kognitiver Konstellationen" bildeten, die die zeitgenössische Vorstellungswelt einfingen und in Modellen, Schnitzereien und anderen Darstellungen der Bronzezeit (Streitwagen) und der Eisenzeit (Reiter) Ausdruck fanden.

Wir können erkennen, wie die Seßhaftigkeit des europäischen Neolithikums die Entstehung gruppenorientierter Gesellschaften ermöglichte, die ihrem religiösen und ideologischen Streben in Monumentalbauten Ausdruck und Form verliehen. Der Wechsel zu individuellem Prestige war begleitet von jenem oben erörterten Zusammenhang zwischen Wert, materiellem Gut und Austausch sowie von dem spezifisch europäischen Nexus zwischen Bronze, Waffen und Maskulinität, der in jüngerer Zeit durch den Streitwagen und wiederum später durch die Kavallerie verstärkt wurde. In diesen Fällen stand die symbolische Rolle der genannten Dinge im

Mittelpunkt, aber das Symbol reflektierte die wahrgenommene und konzeptualisierte Realität weniger, als es sie konstituierte.

Symbole, Ritual und Religion

Die bereits kurz angesprochene Rolle des materiellen Symbols in der Geschichte des Rituals und der Religion verdient Betonung. Wie schon erwähnt, hat Cauvin (1994) zu Recht den Gebrauch von Bildern – übermodellierte Schädel und Tonfiguren – im religiösen Leben der frühesten seßhaften Gesellschaften Vorderasiens hervorgehoben. Das zugrunde liegende Glaubenssystem, das (mit gewissen Veränderungen) von den ersten Bauern nach Südosteuropa mitgenommen wurde, läßt sich als „ikonisch" beschreiben: es umfaßte Darstellungen menschlicher und/oder göttlicher Gestalten. Wir sollten uns jedoch klarmachen, daß die Macht des Symbols in der religiösen Sphäre sehr viel weiter reicht.

In Nordwesteuropa läßt sich an besonderen Fundstellen, insbesondere den Henge-Monumenten der Britischen Inseln, erkennen, daß religiöse Rituale von beträchtlicher Intensität an speziellen Orten stattfanden. Hier ist die Überlieferung jedoch nahezu vollständig nicht-ikonisch. Ein geradezu puritanischer Unwille zur Darstellung der menschlichen Gestalt herrscht vor, und näher als mit den Spiralmotiven auf jungsteinzeitlichen Monumenten Irlands kommt man dem mediterranen Überfluß des griechischen oder maltesischen Neolithikums nicht.

Dennoch war die Form der Riten und der religiösen Praxis im zeitgenössischen Großbritannien nicht minder von konstitutivem materiellen Symbolismus bestimmt als in Südosteuropa. Die Bestattungsmonumente und Kapellen („Megalithgräber") und die Ritualmonumente des neolithischen Großbritannien beeindrucken uns noch immer, ja lassen uns von Ehrfurcht ergriffen sein, obwohl wir nicht mehr die Erzählungen, den Mythos, kennen, um sie vollständig interpretieren zu können. Aber sie sind ein schönes Beispiel für die Argumentation von DeMarrais, Castillo und Earle (1996), Earle (1997) und Mithen (1998) zur Bedeutung des Rituals und seiner weitergehenden Wahrnehmung und Perpetuierung der materiellen Erscheinung. An ihren Werken sollst du sie erkennen! Ähnliche Bemerkungen ließen sich über die großartigen Gebäude und Kivas im amerikanischen Südwesten machen, insbesondere über jene von Chaco Canyon (Renfrew, in Vorb.). Auch das sich dort herausbildende Glaubenssystem war ein nicht-ikonisches, jedoch eines, dessen zwingende Macht durch die phantastischen und wahrhaft ehrfurchtgebietenden Bauten sowohl konstituiert als auch reflektiert wurde. Offenkundig kann Gleiches auch über die großen religiösen Zentren Mesoamerikas gesagt werden.

All diese Beispiele bezeugen die aktive und konstitutive Rolle der materiellen Kultur in der Entwicklung der menschlichen Gesellschaft.

Die langfristige Perspektive

Diese Analyse der vorschriftlichen Phase der menschlichen Gesellschaft besitzt vermutlich Relevanz auch für nichtschriftliche Gesellschaften der historischen Zeit. Mehr noch: Ich sehe eine starke Analogie zwischen der urgeschichtlichen und unserer heutigen Situation. Im Europa des 18. und 19. Jahrhunderts besaß die Schrift zentrale Bedeutung. Wer die Zeitung nicht las, erfuhr keine Nachrichten. Aber seit der Entwicklung des Kinos, später des Fernsehens und des Satellitenfernsehens, werden uns die Nachrichten in Form von Bildern und gesprochenen Wörtern übermittelt. Das Schreiben verliert seine privilegierte Position. Der Computer und das Internet streben mehr und mehr vom Geschriebenen zum Bildlichen. Die symbolischen Objekte, die wir verwenden – Kreditkarten, Busfahrkarten – hängen nicht mehr vom Text ab. Schon jetzt wird der Internet-Einkauf per Bild und bald wohl auch über den Sprachsynthesizer per gesprochenem Wort abgewickelt werden. Das geschriebene Wort wird verzichtbar sein. Schon jetzt erlernen Kinder den Umgang mit dem Computer, bevor sie lesen können.

Nichtverbale Kommunikation ist immer wichtig gewesen, und das gilt heute in zunehmendem Maße. Die Werbung arbeitet mit Bildern, und diese Bilder profitieren auch heute noch von demselben Nexus zwischen Wert, Prestige, Ware und Erwerb (Austausch auf Geldbasis), dessen Ursprünge wir untersucht haben. Der Prozeß der „Auseinandersetzung" geht weiter – was mit pyrotechnischen Anwendungen für die Erzeugung von Keramik begann, setzt sich mit Silikonchips und Festkörperphysik fort. Die letzten

Sehnsüchte und die Weltanschauung vieler Gesellschaftsmitglieder werden durch das Wort „Religion" heute sicher nicht mehr ganz zutreffend abgedeckt – vielleicht brauchen wir für die Bereiche Ideologie, Glauben und Wissenserwerb den umfassenderen Begriff der „Projektionssysteme" (Renfrew 1972).[2] Materielle Symbole sind – in veränderter Weise – noch immer konstitutiv für unsere Realität und werden ihren Part in der Gestaltung der „institutionellen Tatsachen" des dritten Jahrtausends unserer Ära übernehmen.

Jack R. Goody

Wissen und die Arten seiner Weitergabe

Lassen Sie mich mit der allzu offensichtlichen Feststellung beginnen, daß alle menschlichen Gesellschaften in ihrer Existenz und in ihrem Fortbestand auf der Weitergabe von Wissen beruhen, innerhalb und zwischen den Generationen. Der wichtigste Bestandteil von Kultur, die man auch als „gelerntes Verhalten" definiert hat, ist die Sprache. A muß von B lernen; in den meisten Gesellschaften wird das Sprechen innerhalb der Familie erlernt, und in den oralen Kulturen (denjenigen ohne Schrift) trifft das für den größten Teil des Wissens zu.

Das Wachstum des Wissens können wir auf zwei Arten betrachten: vom gesellschaftlichen oder globalen und vom individuellen Standpunkt. Diese Unterscheidung überlagert diejenige zwischen der Gewinnung von neuem und der Verbreitung von altem oder vorhandenem Wissen. Keine dieser Unterscheidungen schließt die andere aus, beide Gesichtspunkte beeinflussen sich gegenseitig. Aber sie beziehen sich auf unterscheidbare Vorgänge und Institutionen.

Der Besitz von Wissen (oder der Zugang dazu) ist in einer Gesellschaft stets unterschiedlich verteilt. In oralen Kulturen besteht dieser Unterschied hauptsächlich zwischen den älteren und den jüngeren Mitgliedern der Gemeinschaft. Daraus resultiert der Respekt, der den Älteren erwiesen wird, wissen diese doch immer mehr, weil sie länger gelebt und mehr erfahren haben und größere Erinnerungsvorräte besitzen. Daneben gibt es den Faktor des praktischen Wissens oder der Kunstfertigkeiten, etwa die Eisengewinnung oder das Töpfern, was einige beherrschen und andere nicht.

In oralen Gesellschaften verläuft die Entwicklung relativ geradlinig. Die Weitergabe von Wissen erfolgt größtenteils (wenn auch nicht ausschließlich) innerhalb der Familie durch unmittelbare Interaktion. In bäuerlichen Kulturen, die sich um Hausgemeinschaften gruppieren, sind Haushalt und Familie notwendigerweise stark an der Weitergabe von allem Wissen beteiligt, das mit dem

Erwerb des Lebensunterhalts zusammenhängt. Es umfaßt religiöse Momente (die Bitte um Fruchtbarkeit) ebenso wie verwandtschaftliche (Kooperation und Konflikt) und bis zu einem gewissen Grad auch politische (wieviel von dem Ertrag nehmen der Landbesitzer oder die Regierung als Pacht oder Steuern?). Die Weitergabe solchen Wissens schließt ethische, moralische und emotionale Gesichtspunkte mit ein, die sich auf die zwischenmenschlichen Beziehungen und die Gesellschaft als Ganze beziehen.

Sobald sich ein Expertenwissen entwickelt, z.B. in Handwerkszweigen wie der Metallverarbeitung oder der Töpferei, erfolgt die Weitergabe dieses Wissens ebenfalls noch häufig innerhalb einer Familie, einer Sippe oder anderer Verwandtschaftsgruppen. Am deutlichsten ist das bei der Kasten-Ordnung der Tätigkeiten in Indien (bei der es sich natürlich nicht um eine Gesellschaft ohne Schrift handelt), doch ist der gleiche Grundzug auch in vielen westafrikanischen Gesellschaften anzutreffen, in denen die Metallverarbeitung und Töpferei häufig an Verwandtschaftsgruppen gebunden sind. Da in rein oralen Kulturen alles Wissen im Gedächtnis aufbewahrt werden muß, führt jede Spezialisierung dazu, daß bestimmte Mengen von Wissen in die Obhut einzelner Individuen oder vorzugsweise ganzer Familiengruppen gelangen. Die Familie ist an der Weitergabe des gesamten Spektrums kultureller Informationen stark beteiligt, und das bedeutet, daß das Wissen gegen Einflüsse von außen häufig abgeschirmt wird. Da es nur so weit zunehmen kann, wie die Möglichkeiten des menschlichen Gehirns und die Spezialisierung verschiedener Gruppen es zulassen und da es darüber hinaus tendenziell der starken Abschottung durch die Familienumgebung unterliegt, entwickelt es sich nur langsam. Seine Verbreitung wird bewußt beschränkt – das Monopol bewahrt das Wissen, limitiert aber eben damit zugleich seine Ausbreitung und weitere Steigerung.

Natürlich wird nicht einmal in den einfacheren oralen Kulturen alles Wissen innerhalb der Familie weitergegeben. Bei den LoDagaa in Nord-Ghana kann man mit Hilfe von angemessenen Gaben oder Tauschmitteln in die Geheimnisse des Schmiedens eingeweiht werden. Dazu gehört, daß der Schmied einen unabhängigen Schrein für den neuen Handwerker einrichten muß, genau wie man es auch bei anderen (etwa medizinischen) Schreinen handhabt. Ebenso wird das Wissen um die übernatürlichen Angelegenheiten an jene weitergegeben, die in den Bund der Bagre eintreten. Im Verlauf von langwierigen Prozeduren lauschen sie dem Vortrag über den Weißen und Schwarzen Bagre, einer Mythenerzählung, die gut sechs bis acht Stunden dauert. Durch diesen Mythos lernen die Neophyten die übernatürliche Welt kennen, wenn auch nicht anhand eines feststehenden Textes. Die Analyse von Vorträgen aus verschiedenen Zeiten bezeugt beträchtliche Veränderungen – durch Zusätze ebenso wie durch Weglassungen –, die im Verlauf des Weitergabeprozesses auftreten. Doch sind die neuen Versionen nicht als Zuwachs von Wissen oder von Kulturgütern zu betrachten (wie es in gewisser Hinsicht ein neuer Roman ist). Da das Neue das Alte ersetzt, kann kein Einzelner die Vielfalt im Gedächtnis behalten, die wir in den nach und nach aufgeschriebenen Versionen eines Textes entdecken. Es handelt sich also um einen Vorgang des Austauschs. Die Anpassung erfolgt auf individueller Basis, das heißt: Wenn ich den Mythos vortrage, mache ich das auf der Grundlage meiner eigenen früheren Version, die zum großen Teil in meinem Gedächtnis aufbewahrt ist und sich von denen anderer Sprecher (Vortragender) unterscheidet. Diskussionen über kollektive oder familiäre Erinnerung sind durchaus unangemessen; alles hängt von der Art und Weise und dem Kontext der Weitergabe ab.

Die Einführung der Schrift in einer Gesellschaft hat zur unmittelbaren Folge, daß die Bedeutung der Familie oder der lokalen Ältesten für die Weitergabe von kulturellem Wissen gemindert wird – gemindert, wenn auch keineswegs ausgelöscht. Gemindert wird sie, weil man den Autoritäten jetzt nicht mehr nur unmittelbar von Angesicht zu Angesicht begegnet. Vielmehr existieren sie jetzt auch in der Gestalt des geschriebenen Werks, dessen Autoren nicht dem Bereich der Familie, ja oft nicht einmal dem der lebenden Gemeinschaft angehören. Für den Leser existieren sie in räumlicher und zeitlicher Entfernung, oft existieren sie zudem im Plural und in Alternativen.

Dennoch führen Veränderungen der Kommunikationsmittel nicht notwendigerweise dazu, daß ein altes Modell durch ein neues ersetzt wird, wie das bei Maschinen häufig der Fall ist, etwa beim Übergang von der Dampflokomotive zur dieselgetriebenen und zur elektrischen Lokomotive. Zunächst bedeuten solche Veränderungen nur eine Ergänzung des verfügbaren Repertoires, wie man es z.B. bei literarischen Formen erlebt. Schriftlichkeit ersetzt die Mündlichkeit nicht, wohl aber ergänzt und verändert sie deren Handhabung. Das will sagen, daß auch in Schriftkulturen die mündliche Kommunikation eine dominierende Rolle behält – für alle menschlichen Zwecke ist das Sprechen das eigentlich entscheidende Vermögen. Auch in fortgeschrittenen Kulturen können einige Leute (z.B. Analphabeten) durchaus mit gesprochener Sprache allein zurechtkommen, doch muß ihr Sprechen dann so geschliffen wie möglich sein. Selbst wer stark an literarischer Kommunikation beteiligt ist, schreibt nur für Abwesende, nicht für Anwesende. Und die meisten Menschen bevorzugen heute wieder das Telephon vor dem Brief.

Die Familie bleibt eine Gruppe, die von Angesicht zu Angesicht operiert; in ihr wird Wissen mündlich oder durch das persönliche Beispiel weitergegeben. Auch handelt es sich dabei keineswegs um unbedeutendes Wissen (außer für einige pädagogische Hardliner, die die Schule als Ein und Alles der Wissensweitergabe betrachten). Nein, nichts sind wir als Tiere mit Sprache, und diese Sprache erwerben wir in der Familie, selbst wenn eine elementare Anlage dazu genetisch verankert sein mag, wie Chomsky behauptet. Genauso verhält es sich mit anderen zentralen Aspekten unserer kognitiven, emotiven und motorischen Ausstattung. Die Familie ist der Ort, wo wir lernen, uns zu bewegen; wo wichtige emotionale Prägungen erfolgen, wie Freud und andere gezeigt haben; wo viele Menschen auch ihre Einstellung gegenüber dem geschriebenen Wort erwerben. Allerdings wird die gesprochene Kommunikation innerhalb der Familie – so grundlegend sie vor allem zwischen Mutter und Kind auch bleibt – beeinflußt von der Gegenwart und dem Inhalt des geschriebenen Worts sowie von anderen Veränderungen in den Kommunikationsmedien. Heutzutage ist es ja nichts Besonderes mehr, zwei- bis dreijährige Kinder bei der Bedienung eines Video-Apparats zu beobachten, der sie mit Bildergeschichten von, sagen wir, den Brüdern Grimm oder Beatrix Potter versorgt, und das Gleiche gilt demnächst wohl auch für Multimedia-Anwendungen.

Um aber zur Rolle des gesprochenen Worts in der Familie zurückzukehren, so weist die Weitergabe von Wissen in anderen unmittelbaren Kommunikationszusammenhängen ähnliche Züge auf. In jeder Lernsituation dominieren das Beispiel und das gesprochene Wort. Bei der Arbeit lernen wir, indem uns jemand erklärt, was wir zu tun haben. Praktische Dinge aus Büchern zu lernen, ist fast immer ein sekundärer Vorgang. Kein Bauer hat die Landwirtschaft aus der Lektüre eines agrarwissenschaftlichen Handbuchs erlernt.

Obwohl also die Schriftlichkeit das gesprochene Wort offensichtlich nicht verdrängt hat, obwohl auch in Schriftkulturen die Mehrheit der Menschen über 5000 Jahre lang nichts anderes gebrauchte als das gesprochene Wort (weil sie nicht lesen konnte), beeinflußte das Erscheinen der Schrift doch den Charakter des Sprechens. Es veränderte die Art, wie ein Großteil des Wissens weitergegeben wurde, es stellte tatsächlich ein neues Verfahren bereit, wie durch Zeichen auf Lehm, Stein, Blättern oder Papier (statt durch Erinnerungsspuren) Informationen aufgehäuft werden konnten. In diesen Zusammenhängen spielten die Familien eine verminderte Rolle. Denn wer Lesen und Schreiben lernt, wurde und wird große Teile des Tages in Institutionen eingesperrt, die gleichsam einen permanenten Initiationsritus durchführen; in der Vergangenheit wurde die Praxis des Lesens und Schreibens zudem oft in religiösen Institutionen erlernt. Gleich mit den Anfängen des Schreibens im frühen Mesopotamien entstanden spezialisierte Schulen: Sie übernahmen die Aufgabe der Unterweisung nicht nur in den elementaren Techniken des Lesens und Schreibens, sondern auch in der Aneignung jenes Wissens, das mit Hilfe dieser Techniken entwickelt und aufbewahrt worden war.

Auf verschiedene Weise gespeichertes Wissen kann auf unterschiedliche Arten gesammelt und weitergegeben werden. In einer Schriftkultur hängen Information und Wissen nicht länger davon ab, was im menschlichen Gehirn mit all den Beschränktheiten des Gedächtnisses gespeichert werden kann. Es gibt keine Kapazitätsgrenze mehr. Die Speicherung übernimmt ein fester Text, die Verbreitung kann unabhängig davon erfolgen, Reichweite und Geschwindigkeit des Umlaufs wandeln sich. Die Werke des Aristoteles wurden in die islamische Gelehrsamkeit aufgenommen und durch die Übersetzungen muslimischer Gelehrter wie z.B. Averroës dem christlichen Europa vermittelt. Allerdings mußte zu jener Zeit noch jedes Manuskript von Hand abgeschrieben werden (z.B. in Skriptorien). Das konnte bis zu sechs Monaten dauern, kostete einen entsprechenden Preis und beschränkte damit die Zahl der Bücher. Es gab zwar das Schreiben, aber die Verbreitung von Informationen blieb beschränkt und die Möglichkeit ihres Verlustes (wie bei den Werken des Aristoteles) blieb allgegenwärtig.

Mit dem Aufkommen des Buchdrucks in Europa am Ende des 15. Jahrhunderts nahm die Geschwindigkeit der Wissensverbreitung beträchtlich zu. In Ostasien zuerst entwickelt, in Europa jedoch in erheblich vereinfachter Form auf die alphabetische Buchstabenschrift angewendet, ermöglichte die Drucktechnik die mechanische Reproduktion des geschriebenen Wortes. Statt durch Abschreiben konnte ein Text von der Länge eines Buches nun in kurzer Zeit produziert und herausgebracht werden. Die Kosten reduzierten sich, die Zugangsmöglichkeiten wuchsen und beförderten einen schnelleren Umlauf des Wissens. Wie umwälzend der Buchdruck das soziale und intellektuelle Leben beeinflußte, hat Elizabeth Eisenstein ausführlich dokumentiert.

Mit einem Mal konnten zahlreiche Kopien angefertigt werden, nicht nur von Worten, sondern auch von Bildern und Diagrammen (z.B. von Karten oder Kalendern). Die Produktion so vieler Kopien ging mit einem schnelleren und weitreichenderen Umlauf von Wissen einher. Gelehrte Gesellschaften in verschiedenen Teilen Europas konnten die Resultate einer naturwissenschaftlichen Untersuchung schon bald, nachdem sie stattgefunden hatte, überprüfen (so im Fall der Royal Society im London des 17. Jahrhunderts und ihrer Kommunikationsnetzwerke). Als die Geschwindigkeit der Druckerpressen sich durch den Einsatz der Dampfkraft erhöhte, nahm die Geschwindigkeit der Wissenszirkulation abermals zu, ebenso das Ausmaß der Wissensverbreitung, da die mechanischen Verbesserungen auch die Kosten reduzierten. Während der von Addison und Steele herausgegebene *Spectator* im England des 18. Jahrhunderts nur geringe Verbreitung fand und die politischen bzw. sozialen Kommentare darin dem größeren Teil des Publikums noch laut vorgelesen wurden, erlebten die Tageszeitungen, Zeitschriften und Magazine des 19. Jahrhunderts bereits einen massenhaften Absatz; schließlich hat die Erfindung der Farbreproduktion die Anziehungskraft solcher Druckerzeugnisse für viele Menschen noch einmal gesteigert.

Die Entwicklung der Schrift und später des Drucks ermöglichte der Menschheit zweifellos, eine große Schwelle bei der Anhäufung von Wissen zu überschreiten. Die humanistische Tradition Europas hat ihre Ursprünge bis zu den klassischen Kulturen Griechenlands und deren angeblicher „Erfindung" des Alphabets zurückverfolgt. Dabei hatte es bereits 750 Jahre vorher in Syrien ein Alphabet gegeben, wenn auch noch ohne eigene Zeichen für die Vokale. Natürlich waren die griechischen Errungenschaften wichtig für Europa und die Welt. Doch hat die europäische Gelehrsamkeit dazu geneigt, den semitischen Beitrag zur Schrift zu vernachlässigen; zuweilen vermochte sie die griechischen Leistungen nicht entschieden genug in den Zusammenhang der aus Mesopotamien und Ägypten stammenden Bildung einzuordnen. Dort nämlich existierten die ersten Gesellschaften mit einer Schrift. Energisch stießen sie in das neue System der Wissensentwicklung und -anhäufung vor, vor allem im Bereich der Mathematik, die im Kern ein literarisches (numerisches) Unternehmen ist und auf der Anwendung von Schreibtechniken beruht. Orale Gesellschaften addieren und subtrahieren, aber sie betreiben kaum Multiplikation oder Division, geschweige denn komplexere Operationen.

Ähnliche Fortschritte gelangen bei der Klassifikation von natürlichen Arten, in dem gesamten Bereich, den Landsberger Listenwissenschaft nennt und bei der Sammlung von medizinischem Wissen in den bekannten ägyptischen Papyri. In der Dichtung vollzog sich eine ähnliche Wendung zur Kumulation, statt daß wie in rein oralen Gesellschaften die eine Version eines Vortrags die vorhergehende ersetzte. Ein völlig neues Konzept von *traditio* – von dem, was 'weitergegeben' wird – entstand.

Auf der allgemeinsten Ebene hatten die Errungenschaften der antiken Welt wenig mit dem „Genie" der Griechen oder der anderen beteiligten Völker zu tun, mochte jede Gesellschaft auch etwas Eigenes hinzufügen. Eine ähnliche Entwicklung finden wir nämlich bei der Entwicklung des Wissens in Süd- und Ostasien, wo ebenfalls Schriftsysteme entstanden. In China kam es zu einer frühzeitigen Anwendung auf die Dichtung, als im 9. Jahrhundert v. Chr. Lyrikanthologien auftauchten. Die Anthologie entsteht durch einen Vorgang der Selektion, Aufzeichnung und Verbreitung, der in oralen Kulturen nicht möglich ist. In der Sung-

Periode wurden bereits Enzyklopädien erstellt (in oralen Kulturen ebenfalls unmöglich), die das zeitgenössische Wissen vor allem über die natürliche Welt zu versammeln suchten. Jede Enzyklopädie gab eine Zusammenfassung des bekannten Wissens und bildete einen Ausgangspunkt für zukünftige Entwicklungen. Was in diesem kumulativen Prozeß gesammelt worden war, konnten die Kompilatoren späterer Ausgaben kritisieren, verbessern, ergänzen. Mochten vor dem Aufstieg der ausdrücklich experimentellen Wissenschaften im Europa des 17. Jahrhunderts Theorien nicht systematisch überprüft worden sein, so unterwarf man sie doch auch hier schon bis zu einem gewissen Grad den Schlußfolgerungen, die man aus empirischen Beobachtungen, etwa über den Lebenszyklus von Tieren, ziehen konnte.

Wie die ungefähr gleichzeitig entstandenen *Summae* oder Zusammenstellungen des kirchlichen Wissens in Europa (China war in dieser Hinsicht weltlicher oder zumindest stärker in verschiedene, voneinander unabhängige Gesellschaftsbereiche geteilt) fanden jene Enzyklopädien nur beschränkte Verbreitung. Erst mit dem Buchdruck stieg, wie wir gesehen haben, die Geschwindigkeit des Informations- und Wissensumlaufs in einer Weise an, daß sie das Aufkommen der Moderne ermöglichte und Europa in die Lage versetzte, Anschluß an die Errungenschaften des Ostens zu finden, ja sie zu übertreffen. Die Zunahme der Buchproduktion in der Renaissance war beachtlich. Sie erleichterte die Aufgabe der Lehrer an den Schulen (trotz der Werke des Petrus Ramus); sie führte zu der Erfindung von Almanachen, die ein ganzes Spektrum von Wissen für die Landbevölkerung enthielten; sie verstärkte den Austausch innerhalb der *scientific community* Europas – der „unsichtbaren Universität", wie man sie genannt hat. Daß viele Veröffentlichungen nun in den Volkssprachen erschienen anstatt in Latein, hatte sicher auch Nachteile. Doch blieb das Latein noch einige Zeit lang als Sprache des gelehrten Austauschs erhalten. Und sein Bedeutungsverlust trug dazu bei, weltliche Tendenzen zu stärken. Für die Befreiung des Wissens aus kirchlicher Kontrolle waren diese weltlichen Tendenzen ebenso notwendig wie für die Entwicklung eines neuen Weltwissens unabhängig von den Interessen der Kirche, das heißt unter Zuständigkeit einer Wissenschaft, die von Religion klar unterschieden war. Dieser Vorgang hing entscheidend davon ab, daß der immer breiter werdenden lesenden Öffentlichkeit eine Fülle von Materialien aus vielen verschiedenen Quellen zugänglich gemacht wurde, nicht bloß aus den Skriptorien der Klöster oder aus den Bibliotheken von Universitäten, die der Ausbildung des Klerus dienten.

Die Ergebnisse können an der sogenannten *scientific revolution* und der Aufklärung des 18. Jahrhunderts abgelesen werden, ganz zu schweigen von der Arbeit der Enzyklopädisten in Frankreich und von Kompilationen wie dem Wörterbuch des Dr. Johnson und der *Encyclopædia Britannica* in England und Schottland. Zum Teil gingen diese Entwicklungen auf die Kreativität zurück, die durch die Verweltlichung des Wissens freigesetzt wurde, zum Teil auch auf den Aufholprozeß gegenüber dem Osten nach dem Niedergang des meisten Wissens bzw. der relativen Stagnation während der dunklen Jahrhunderte und dem Großteil des Mittelalters. Dennoch wäre ohne die Veränderungen der Kommunikationsmedien ein solcher Aufholvorgang unmöglich gewesen. Erst diese Veränderungen trugen dazu bei, die Kontrolle durch Kirche und Staat zu lockern und das Wissen in der gesamten Bevölkerung zu verbreiten. Ermöglicht wurde dies durch das Zusammenwirken von Erziehung und gedrucktem Wort wie auch durch das zeitgleiche Aufkommen von Industriekapitalismus und Demokratie, das nach dem Philosophen John Stuart Mill eine „gebildete" (d.h. lesefähige) Bevölkerung voraussetzte – denn wie hätte sie sonst die anstehenden Entscheidungsfragen verstehen können?

Dank der Einführung des Buchdrucks und der raschen Ausweitung des Schulwesens lernten immer mehr Frauen und Männer lesen. Im 18. Jahrhundert stellten Frauen den Großteil des Lesepublikums von Romanen. Der Impuls, die kulturelle Kluft zwischen den Lesekundigen und den Analphabeten zu verringern, entsprang teils gesellschaftlichen, teils religiösen Gründen, vor allem dem Protestantismus und später der Gegenreformation.

Beträchtlich erleichtert wurde das Unternehmen durch die Entwicklung der mit Dampfkraft betriebenen Rotationspresse. Indem sie den Beschränkungen der von Hand bedienten Maschinen ein Ende setzte und die preisgünstige, schnelle Produktion von Tageszeitungen und Groschenblättern ermöglichte, streute sie Wissen aus über die Nation, den Kontinent, das Empire und die Welt – ein Wissen, das täglich erneuert werden mußte, damit es mit den wechselnden Ereignissen Schritt halten konnte. Die wirtschaftlichen Veränderungen der zweiten industriellen Revolution erhöhten den Bedarf an schreibkundigen Angestellten (zumeist Frauen), die in den Büros der Verwaltung und im Geschäftsleben an den neu erfundenen Schreibmaschinen arbeiteten. Zudem bot das Aufkommen der allgemeinen Schulpflicht in den 1870er Jahren auch Müttern bessere Möglichkeiten, am Arbeitsleben teilzunehmen; gleichzeitig erhöhte es den Bedarf an Grundschullehrern, was wiederum vor allem Frauen zugutekam.

Die Entwicklung der Massenmedien hat die Weitergabe von Wissen und kulturellen Informationen aller Art entscheidend verändert. Wie die Rotationspresse Tageszeitungen mit massenhafter Verbreitung hervorbrachte, habe ich bereits ausgeführt. Ihr folgten die Entwicklungen der Photographie und des Farbdrucks, die die preisgünstige Verbreitung von Bildmaterial ermöglichten. Dadurch gewannen vor allem solche Magazine an Attraktivität, die Zerstreuung und Information für all diejenigen bieten, denen jede Art von Lektüre schwerfällt. Solche Medien stellen eine Entsprechung zur Bibel der Armen dar: zu den bunten Glasfenstern der mittelalterlichen Kirchen, die den Leseunkundigen eine Ahnung von den biblischen Geschichten vermittelten.

Die Fortschritte in der Photographie führten zum Kino, den bewegten Bildern. Da das Kino sich auf das Erzählen konzentrierte, auf die Fiktion, bot es kaum Wissen als solches, außer vielleicht der Kenntnis von Klassikern: Shakespeares *Henry V* kennen viel mehr Leute durch eine Verfilmung statt durch eine Theateraufführung. „Dokumentarfilme" konnten in den dreißiger Jahren einige Erfolge verbuchen, aber sie besaßen niemals einen großen Anteil an der Filmproduktion, sieht man vom Erfolg der Wochenschauen ab – zumindest bis sich in den fünfziger Jahren das Fernsehen durchsetzte. Obwohl das Fernsehen offensichtlich vor allem (und in immer stärkerem Maße) der Unterhaltung dient, ermöglicht es auch Literaturverfilmungen und Informationssendungen, insbesondere über das Leben in freier Wildbahn (wozu auch ethnologische Filme zählen – im großen und ganzen aber zieht man merkwürdige Tiere den merkwürdigen Menschen vor).

Im Gegensatz zum Kino, dem es starke Einbußen bescherte, läuft das Fernsehen, ebenso wie sein auditiver Vorgänger, das Radio, vor einem häuslichen Publikum. Dadurch stärkt es den Haushalt (wie auch immer die Familie beschaffen sein mag) als den Mittelpunkt für Unterhaltung und in einem eingeschränkteren Sinn auch für Wissen. Zweifellos entfalteten regionale Programme in Frankreich und Italien, kunstgeschichtliche Sendereihen wie jene von Kenneth Clark in England und Naturfilme eine große Anziehungskraft auf die Zuschauer. Und auf einer systematischeren, akademischen Ebene haben die *Open University* und ihre Entsprechungen in der ganzen Welt kreativen Gebrauch von Radio und Fernsehen für die Lehre auf Universitätsniveau gemacht.

Man kann behaupten, diese Medien hätten der Oralität wieder den Vorrang vor der Literalität verschafft, ebenso wie sie das Lernen in der Familie begünstigen gegenüber dem in der Schule. Wirklich erfolgt die Wissensvermittlung über Radio und Fernsehen ja durch Ton und Bild – aber das trifft auch für Vorlesungen an der Universität und für Predigten in der Kirche zu. Der unmittelbare Prozeß der Weitergabe wird von einem Manuskript gesteuert und von dem Wissen, das mittels schriftlicher Techniken angesammelt wurde. Oral ist dieses Wissen somit nur im spezifischen Zusammenhang der Vermittlung; es handelt sich eher um orale Vermittlung als um orale Erzeugung.

Eine weitere, noch fundamentalere Veränderung kennzeichnet nach dem Zweiten Weltkrieg dann die „dritte industrielle Revolution", nämlich die Entwicklung des Computers. In der frühen Nachkriegszeit waren Computer große, unbewegliche Maschinen, die von der Regierung, von militärischen Einrichtungen und in der Forschung eingesetzt wurden, insbesondere für mathematische Operationen. Irgendwann wurden diese Maschinen massenhaft produziert; mit Hilfe immer leistungsfähigerer Speicher und dem Einsatz für die Textverarbeitung entwickelten sich zunächst Tischgeräte, dann tragbare Computer für den Gebrauch im Büro und zu Hause. Immer größere Mengen an Material konnten gespeichert und verarbeitet werden, ganze Bibliotheken können heute für den Hausgebrauch auf CD-Rom bereit gestellt werden. Die Auswirkungen auf das soziale und intellektuelle Leben sind gravierend. Der Jugend brachten sie einerseits eine Flut von Computerspielen, die zumindest die Sachkenntnis im Umgang mit dem Computer fördern, andererseits aber auch CD-Roms, die ein vielseitiges, individuelles, interaktives Lernen ohne Hilfe von Eltern oder Lehrern ermöglichen. Der Reiz von beidem ist beträchtlich.

Der heutigen Generation von Erwachsenen hat der Heimcomputer ermöglicht, außerhalb von Büro oder Fabrik zu arbeiten und schnell über Email und Fax zu kommunizieren. Außerdem verleiht er einen außerordentlichen Zugriff auf immense Mengen von Daten. Lassen Sie mich dafür aus eigener Erfahrung drei Beispiele anführen. Erstens wurde es möglich, durch die Codierung einer Anzahl von kulturvergleichenden Übersichtsdarstellungen, einschließlich der Daten der *Human relation area files*, mit geringem Aufwand Hypothesen über Beziehungen zwischen sozialen Fakten zu entwickeln und sie mittels Computer zu überprüfen. Zweitens ermöglichte die Erfindung von tragbaren Kassettenrekordern erstmals die akkurate schriftliche Dokumentation mündlicher Formen, von Mythen und Märchen ebenso wie von der gesprochenen Sprache selbst. Man schaltet einfach das Gerät ein und erhält stundenlange Aufnahmen. Auf diese Weise habe ich über den Mythos der Bagre bei den LoDagaa im nördlichen Ghana gearbeitet. Früher durfte ein Anthropologe sich glücklich schätzen, wenn er wenigstens eine Version eines langen Mythos, der natürlich außerhalb des eigentlichen Darstellungskontextes rezitiert werden mußte, mit nach Hause brachte. Jetzt konnte man *in situ* viele verschiedene Versionen sammeln, was unseren Begriff vom Mythos verändert hat – nicht länger als feststehende Rezitation ist er aufzufassen, er mußt als etwas Fließenderes, Kreativeres verstanden werden. Allerdings ergab sich die Schwierigkeit, in dieser Masse von Material die Varianten zu analysieren, wichen die verschiedenen Versionen doch viel stärker voneinander ab, als dies bei schriftlichen Texten der Fall ist. Der visuelle Vergleich der Transkriptionen führte da nicht weit. Die Lösung bestand in der Übertragung des Materials auf den Computer, um die Art und den Grad der Variation zu ermitteln. Drittens wurde es möglich, die während der Feldarbeit niedergeschriebenen Notizen sehr viel systematischer zu durchforsten, sobald sie in den Computer eingegeben worden waren.

Diese Beispiele stammen aus der Forschung, haben aber viele Gemeinsamkeiten mit dem alltäglichen Gebrauch von Computern in unterschiedlichen Aufgabenbereichen. Heutzutage kann man per Computer seine eigene Publikationen gestalten (*desk-top publishing*), der Computer ermöglicht den ständigen Zugriff auf das eigene Wörterbuch oder den eigenen Thesaurus sowie das Eingeben von tausendundeiner Quelle. Dies alles sind Möglichkeiten. Das Leben der meisten Menschen wird heutzutage noch nicht so sichtbar von Computern beeinflußt wie von den tragbaren Telephonen, die an jedem Ort und zu jeder Zeit persönliche Informationen auszutauschen gestatten. Indirekt aber hat der Computer einen starken Einfluß, zunehmend auch auf Kinder. Dadurch entsteht die Gefahr, daß sich eine kulturelle Kluft zwischen den Besitzenden und den Besitzlosen auftut, wie sie 5000 Jahre lang in Bezug auf die Schrift existierte und heute zwischen der Ersten und der Dritten Welt besteht. Nach dem Auto nämlich wird zusehends der Computer zum teuersten Konsumgut. Noch ist er nicht so weit verbreitet wie der Fernseher, den die meisten Haushalte als Lebensnotwendigkeit betrachten. Aber er ist dabei, den gleichen Status zu erobern. Teilweise wurden die unterschiedlichen Voraussetzungen durch den Computer-Zugang überbrückt, den viele Schulen anbieten, selbst Grundschulen. Dennoch wird jene Kluft immer größer, nicht nur zwischen entwickelten und Entwicklungsländern, sondern stärker noch innerhalb der Entwicklungsländer selbst, wo das Konsumverhalten der Reichen und der Armen weiter auseinander tritt als zuvor oder als in anderen Gesellschaften.

Die Erfordernisse der Demokratie gebieten, daß diese Kluft geschlossen wird. In der Dritten Welt aber könnte es sich als Fehler erweisen, wollte man versuchen, die Kluft sofort zu schließen, indem man schon jetzt eine universelle Ausbildung (oder Computerisierung) anstrebt. Wir sollten uns daran erinnern, daß Europa und andere Schriftkulturen über einen langen Zeitraum mit einer solchen Kluft gelebt haben, daß diese Kluft in gewisser Hinsicht auch eine Bedingung ihrer Entwicklung war. Für die meisten Berufe bedurfte es keiner Literalität. Hätte man überall auf ihr beharrt, so wären dadurch Unruhen ausgelöst worden, weil der Bedarf an Schriftkundigen zu gering war. Zudem wären die Kosten für eine universelle Ausbildung extrem hoch gewesen und hätten andere Investitionen verhindert.

So verhält es sich heute in den Entwicklungsländern. Ihre größten Ausgaben liegen zumeist im Bildungsbereich. Aufgrund des Entwicklungsstands ihrer Wirtschaft und des Mangels an Stellen, für die Schriftkenntnisse erforderlich sind, bedeuten Investitionen in Bildung häufig Subventionen für diejenigen Länder, in die auszuwandern die Schriftkundigen sich gezwungen sehen. Vielleicht wäre es gut, Auswanderer zu veranlassen, den Heimatländern die Kosten für ihre Ausbildung zurückzuzahlen, auf jeden Fall sollte man sich im gegenwärtigen Stadium eher auf Qualität als auf Quantität konzentrieren. Das heißt nicht notwendig, die Gesamtausgaben für Bildung zu reduzieren. Vielmehr sollte man ausgewählte Institutionen und Lehrer gezielt fördern und im Interesse künftiger Angleichung momentane Ungleichheit hinnehmen. Die Revolution des Wissens könnte einer allmählichen Annäherung bedürfen.

Zusammenfassend gilt: Die Vermehrung des Wissen erfolgte sowohl in qualitativer als auch in quantitativer Form. Beide Entwicklungen beruhten auf Veränderungen der Kommunikationsmittel (und auf deren Kontrolle).

Man kann die Entwicklung von Wissen als graduellen Prozeß ansehen: Eine Form des Handbeils ging aus einer anderen hervor. Ein wesentliches Merkmal von Wissenssystemen ist zweifellos ihr langsames Wachstum, vor allem wenn die Wissensvermittlung auf der Familie beruht; erst mit wachsendem Verständnis nimmt die Veränderungsgeschwindigkeit zu. Natürlich gab es aber auch Wendepunkte, an denen radikale Umschwünge stattgefunden haben. Marx setzte diese Umschwünge in ein Verhältnis zu den Produktionsmitteln und zu der Produktionsweise, Max Weber legte den Nachdruck auf ideologische Faktoren. Um eine befriedigendere Argumentation zu entwickeln als durch allgemeine Berufung auf den Wandel der Mentalitäten oder des Zeitgeistes, habe ich hier eine Anzahl von Variablen betont, die eng mit Revolutionen des Wissens verknüpft sind – nämlich die Veränderungen der Kommunikationsmittel und -arten.

Die Menschheit kann über den Spracherwerb definiert werden. Die Erfindung der geschriebenen Sprache – von Childe auch die *Urban Revolution* genannt – geht zurück auf die Bronzezeit um 3000 v. Chr. Unbestritten war dies eine äußerst wichtige Phase in der Entwicklung von Wissenssystemen, wie man an den Kulturen Mesopotamiens, Ägyptens und Chinas sehen kann, die alle das Lernen außerhalb der Familie, in Schulen, beförderten.

Den nächsten wichtigen Entwicklungsschritt brachte die alphabetische Schrift (Buchstabenschrift), die um 1500 v. Chr. in Syrien entwickelt wurde und um 750 v. Chr. in Griechenland eine etwas vollständigere Form erhielt. Das Resultat war die Jüdische Bibel und die bedeutenden Hervorbringungen des griechischen Schriftgebrauchs.

Die dritte Phase kam mit der Mechanisierung des Schreibens, zuerst im Osten, später im Westen, wo sie am Ende des 15. Jahrhunderts auf eine Alphabetschrift angewandt wurde. Diese Veränderung war insofern äußerst einflußreich, als sie dazu verhalf, mit der Zeit immer mehr Schulbildung, Schriftlichkeit und Gelehrsamkeit zu befördern, die Teilhabe an nationaler Politik und Kultur zu verbreitern (orale Kulturen sind kleinteilig, frühe Schriftkulturen kulturell stark zerklüftet) und vor allem ein (natur-) wissenschaftliches Wissen zu entwickeln.

Der wachsende Einfluß dieser und nachfolgender Veränderungen der Kommunikationsmittel und der damit verbundenen Bildungsmaßnahmen – man mußte lernen, wie diese Techniken zu gebrauchen waren und welche Folgen daraus entsprangen – prägte das gesamte 18. Jahrhundert und führte in den ersten Jahrzehnten des 19. Jahrhunderts zur Anwendung industrieller Vervielfältigungsmethoden mit Druckerpressen, die durch Dampfkraft betrieben wurden, in Massen produzierten und die Kosten von Druckerzeugnissen reduzierten. Der Farbdruck führte allmählich zu attraktiveren Produkten für die Mehrheit der Leute – ein Aspekt der Konsumgesellschaft, die durch die Zweite Industrielle Revolution in den sechziger und siebziger Jahren des 19. Jahrhunderts angeregt wurde. Diese Periode erlebte nicht nur das Aufkommen der allgemeinen Schulbildung (d.h. des Lesens und Schreibens), sondern auch die Entwicklung anderer Kommunikationsmittel, die zu den Massenmedien führten und damit zu einem Anstieg der bezahlten Frauenarbeit. All diese Entwicklungen kulminierten in der Dritten Industriellen Revolution der Nachkriegszeit mit der Erfindung von Computern und anderen neuen, elektronischen Mitteln der Kommunikation.

Jede dieser Veränderungen der Kommunikationsmittel ging mit einer beträchtlichen Zunahme von Wissen einher, von dem nicht nur die Gesellschaft als ganze, sondern immer mehr auch ihre individuellen Mitglieder profitierten, ungeachtet der Hemmnisse durch Herkunft, Alter und Geschlecht – eine Zunahme, die durch die ursprüngliche Erfindung der Schrift gefördert, wenn nicht sogar hervorgebracht wurde. Die damit unvermeidlich einhergehenden Ungleichheiten können heute korrigiert werden, da die Wissenssysteme, zumindest in den westlichen Kulturen, immer mehr auch den Massen zugänglich gemacht werden.

Die Frankfurter Schule hat (bis auf Walter Benjamin vielleicht) dem von mir diskutierten Thema wenig Aufmerksamkeit geschenkt. Gerne stelle ich mir aber vor, mit meinem Beitrag an eine Tradition anzuknüpfen, die den „Geist", von dem die „Geisteswissenschaften" zu handeln beanspruchen, auf konkretere Weise erklärt.

Jan Assmann

Ägypten in der Wissenskultur des Abendlandes

Bevor Ägypten in der Wissenskultur des Abendlandes eine Rolle spielte, hatte es seine eigene Wissenskultur ausgebildet, und es war aufgrund dieser Wissenskultur, daß es in die Wissenskultur des Abendlandes einging.[1] Mit anderen Worten: Ägypten lebte weniger aufgrund seiner überwältigenden Monumente, der Pyramiden, Tempel und Felsgräber im Abendland weiter, als vielmehr aufgrund seiner besonderen Wissenskultur, die durch die Vermittlung der Griechen und (vielleicht von Ägyptern) griechisch geschriebener Texte präsent blieb. Wir müssen daher einen Blick auf diese ägyptische Wissenskultur und ihre griechischen Vermittler werfen, bevor wir auf die abendländische Tradition eingehen.

Altägyptische Wissenskultur. Der Begriff des Wissens im Kontext der rituellen Welt-In-Gang-Haltung

Natürlich können wir nicht die gesamte ägyptische Wissenskultur abhandeln. Das ist auch gar nicht nötig. Denn was sich dem Abendland überlieferte, war insbesondere die Spitze des Eisbergs, die allerhöchste und exklusivste Form des Wissens, das Wissen der Herrscher, Schreiber und Priester. Es gliedert sich in zwei Hauptfelder, das kosmologische und das grammatologische Wissen. Ich werde mich hier auf die Kosmologie beschränken; die Grammatologie wäre Stoff für mehr als einen gesonderten Beitrag.[2]

Das kosmologische Wissen war alles andere als eine graue Theorie; es bezog sich auf die Praxis der Welt-In-Gang-Haltung, die als vornehmste Aufgabe dem König oblag und die dieser an die Priesterschaften des Landes delegierte. Diese Wissenskultur beruhte auf der Überzeugung, daß die Welt der unablässigen rituellen In-Gang-Haltung bedürfe. Die Ägypter erblickten im Kosmos weniger etwas statisch Räumliches, eine wohlgeordnete Disposition, als vielmehr etwas dynamisch Zeitliches, einen Prozeß, dessen Gelingen ständig auf dem Spiel stand und durch ständige rituelle Begleitung unterstützt werden mußte. Diese Unterstützung bestand in Handlungen wie Räucherungen, Libationen, Speiseopfern usw., vor allem aber in Anbetung und Zuspruch. Rund um die Uhr wurde in den Tempeln des Landes dem kosmischen Prozeß in hymnischen Rezitationen das Gelingen zugesprochen, dessen er bedurfte, damit sich ohne Einbruch und Stillstand ein Tag an den anderen, ein Jahr an das andere reihen konnte. Das war für die Ägypter nicht selbstverständlich.

Da diese Welt-In-Gang-Haltung vor allem eine Sache der Sprache war, beruhte sie auf einem großen und im Laufe der Jahrhunderte ständig anwachsenden Wissensvorrat. Es gibt einen Text, der aufzählt, was der König alles wissen muß, um etwa den Sonnenaufgang rituell zu unterstützen.

Der König
betet den Sonnengott an in der Morgenfrühe
bei seinem Herauskommen, wenn er seine ‚Kugel öffnet‘,
wenn er aufliegt zum Himmel als Skarabäus
– er tritt ein in den Mund,
er kommt heraus aus den Schenkeln
bei seiner Geburt des Osthimmels.
Sein Vater Osiris hebt ihn empor,
die Arme (der Luftgötter) Huh und Hauhet empfangen ihn.
Er läßt sich nieder in der Morgenbarke.

Der König kennt
diese geheime Rede, die die ‚östlichen Seelen‘ sprechen,
wenn sie Jubelmusik machen für den Sonnengott
bei seinem Aufgang, seinem Erscheinen im Horizont
und wenn sie ihm die Türflügel öffnen
an den Toren des östlichen Horizonts,
damit er zu Schiff dahinfahren kann auf den Wegen des
  Himmels.

Er kennt ihr Aussehen und ihre Verkörperungen,
ihre Wohnsitze im Gottesland.
Er kennt ihre Standorte
wenn der Sonnengott den Weganfang beschreibt.
Er kennt jene Rede, die die Schiffsmannschaften sprechen,
wenn sie die Barke des Horizontischen ziehen.

Er kennt das Geborenwerden des Re
und seine Verwandlung in der Flut.
Er kennt jenes geheime Tor, durch das der Große Gott
  herauskommt,
er kennt den, der in der Morgenbarke ist,
und das große Bild in der Nachtbarke.
Er kennt seine Landeplätze am Horizont
und deine Steuergeräte in der Himmelsgöttin.[3]

Das alles muß der König wissen für eine einzige, wenn auch entscheidende Handlung: die Anbetung des Sonnengottes am Morgen. Er kennt die Natur des kosmischen Vorgangs, seine Phasengliederung, seine szenisch-konstellative Ausgestaltung und seine Heilsbedeutung als Wiedergeburt, er kennt die beteiligten Wesen, ihre Handlungen, ihre Reden, ihre Lebensumstände, und er kennt den räumlichen Rahmen des Geschehens, Himmelstore, Barken, Landeplätze, Steuergeräte. Er muß das alles genau kennen, um sich mit seiner anbetenden Rede wirkungsvoll in den kosmischen Prozeß einschalten zu können. Er will zum Gelingen dieses Prozesses beitragen und an diesem Gelingen teilhaben, um die Menschenwelt mit dem kosmischen Gelingen in Einklang zu bringen. Zum Gelingen trägt er bei, indem er den Heils-Sinn des Vorgangs kennt und kultisch ausspricht.

Woher hat der König dieses Wissen? Wie wird es überliefert und vermittelt? Über diesen Punkt sind wir überraschend gut unterrichtet: Denn er hat es sich ins Grab mitgenommen. Die ägyptischen Königsgräber des Neuen Reichs sind mit Bildern und Beschreibungen einer jenseitigen Welt dekoriert.[4] Die meisten dieser Bild-Text-Kompositionen sind Itinerarien der nächtlichen Sonnenfahrt, die den Sonnenweg einbetten in eine Landkarte der Unterwelt. Das älteste und klassische dieser „Unterweltsbücher" (klassisch in dem Sinne, daß alle späteren davon abhängen) ist das *Amduat*.[5] Dieses Buch trägt einen Zwecktitel, der seine Funktion spezifiziert:

Zu kennen die Wesen der Unterwelt,
zu kennen die geheimen Wesen,
zu kennen die Tore und die Wege, auf denen der Große Gott
  (der Sonnengott) wandelt,
zu kennen, was getan wird,

zu kennen, was in den Stunden ist und ihre Götter,
zu kennen den Lauf der Stunden und ihre Götter,
zu kennen ihre Verklärungssprüche für Re,
zu kennen, was er ihnen zuruft,
zu kennen die Gedeihenden und die Vernichteten.

Also ein Buch, das in erster Linie Wissen kodifizieren, systematisieren und vermitteln will. Das Wort Wissen oder Kennen wird im Titel neunmal wiederholt. Es ist dasselbe Wort, das auch in dem anderen Text über den König immer wiederkehrt (achtmal), um die Wissensgegenstände der Morgenphase des Sonnenlaufs aufzuzählen. Im *Amduat* geht es um die Wissensgegenstände der Nachtphasen. Aber es handelt sich natürlich um dasselbe Wissen. Der Text über den König beschreibt ihn als den Träger eines Wissens, das ihm durch Schriften wie das *Amduat* vermittelt wurde. In diesen Büchern haben wir die Kodifikationen des Wissens vor uns, das nach Ansicht der Ägypter zur In-Gang-Haltung des (nächtlichen) Sonnenlaufs notwendig ist. Als Grabdekoration dienen sie dem König dazu, sein mitwirkendes Teilnehmen und seine Teilhabe am Gelingen des Sonnenlaufs im Jenseits fortzusetzen. Aus der Art dieser Wiederverwendung, der wir die Kenntnis dieser Literatur verdanken, können wir schließen, daß es sich dabei um einen äußerst exklusiven, streng gehüteten Wissensvorrat gehandelt haben muß. Denn im Neuen Reich (16.–12. Jahrhundert) kommen die Kosmographien so gut wie ausschließlich in Königsgräbern vor. Der Charakter eines hermetischen Geheimwissens wird in ihnen selbst auch immer wieder betont. „Die geheimnisvolle Schrift der Unterwelt" nennt sich das *Amduat*, „die nicht gekannt wird von irgendwelchen Menschen außer vom Erlesenen." Auf inhaltliche Einzelheiten kann ich hier natürlich nicht eingehen; wir kämen sonst nie zum Abendland. Dieses Wissen, wie es das *Amduat* kodifiziert, ist nämlich ungeheuer differenziert und ausgedehnt. Außerdem kommen im Laufe der Zeit noch viele immer komplizierteren Kompendien dieser Art hinzu.

Im Zentrum aller dieser Unterweltsbücher steht das Mysterium der solaren Wiedergeburt. Nach ägyptischer Auffassung stirbt die Sonne jede Nacht und wird jeden Morgen neu geboren. Diese Neugeburt aus dem Tode stellt die zentrale Heilstatsache der ägyptischen Religion überhaupt dar. Durch diesen Fluchtpunkt erscheint der gesamte Kosmos in einer Art Heilsperspektive, als ein *Heilsgeschehen*. In diesem Geschehen wirkt ihm der Kosmos als Inbegriff todüberwindender Lebensfülle und chaosbannender Ordnungskraft, an der der Mensch durch den rituellen Mitvollzug Anteil zu gewinnen hofft. Durch diesen Bezug wird die erkennende Schau zu einem Akt identifikatorischen Verstehens. Der Mensch erkennt sich im Kosmos wieder. Es ist *sein* Tod, der hier überwunden, *seine* Unordnung, die gebändigt, seine Herrschaft, die ausgeübt wird. Ihn interessiert nicht der Zusammenhang von Ursache und Wirkung, die eigengesetzliche Organisation des Prozesses. Dies herauszufinden wäre ein Akt des Erklärens. Ihn interessiert vielmehr der Heils-Sinn der als Handlung und Lebensvollzug gelesenen Vorgänge. Das ist ein Akt des Verstehens. Der Kosmos wird nicht erklärt, sondern ausgelegt. Er enthält eine Botschaft, die der Mensch auf sich beziehen, einen Sinn, den er in sich selbst aktivieren kann. Dieses Wissen ist eine Sache spekulativer Identifikation. Mit der Anbetung der ordnenden Kräfte, die den Kosmos durchwalten, mobilisiert der Mensch auch den Kosmos in sich selbst. Er legt die Welt aus, indem er sich in sie hineinlegt. Aber die Welt wird nicht nur als ein götterweltlicher Handlungszusammenhang gedeutet, als ein von den Göttern zelebriertes Ritual, sondern diese Deutung wird auch rituell inszeniert.

Die Personalisierung des kosmo-ritualistischen Wissens in der Spätantike. Vom Kult zur Mystik

Als in der Spätantike die Tempel geschlossen wurden, entfiel der Ritus und aus der Praxis ritueller Welt-In-Gang-Haltung wurde eine mystisch-magische Religion persönlicher Heilssuche, eine identifikatorische Anbetung des Weltganzen durch Lehren, Lernen, Beten und Meditieren. Die entsprechenden Lehren wurden unter dem Namen „Hermes' des Dreimalgroßen" überliefert, in griechischer und lateinischer Sprache. Sie galten als Texte, die aus dem Ägyptischen (des Hermes Trismegistus) ins Griechische übersetzt wurden.[6] Dabei bilden, wie vor allem G. Fowden gezeigt hat, diese Texte den „philosophischen" Teil einer Sakralliteratur, deren „technischer" Teil auch magische, medizinische und alchimistische Schriften umfaßt.[7] Heute hält man sie für einen etwas verwilderten Ableger des Neuplatonismus. Denselben mystisch-magischen Kosmotheismus findet man auch in einer Reihe neuplatonischer Schriften bei Porphyrios, Proklos und vor allem Iamblichos, und auch Plotin, der ein Ägypter war, und Plutarchs Schrift *De Iside* gehören in diesen Zusammenhang. Der Ägypter Zosimus von Panopolis/Achmim (der Heimatstadt des Plotin) verfaßte im 4. Jahrhundert ein Handbuch der Alchimie, also der technischen Hermetik, deren Name sich von dem ägyptischen Wort für Ägypten, *kême*, ableitet.[8]

Die Rezeption dieses Späthorizonts altägyptischer Ritual-Mystik durch die Griechen

Zu dieser ägyptischen „Sakralkunde" gehört auch das grammatologische Wissen, die Hieroglyphik. Ihr hatte Chairemon ein Buch gewidmet, das nicht erhalten geblieben ist. Erhalten hat sich dagegen ein Manuskript mit zwei Büchern *Hieroglyphika* von Horapollon Nilotes ('der Ägypter'), das 1419 von einem italienischen Reisenden in einem Kloster auf der Insel Andros entdeckt wurde und bei seinem Bekanntwerden im Westen Furore machte.[9] Ich erwähne nur solche Schriften, die das Altertum überdauert haben und aufs Abendland gekommen sind; der ursprüngliche Bestand an gräkoägyptischer Literatur und Wissenskultur war natürlich unendlich viel größer. Aber auch das Erhaltene genügte, um ein sehr farbenkräftiges Bild des ägyptischen Kosmotheismus und seiner mystisch-magischen Wissenskultur lebendig zu erhalten. Außerdem überlieferten die Kirchenväter, allen voran Clemens von Alexandria und Laktanz, viele Zitate und Informationen.

Diese magisch-mystische Wissenstradition paßte natürlich schlecht ins christliche Mittelalter, das im Zeichen eines aristotelischen Rationalismus stand. Trotzdem hat sich eine gewisse Tradition hermetisch-alchimistischen Wissens das ganze Mittelalter hindurch erhalten. In der Chronik des Otto von Freising wird der „ägyptische Hermes" als „Trimegister" erwähnt.[10] Das mittelalterliche *Buch der vierundzwanzig Meister* galt als vom Philosphen Termegistus verfaßt. Auch das Handbuch des Zosimus und andere alchimistische Traktate wurden durch das Mittelalter hindurch tradiert. Aber Ägypten und seine Wissenskultur spielen im Mittelalter doch nur eine marginale Rolle.

Die Rezeption der gräko-ägyptischen „Weisheit" in der Renaissance: magisch-mystische Welt-In-Gang-Haltung

Umso größere Konjunktur hatte das hermetische Wissen aber in der platonisierenden Mystik der Renaissance, als 1463 eine Sammelhandschrift mit hermetischen Traktaten aus Byzanz nach Florenz gebracht wurde. Marsilio Ficino wußte sofort, was er zu tun hatte, als man ihm dieses Manuskript vorlegte. Er legte die Werke Platons beiseite, an deren lateinischer Übersetzung er arbeitete, und machte sich sogleich an die Übersetzung der hermetischen Texte. Denn das hier waren Texte von allererster Bedeutung, Texte, die ein Ur-Wissen kodifizierten, das als gemeinsamer Ursprung der Bibel und den griechischen Philosophen zugrunde lag.[11] Hermes Trismegistus, ihr Autor, das wußte er aus Laktanz und Augustinus, war ein Weiser, der zur Zeit des Mose oder noch früher lebte. In seinen Schriften fand man den verlorenen gemeinsamen Wissensschatz von Christen, Juden und Heiden wieder.

Diese erste Wiederentdeckung Ägyptens führte eine regelrechte geistige Revolution herauf und schleuste den ganzen magisch-theurgisch-mystischen Komplex des späten Hellenismus in die Wissenskultur des Abendlandes ein, die bis dahin im Zeichen eines christlich-aristotelischen Rationalismus gestanden hatte. Denn beim Hermetismus handelt es sich, wie wir gesehen haben, nicht einfach um eine Philosophie wie andere auch, sondern um Geheimlehren, die in der Praxis magischer Welt-In-Gang-Haltung wurzelten und sehr praktische Aspekte einschlossen wie etwa die Magie, Alchemie, Goldherstellung, Wahrsagerei, Astrologie, Naturheilkunde und mystische Techniken. Die Wissenskultur, die sich um diese wiederentdeckten Texte herum aufbaute, war durchaus magisch. Ihre Träger waren jene „Magi", die die Praktiken des Arztes, Heilers, Magiers, Astrologen, Beschwörers, Wahrsagers, Theologen, Philosophen, Philologen in einer Person vereinigten und denen Goethe in seinem Faust ein Denkmal gesetzt hat.[12] Das entsprechende Weltverhältnis und Weltbild nenne ich mit einem im 18. Jahrhundert geprägten Begriff „Kosmotheismus", denn es handelt sich in letzter Instanz um die Auffassung von der Göttlichkeit oder göttlichen Beseeltheit der Welt.[13] Kosmotheismus ist nun aber das genaue Gegenteil des biblischen Monotheismus, dem es ganz im Gegenteil auf die Entgöttlichung und Vergeschöpflichung der Welt ankam. Kosmotheismus ist das, was der Monotheismus als Götzendienst oder Idolatrie verteufelt und mit Ägypten assoziiert. Wenn das zweite Gebot das Bildermachen verbietet, wobei es nicht nur um die Abbildung Gottes geht, sondern um die Abbildung von allen möglichen Formen, die sich in dieser Welt abbilden lassen, dann wendet sich das gegen Ägypten als die Bildkultur schlechthin, deren Schrift aus Zeichen bestand, die alles, was in der Luft, auf Erden und im Wasser ist, abbildeten. Es war wirklich keine kleine Leistung, zwei so extreme Gegensätze wie den biblischen Monotheismus und den hermetischen Kosmotheismus in einem kohärenten Weltbild zu vereinigen.

Das *Corpus Hermeticum* war aber nicht die einzige Entdeckung, die einen Durchbruch, einen geistigen Paradigmenwechsel bewirkte. Fünfundvierzig Jahre früher, im Jahre 1419, hatte der Reisende Cristoforo da Buondelmonti von der Insel Andros ein griechisches Manuskript mitgebracht, das zwei Bücher des ägyptischen Autors Horapollon Nilotes über die ägyptischen Hieroglyphen enthielt. So wie das *Corpus Hermeticum* zum Ausgangspunkt des hermetischen Diskurses in all seinen Verzweigungen, so wurden die *Hieroglyphika* des Horapollon zum Ausgangspunkt des grammatologischen Diskurses. Um den grammatologischen Diskurs herum gruppieren sich die verschiedenen Entwicklungen barocker Emblematik und Allegorie, aber auch die philosophischen Bemühungen um universelle Notationssysteme, die die einzelsprachunabhängige Aufzeichnung von Sinnkomplexen ermöglichen. Die Wiederentdeckung Horapollons erschütterte die Fundamente der aristotelischen Semiotik ebenso wie die Entdeckung des *Corpus Hermeticum* die Fundamente des transzendenten Monotheismus erschüttert hatte, und die beiden Durchbrüche gingen in dieselbe Richtung einer kosmotheistischen Wende. Die antike Debatte über die Frage, ob sich die Worte von Natur aus (*physei*) oder durch Konvention (*thesei*) auf die Dinge bezogen, war von Aristoteles zugunsten der Konvention entschieden worden, und das Mittelalter lebte im Rahmen der aristotelischen Semiotik, derzufolge die Wirklichkeit der Dinge und das Denken und Sprechen der Menschen durch das „Interface" konventioneller Codes getrennt und verbunden waren. Diese Debatte wurde jetzt wiedereröffnet, als man in den Hieroglyphika des Horapollon ein Schriftsystem entdeckte, das sich tatsächlich von Natur aus, unmittelbar und nicht über einen sprachlichen Code vermittelt, auf die Wirklichkeit zu beziehen schien. Man glaubte in Horapollons Büchern die Urschrift vor sich zu haben, in der die Menschheit von jeher geschrieben hatte. Bevor die Menschen Buchstaben benutzten, schrieben sie in Bildern; diese Bilder waren die ursprüngliche Schrift, und sie funktionierten nicht durch Bezug auf einen konventionellen Kode, sondern kraft natürlicher Teilhabe.[14]

Als natürliche Zeichen eigneten sich die Hieroglyphen in geradezu idealer Weise für die Ziele des Kosmotheismus. Kraft ihrer unmittelbaren Teilhabe an der Natur glaubte man, daß ihnen eine Kraft magischer Vergegenwärtigung innewohnt und daß sie eine Macht über das ausübten, was sie darstellten. Daher mußte man sie geheimhalten. Die Hieroglyphen galten als eine magische Geheimschrift; noch heute haftet dem Begriff Hieroglyphe in der Alltagssprache der Aspekt des Geheimnisvollen an. Dasselbe gilt für den Begriff des Hermetischen, der für uns die Assoziationen des Verschlossenen, Unzugänglichen, Verschlüsselten aufruft. Dies Element des Geheimnisvollen bildet die Signatur Ägyptens in der Wissenskultur des Abendlandes. Ägypten stand für Geheimwissen und Mysterium. Um diesen Begriff des Mysteriums herum entstand nun im 17. Jahrhundert ein neues, auf Ägypten fixiertes Wissensparadigma, nachdem das Paradigma des Magus im Jahre 1614 einen schweren Schlag erlitten hatte.

In diesem Jahr erschien ein Buch des Genfer Philologen Isaak Casaubon, in dem er zweifelsfrei nachwies, daß die hermetischen Texte keineswegs das hohe Alter besaßen, das sie beanspruchten, sondern vielmehr aus dem 3. Jahrhundert n. Chr. stammten und christliche Fälschungen darstellten.[15] Das war nun in der Tat ein schwerer Schlag für Hermes Trismegistus, aber in keiner Weise für das abendländische Ägyptenbild. Vielmehr läßt sich zeigen, daß der Niedergang des Hermes Trismegistus eine neue und noch viel einflußreichere Phase der Ägyptenrezeption heraufführte.

Mit dem späten 16. und frühen 17. Jahrhundert entstand sowohl im Zeichen eines geschärften historischen Bewußtseins als auch in dem einer Verschärfung der theologischen Differenzen (auf reformatorischer wie gegenreformatorischer Seite) ein neues Paradigma wissenschaftlicher Auseinandersetzung mit der hermetischen Tradition und der darin kodifizierten spätägyptischen

Wissenskultur.[16] Das 17. Jahrhundert ist das Goldene Zeitalter eines neuen, sich in der Renaissance entwickelnden und jetzt zur voller Blüte gelangenden Paradigmas historisch-kritischer Forschung, das aus dem Geist nicht des Erzählens, sondern des Sammelns geboren ist: des Antiquarianismus. Diesen Forschungs- und Wissenstypus hat Arnaldo Momigliano in einem bahnbrechenden Aufsatz der herkömmlichen Historie gegenübergestellt, die literarisch, im Medium des Textes, die Vergangenheit rekonstruiert, während der Antiquarianismus die materiellen Spuren der Vergangenheit sammelt und sie zu kritischen Zeugen der textlichen Erinnerung aufruft.[17] Die Pioniere dieser neuen Phase gehörten zu einer vollkommen anderen Tradition, die zur magischen Ägyptosophie der Renaissance mit ihren mystischen, medizinischen, alchimistischen und astrologischen Praktiken in denkbar schärfstem Gegensatz stand. Es waren Philologen, Orientalisten und besonders Hebraisten, und ihr Held war nicht Hermes Trismegistus, sondern Moses.[18] Ihre Ägyptosophie trug Ägypten nicht im Titel, sondern tarnte sich in der Form biblischer Kommentare und Studien. Das ist auch die Ursache dafür, daß dieses Kapitel der Ägyptenrezeption bis heute so gut wie unbekannt geblieben ist.

Diesmal war es nun nicht die Entdeckung verlorener Bücher, sondern die Relektüre wohlbekannter Bücher, die zu einer neuen Phase der Ägyptosophie führte. Den *Führer der Verirrten* des jüdischen Philosophen Rabbi Moses ben Maimon genannt Maimonides, entstanden gegen Ende des 12. Jahrhunderts, wird man zu den wohlbekannten Büchern rechnen; schon Thomas von Aquin zitiert ihn ausgiebig,[19] und in der neuen lateinischen Übersetzung von Buxtorf[20] gehört er zu den zentralen Büchern des 17. Jahrhunderts.[21] Aber die Lektüre, die der Cambridger Hebraist John Spencer diesem Werk angedeihen ließ, löste gleichwohl eine geistige Revolution aus, die sich durchaus mit der vergleichen kann, die Marsilio Ficinos Lektüre des *Corpus Hermeticum* ausgelöst hatte. Worum ging es bei Maimonides?[22] Sein Projekt, das er in seinem *Führer der Verirrten* verfolgte, bestand darin, eine Erklärung für die zahllosen, offenbar vollkommen irrationalen Gesetze finden, die sich in der Tora auf Opfer, Zeremonien, Tempelausstattung und Dietätetik beziehen und die in der jüdischen Orthodoxie als grundlos gelten, weshalb die Suche nach Gründen für diese Gesetze auch verboten ist. Maimonides gesteht die Abwesenheit vernünftiger Gründe zu, aber nicht die *völlige* Grundlosigkeit, weil eine solche Annahme der Güte Gottes widersprechen würde. Daher führt er die Kategorie des historischen Grundes ein. Was seine Begründung nicht in der Vernunft findet, muß sich historisch begründen lassen. Die Erklärung, die Maimonides anbietet, läuft ungefähr so: Als Gott seinem Volk durch Mose seine Gesetze gab, sah er wohl, daß die Welt bereits voller Gesetze, Riten und Bräuche war. Gottes Güte und feine Rücksichtnahme auf die Gewohnheiten und die Fassungskraft seines Volkes ließ ihn davon Abstand nehmen, ihm die wahre Religion in ihrer ganzen abstrakten Reinheit zu offenbaren. Vielmehr paßte er die Wahrheit den historischen Umständen an und übermittelte sie seinem Volk in Formen, die sich nur aus diesen Umständen heraus erklären und darauf angelegt waren, erst im Zuge eines jahrtausendelangen Entwicklungsprozesses einer geläuterteren Gotteserkenntnis zum Durchbruch zu verhelfen. Gott hat, mit anderen Worten, seine Gesetze nicht auf eine *tabula rasa* geschrieben, sondern auf eine schon vorhandene Beschriftung Rücksicht genommen.

Die neue Schrift ist nun so angeordnet, daß sie die alte genau überdeckt. An die Stelle jedes heidnischen Ritus, Festes oder Brauches hat Gott ein Gebot gesetzt, das dessen genaue Umkehrung darstellt. Diese normative Inversion sollte als eine Mnemotechnik des Vergessens wirken und auf die Länge der Zeit zu einem Vergessen durch Überschreibung führen. Daher ist diese Schrift so seltsam und scheinbar irrational. Um sie lesen zu können, muß die ältere Beschriftung wiedergewonnen und entziffert werden. Dazu bedarf es einer Erforschung der heidnischen Religion, die den geschichtlichen Kontext der göttlichen Gesetzgebung bildete. Auf der Suche nach Spuren dieser verschwundenen heidnischen Religion wurde Maimonides zum Religionsgeschichtler. Aber obwohl er sein Buch in Ägypten schrieb und obwohl doch die Bibel Moses und sein Volk ausdrücklich aus Ägypten als ihrem historischen Kontext herausführen läßt, verlegt er die Geschichte nach Harran in Mesopotamien, den Ort, in dem noch im 9. Jahrhundert, also nur zweihundert Jahre vor Maimonides, die letzten Heiden den babylonischen Mondgott Sin angebetet hatten. In diesen Leuten sieht Maimonides die allerletzten Überreste einer einstmals weltumspannenden heidnischen Religion, der Religion der Sabier.[23] Maimonides äußert sich über sie wie über die

Wiederentdeckung einer vergessenen Kultur. Die Sabier beschäftigten sich mit Astrologie und Magie und ähnelten in vieler Hinsicht dem Hermetismus der Renaissance. Im 17. Jahrhundert identifizierte man sie mit den Chaldäern oder Zoroastriern.[24] Mit den alten Ägyptern hatten sie jedoch nichts zu tun.

Als John Spencer, Alttestamentler, Maimonides-Spezialist und Präfektor des Colleges Corpus Christi in Cambridge in der 2. Hälfte des 17. Jahrhunderts, also fünfhundert Jahre nach Maimonides, dessen Projekt einer historischen Erklärung der mosaischen Ritualgesetze wiederaufnahm, ersetzte er Harran und die Sabier durch Ägypten, da es ja ganz offenkundig Ägypten und nicht Mesopotamien war, das den historischen Kontext der mosaischen Gesetzgebung bildete.[25] Dieser Ortswechsel erwies sich als äußerst folgenreich. Von den Sabiern weiß man nämlich so gut wie nichts (woraus Maimonides schloß, daß die Mnemotechnik des Vergessens gut funktioniert hatte), während es über die Ägypter eine Fülle von Material gab, das Spencer nur aus den biblischen, klassischen und patristischen Quellen zusammenzusuchen und in einem geschlossenen Tableau zu versammeln brauchte. So konnte Spencer die imaginäre Konstruktion des Sabiertums durch eine dichte Beschreibung der ägyptischen Religion ersetzen, die in vieler Hinsicht Sir James Frazer um 200 Jahre vorwegnimmt und als eine erste historisch-kritische Erforschung der ägyptischen Riten gelten kann.[26] Seine Erforschung der ägyptischen Riten brachte Spencer auch dazu, das von Maimonides übernommene Modell der normativen Inversion zu relativieren. Viel bedeutsamer und folgenreicher war in seinen Augen das Modell der *translatio*, d.h. einer Übernahme ägyptischer Riten in den neuen Kontext der hebräischen Gesetzgebung. Die meisten Gesetze, die Moses erließ, waren in Spencers Augen aus Ägypten übernommen, so daß die historische Erklärung der mosaischen Gesetze schließlich auf eine totale Relativierung und Historisierung der Unterscheidung zwischen Heidentum und Monotheismus hinauslief. Wo Maimonides Inversionen gesehen hatte, sah Spencer Analogien und Korrespondenzen Er sah sie überall. Die ägyptischen Riten und die mosaischen Gesetze erklärte er als „Hieroglyphen" im Sinne einer symbolischen Kodifikation heiliger Wahrheiten. Moses tat nichts anderes als die Hieroglyphen der ägyptischen Mysterien in Gesetze des hebräischen Monotheismus zu transkodifizieren. Auf diese Weise baute sich um den Begriff des Mysteriums ein neues ägyptosophisches Paradigma auf. So wie die Magie die Signatur des ersten ägyptosophischen Paradigmas mit dem Magus als ihrem Repräsentanten darstellte, so bildet das Mysterium die Signatur dieser zweiten Phase, auf deren Repräsentanten wir noch eingehen werden.

Vor einer bestimmten Grenze der Historisierung und Relativierung machte Spencer jedoch halt. Er ging nicht so weit, die Ägypter zu Monotheisten zu machen. Zwischen ihrer und der biblischen Religion gab es in seinen Augen doch den ganzen Unterschied, der das Heidentum von der Wahrheit der Bibel trennt. Spencer befaßte sich überhaupt nicht mit der ägyptischen Theologie; sein Thema waren die ägyptischen Riten. Dies war es ja auch, was ihn als einen Vorläufer von Sir James Frazer und William Robertson Smith erscheinen läßt. Die Theologie konnte er seinem älteren Kollegen Ralph Cudworth (1617–1788) überlassen, der ebenfalls in Cambridge Hebräisch lehrte und in seinem Werk *The True Intellectual System of the Universe* einen Abriß der ägyptischen Theologie vorlegte.[27] Für dieses Projekt konnte er sich auf eine vielleicht sogar noch reichhaltigere Quellensammlung stützen als Spencer für die Riten. Es ist unglaublich, was für einen Reichtum an Aufschlüssen über die altägyptische Kultur die barocke Gelehrsamkeit aus den antiken Schriften zusammengetragen hat – ein Reichtum, der nach der Entzifferung der Hieroglyphen weitgehend in Vergessenheit geraten ist, weil er im Rahmen der akademisch professionalisierten Wissenskultur des 19. Jahrhunderts zwischen die Stühle der sich entwickelnden Disziplinen Ägyptologie und klassische Philologie fiel. Cudworth bezog seine Dokumentation aus den griechischen und lateinischen Inschriften der hellenistischen Isisreligion, den klassischen und christlichen Autoren, aber auch aus dem *Corpus Hermeticum*. Er akzeptierte Casaubons Datierung, weigerte sich aber (worin man ihm heute nur Recht geben kann), diese Texte für christliche Fälschungen zu halten. Er war überzeugt, daß diese Texte geschrieben waren, „bevor noch die ägyptische Religion und die Abfolge ihrer Priester völlig erloschen waren", und daß sie zwar nicht das hohe Alter, dafür aber die Langlebigkeit dieser Theologie unter Beweis stellten. Für ihn liefen alle Zeugnisse, die er zusammenbringen konnte, auf die Idee des All-Einen Gottes hinaus, des Einen, der Alles ist, *hen kai Pan*. Cudworth konnte zeigen, daß der Pantheismus der hermetischen Texte von den anderen, weniger verdächtigen Zeugnissen voll und ganz bestätigt wurde.

Die Mysterien der Isis

Immerhin war aber doch Hermes Trismegistus durch das späte Datum seiner Schriften etwas ins Abseits geraten. Sein Platz wurde aber von zwei Figuren eingenommen, die wesentlich prominenter waren: Moses und die Göttin Isis. Cudworth scheint der erste zu sein, der die Geschichte vom verschleierten Bild zu Sais, wie sie Plutarch und Proklos erzählen, in den Mittelpunkt der ägyptischen Theologie stellt und damit vollkommen eindeutig die ägyptische Religion zu einer Mysterienreligion erklärt.[28] Nach Plutarch lautete die Inschrift auf dem Bild der Isis zu Sais: „Ich bin alles, was war, ist und sein wird; kein Sterblicher hat meinen Schleier aufgedeckt."[29] Diese Phrase wurde jetzt zum Credo, zum zentralen Symbol der ägyptischen Mysterien. Der Übergang von Hermes Trismegistus zu Isis bedeutete zugleich auch ein Paradigmenwechsel von der Magie zum Mysterium. An die Stelle des Renaissance-Magus trat der Freimaurer als Repräsentant des neuen Paradigmas der Ägyptosophie.

Die Vorstellung einer doppelten Religion, die hinter der allegorischen Fassade zahlloser Riten, Symbole, Zeremonien und Feste eine ursprüngliche Wahrheit verbirgt, die, von wenigen Eingeweihten gehütet, erst im Laufe einer jahrtausendelangen geschichtlichen Entwicklung einst zum Gemeinbesitz der Menschheit werden soll, mußte das Jahrhundert der Aufklärung faszinieren, das ja zugleich auch das Jahrhundert der Geheimgesellschaften war.[30] Insbesondere die Freimaurer und Illuminaten verstanden sich als die legitimen Nachfahren jener ägyptischen Eingeweihten, die unter den veränderten Umständen der europäischen Neuzeit die Fackel der ursprünglichen Wahrheit und Weisheit weiterzutragen berufen waren. Allerdings stammte das einflußreichste Buch des 18. Jahrhunderts, das die gesamte religionsgeschichtliche Gelehrsamkeit des 17. Jahrhunderts in sich versammelte und in die eleganteren Formen des 18. übersetzte, nicht von einem Freimaurer, sondern von einem anglikanischen Bischof: William Warburton.[31] Warburton gründet seine Rekonstruktion der ägyptischen Mysterien auf Clemens von Alexandrien, der zwischen kleinen und großen Mysterien unterscheidet. Die kleinen Mysterien sind eine geheimnisvolle Inszenierung; hier gehören Spencers Riten hin und die sogenannten Pythagoräischen Symbole, rätselhafte Vorschriften wie „nicht auf dem Wagen essen, nicht mit dem Schwert das Feuer schüren, keine Palmen pflanzen" in deren Sinne auch die mosaischen Vorschriften wie „nicht das Böcklein in der Milch seiner Mutter kochen" verstanden wurden; so etwas nannte man im 17. und 18. Jahrhundert alles „Hieroglyphen". Diese Hieroglyphen hatten vielfältige Bedeutungen moralischer Art, die auf die Unsterblichkeit der Seele und eine jenseitige Vergeltung bezogen waren. Die großen Mysterien aber waren weitgehend negativer Art; hierzu wurden daher auch nur die allerstärksten, edelsten und begabtesten Naturen zugelassen und zwar diejenigen, die zum Herrscheramt ausersehen waren. So steht es bei Plutarch und Clemens. Diesen Wenigen, so stellt sich Warburton das vor, denn davon steht bei den Alten kein Wort, wird nun der ganze Schock der biblischen Offenbarung zugemutet mit ihrer Unterscheidung zwischen falschen und wahren Göttern. Ihnen wird gesagt, daß die Religion eine Fiktion ist, und daß es nur eine einzige All-Eine Gottheit gibt, über die gar nichts gelehrt werden kann. „Die großen Mysterien" so heißt es bei Clemens, „beziehen sich dagegen auf das Ganze (*ta sympanta*), von dem nichts zu lernen übrig bleibt, sondern nur zu schauen (*epopteuein*) und die Natur und die Handlungen (*pragmata*) mit der Vernunft zu erkennen (*perinoein*)." Warburtons für die Zeitgenossen maßgebliche Übersetzung dieser Stelle arbeitet den entscheidenden Punkt der sprachlosen, mystischen Schau noch dramatischer heraus: „The doctrines delivered in the Greater Mysteries concern the universe. Here all instruction ends. Things are seen as they are; and Nature, and the workings of Nature, are to be seen and comprehended."[32]

Seine Idee der Desillusionierung des Neophyten entnimmt Warburton einem orphischen Hymnus, den er als die letzte Ansprache des Hierophanten deutet, bevor dieser den Initianden der sprachlosen Schau überläßt. Warburton arbeitet den Unterschied zwischen der Fassade einer staatstragenden, politischen Theologie und dem Mysterium einer philosophischen Theologie der All-Einheit sehr deutlich heraus, und zwar ohne in die plumpen Vergröberungen der Priesterbetrugstheorie zu verfallen. Den staatstragenden Polytheismus deutet er als eine unabdingbare und daher legitime Fiktion. Ohne die Annahme nationaler Gottheiten, die über die Einhaltung der Gesetze wachen, wäre seiner Meinung nach eine zivile Gesellschaft nicht aufrechtzuerhalten. Nur Moses war dieser Fiktionen enthoben, weil er auf die göttliche Vorsehung vertrauen konnte; die heidnischen Gesellschaften dagegen brauchten zum Schutz der zivilen Ordnung Götter und griffen dafür auf vergöttlichte Könige und Kulturbringer zurück. Zwischen dem Geheimnis der Mysterien und den Inszenierungen des offiziellen Kults aber liegt für ihn der Abgrund, der die Wahrheit vom Aberglauben und die Offenbarung vom Heidentum trennt.

Worauf diese These hinausläuft, wenn man sie zu Ende denkt und keinen Bischofssitz zu verlieren hat, ist klar. Die Grenze verläuft jetzt nicht mehr zwischen Ägypten und Israel, sie verläuft innerhalb Ägyptens selbst, und zwar zwischen Mysterien- und Volksreligion. An die Stelle der Offenbarung tritt die Initiation, sie ist es, die die Wahrheit vom Aberglauben der Idolatrie trennt. Die Initiation befreit von den Täuschungen der Idolatrie und führt endlich zur Schau der Wahrheit, einer Wahrheit freilich, deren Schleier kein Sterblicher je gelüftet hat. Die letzte und höchste Schau ist die Erkenntnis der unerkennbaren, abgründig verborgenen All-Einheit des Göttlichen, des einzig aus sich selbst heraus Seienden, dem alles Seiende sein Dasein schuldet. Die biblische Offenbarungsreligion reduziert sich zu einer speziellen Variante der einen, ursprünglichen, bei den Ägyptern und allen von ihnen abgeleiteten Kulten im Schutz der Mysterien gehüteten Weisheit, die als solche unter den Menschen nie anders als im Schleier des Geheimnisses überdauern kann – solange nicht „die Erd' ein Himmelreich wird und Sterbliche den Göttern gleich" (*Die Zauberflöte*).

Die *Zauberflöte* markiert den Gipfel dieser zweiten Phase der Ägyptosophie. In diesen selben Jahren gegen Ende des 18. Jahrhunderts erschien das Buch eines ehemaligen Mitglieds derselben Wiener Loge, der auch Mozart und Schikaneder, ebenso wie Haydn, assoziiert waren, ein maurerischer Traktat, den der junge Philosoph Karl Leonhard Reinhold unter dem Titel *Die hebräischen Mysterien oder die älteste Freymaurerey* publizierte.[33] In diesem Buch zieht Reinhold die Konsequenzen aus den Werken von Warburton und Spencer, die er getreulich zitiert und verlagert die Wahrheit der monotheistischen Religion zurück in die ägyptischen Mysterien. Was Moses die Hebräer lehrte, war nichts anderes als das, was er bei seinen ägyptischen Meistern gelernt hatte. Isis und Jahwe sind Namen ein und derselben Gottheit. Die Worte, mit denen Isis sich den Initianden vorstellt – ich bin alles, was war, ist und sein wird – sagen dasselbe wie die Worte, mit denen Jahve sich Moses offenbart: Ich bin der ich bin, nämlich, in Reinholds Worten: Ich bin das wesentliche Daseyn. Für Reinhold waren die ägyptischen Mysterien ebenso wie die Religion des Mose reinste Aufklärung. Sein Gott war der Gott der Philosophen und seine Religion war die Religion der Vernunft. Ebenso aber wie die Ägypter mußte auch Mose dieser Wahrheit die äußere Hülle der Mysterien geben, weshalb es sich hier um die älteste Freymaurerei handelt, die von den Ägyptern erfunden und von Mose weitergeführt wurde.

Moses hatte aber einen hohen Preis dafür zu zahlen, daß er die ägyptischen Mysterien an die Hebräer verraten hat. Die Mysterien, so glaubte man damals, konnten niemals staatstragend sein. Man mußte sie vielmehr geheim halten, weil sie für den Staat gefährlich waren. Denn Isis, ihre höchste, allumfassende Gottheit, war die Natur, und die Natur ist in emphatischer Weise unpolitisch, da sie keine Grenzen anerkennt. Die politische Theologie des Heidentums war eben aus diesem Grunde der Polytheismus, der gegenüber den Mysterien die offizielle Staats- und Volksreligion darstellte. Seine Unterscheidungen vieler Götter trug den politischen Abgrenzungen Rechnung, jede Gruppe konnte sich in dieser differenzierten Götterwelt wiederfinden. Um aus dem Monotheismus eine staatstragende Religion zu machen, mußte Moses das wesenhafte Daseyn in einen Nationalgott transformieren, und Einsicht, wie sie sich nach jahrelanger schwerer Prüfung und Einweihung in den Seelen der wenigen Auserwählten einstellte, mußte er durch blinden Glauben und Gehorsam ersetzen, der eine erzeugt durch Mirakel und Zauberkunststücke, der andere erzwungen durch Grausamkeit und physische Gewalt.

Mit Reinhold tritt diese Debatte aus dem Paradigma antiquarischer Forschung heraus, zu dem Warburtons voluminöses Werk noch voll und ganz zu rechnen ist. Reinhold öffnete sie für die philosophischen Fragen seiner Zeit. Zur Zeit seiner Abfassung hatte er sich mit dem Plan einer Dissertation über Spinoza getragen, zu der es dann wegen seiner frühen Berufung nach Jena nicht mehr kam. In diesen Jahren zwischen 1785 und 1790 beschäftigte der Pantheismusstreit zwischen Friedrich Heinrich Jacobi und Moses Mendelssohn das gesamte geistige Deutschland.[34] Durch Reinholds Vermittlung gerieten Kant und Schiller mit dem „verschleierten Bild zu Sais" und der Vorstellung einer hochstehenden philosophisch-pantheistischen Religion im Alten Ägypten in Verbindung. Besonders Schiller verhalf diesen Gedanken dann zu ungeheurer Resonanz. Schiller war mit Reinhold befreundet und benutzte dessen Buch nicht nur für seine Ballade *Das verschleierte Bild zu Sais*, sondern auch für seinen Essay *Die Sendung Moses*.[35] Darin stellt Schiller noch einmal ausdrücklich fest, daß die Gottheit der ägyptischen Mysterien und der Gott des Mose eins und dasselbe sind. Drei Kernsätze der ägyptischen Religion, so Schiller, sagen genau dasselbe wie die Selbstvorstellung Gottes nach Ex. 3, 14 „Ich bin der ich bin":

Erstens der orphische Hymnus (nach Eusebius und Clemens): „Er ist einzig, von ihm selbst allein. Und diesem Einzigen sind alle Dinge ihr Dasein schuldig".[36]

Zweitens und drittens die saitische Inschrift, die Schiller und Reinhold aus unerfindlichen Gründen verdoppeln als Kurzfassung (a) „Ich bin was da ist" und in der Langfassung (b) „Ich bin alles was da ist, war und sein wird. Kein Sterblicher hat meinen Schleier gelüftet."

Kein Geringerer als Ludwig van Beethoven hat sich genau diese drei Sätze mit eigener Hand abgeschrieben und unter Glas gerahmt auf seinen Schreibtisch gestellt, wo er sie in den letzten Jahren seines Lebens ständig vor Augen hatte. Dort wurden sie von seinem Biographen Anton Schindler gefunden. Schindler erkannte ihre Herkunft nicht, riet aber sofort auf altägyptische Weisheit, die Beethoven vermutlich aus einem damals gerade erschienenen ägyptologischen Buch von Champollion-Figeac abgeschrieben habe.[37] Dieser Irrtum beweist, daß diese Sätze damals nicht nur als das Credo einer deistischen Bildungsreligion, sondern auch als Quintessenz altägyptischer Weisheit galten, und wer nicht wußte, daß sie von Plutarch und aus einem orphischen Hymnus stammten, wußte doch wenigstens soviel, daß sie ägyptisch waren. Im übrigen zeigt dieser Fall, eine wie weite Verbreitung Reinholds

Thesen durch Schillers Vermittlung fanden. Die Religion der europäischen Aufklärung war der Deismus; gleichzeitig nahm man an, daß diese Religion schon von den alten Ägyptern im Schutz der Mysterien gehütet worden war, von wo aus sie sich dann über Moses, Orpheus, Platon und andere Eingeweihte als Qabbalah, Neoplatonismus und Spinozismus im Westen verbreitet hatte. Kann man sich eine stärkere Identifikation mit dem alten Ägypten vorstellen?

Entzauberung

Als diese zweite ägyptosophische Phase mit dem Ende des 18. Jahrhunderts verblaßte, veränderte sich zugleich mit diesem gedächtnisgeschichtlichen Wandel die Wissenskultur und das Selbstbild Europas in einer Weise, deren weitreichende Folgen wir erst heute, aus der Rückschau des soeben begonnenen 21. Jahrhunderts recht abschätzen können. Erst heute wird klar, was dieses Paradigma für das Selbstbild Europas geleistet hatte. Mit Herder und Winckelmann entwickelte sich eine neue Kulturtheorie, die nicht mehr nach dem gemeinsamen Ursprung fragte, sondern jede Kultur aus dem ihr eigenen und ursprünglichen Wesen oder Volksgeist heraus verstand. Außerdem verblaßte der Mythos vom starken Anfang, der die Fülle der Wahrheit und ihrer Erkenntnis im höchsten Altertum versammelte, und machte der Idee des Fortschritts und der Entwicklung Platz. Ägypten erschien jetzt als eine Kultur ohne innere Entwicklung; dieses Urteil Winckelmanns ging übrigens von der Kunst aus, die bis dahin in der Einschätzung Ägyptens kaum eine Rolle gespielt hatte. Europas ursprünglichsten Wesenskern sah man nun in Griechenland verkörpert und die sich entwickelnde indogermanistische Sprachwissenschaft ließ hinter den Griechen als allerursprünglichsten Ursprung noch die Arier in den Blick treten. So zerbrach die alte traditionelle Konstellation von Athen und Jerusalem, die beiden Pfeiler, auf denen Europa aufruhte, und deren Antagonismus, durch das beiden vorausliegende Ägypten gebändigt, die Dynamik des europäischen Kulturgedächtnisses bestimmt hatte. Jetzt wurden Athen und Jerusalem zu Gegensätzen, und das arische Europa grenzte sich gegen den semitischen Orient ab. Jerusalem war nicht mehr Geschichte, sondern nur noch Vorgeschichte

Europas, und Ägypten sank zu einer der vielen semitischen oder semitohamitischen Kulturen herab, die der Orientalismus des 19. Jahrhunderts mit ebensoviel theoretischer Neugierde wie patronisierender Arroganz studierte.[38] Die Texte, die man dank Champollions genialer Entzifferung der Hieroglyphen endlich lesen konnte, gaben dieser Einschätzung recht. Statt tiefgründiger Weisheiten fanden sich hier entweder triviale oder unverständliche Dinge, und von monotheistischen Mysterien konnte jedenfalls keine Rede sein. Dafür wurde man aber reichlich entschädigt durch die Schätze altindischer Weisheit, die aus dem Sanskrit zugänglich wurden und in denen man genau das fand, was man in den ägyptischen vermißte. Die Inder traten das Erbe der Ägypter an und wurden zu Vertretern eines geheimnisvollen, bilder- und mythenreichen Kosmotheismus, der sich von buntester Volksreligion bis zu erhabensten philosophischen Höhen aufschwingen konnte.

In der positivistischen Wissenskultur des Historismus hatte die Ägyptosophie vollends keinen Ort mehr. Das ganze ungeheure Wissensgebäude, daß die Gelehrsamkeit des 17. und 18. Jahrhunderts zum Thema der ägyptischen Mysterien zusammengetragen hatte, fiel in Vergessenheit. In dem Maße, wie die neuentstehende Ägyptologie das alte Ägypten entdeckte, verschwand es aus der allgemeinen Bildungskultur des Abendlandes. Mit jedem neuen Text verstärkte sich das Gefühl der Fremdheit. Je mehr das 19. Jahrhundert über Ägypten wußte, desto weniger vermochte es ihm zu sagen. Nachdem es den Schleier der Hieroglyphen von dem Bilde Ägyptens gezogen hatte, stand es beziehungslos vor dem, was sich ihm zeigte.

Arnold Angenendt

Revolution in der Religion?

Religion bestehe „mindestens seit dem Jungpaläolitikum, also seit 40000 Jahren", sagt Walter Burkert in seinem neuen Buch über die „biologischen Grundlagen der Religion".[1] Dieselbe sei nur einmal und kein zweites Mal erfunden worden, bewege sich in „den Urstromtälern einer biologischen Landschaft".[2] Also nichts von einer Revolution in der Religion! Schaut man indes in das neue Tübinger *Handbuch religionswissenschaftlicher Grundbegriffe*, in den von Burkhard Gladigow verfaßten Artikel „Gottesvorstellungen", so glaubt der Autor nicht ohne Differenzierungen auskommen zu können: „Die historisch greifbaren Differenzierungen von Gottesvorstellungen orientierten sich an den Möglichkeiten von Kulturen, ‚Person', Personalität und Subjektivität zu konzipieren und sie in das politische System, das Kultwesen, die Rechts- und Wirtschaftsordnung einzuordnen und zu ‚institutionalisieren'."[3] So wären also für Hochreligionen Personalität und Subjektivität die Kriterien wie auch Triebkräfte. Das erinnert an Karl Jaspers' Theorie der Achsenzeit, der zufolge sich während des ersten vorchristlichen Jahrtausends in den damaligen Hochkulturen von China über Indien und Persien bis nach Griechenland und Israel ein Schub der „Ethisierung der Religion" und der „Vergeistigung" vollzogen habe.[4] Heute wird diese Achsenzeit-These, allerdings mit Modifizierungen wie etwa in Deutschland von Stefan Breuer[5] und Jan Assmann,[6] neu diskutiert.[7] Assmann beispielsweise wirft Jaspers Vernachlässigung der zivilisatorisch-kulturellen Vorbedingungen für diesen Überstieg vor. Voraussetzung für die großen Religionsdurchbrüche seien die Kodifizierung und Kanonisierung: Man müsse „von der rituellen zur textuellen Kohärenz" und weiter zur „Kanonisierung und Interpretation" vorstoßen.[8] Damit ordnet Assmann die Entwicklungsschritte der Religion in die Geschichte der zivilisatorischen Erfindungen ein, etwa von Schrift und Buch, und so in die allgemeine Geschichte der Akkulturation. Höhere Formen von Religion wären dann nicht mehr naturwüchsig, sondern elaboriert, „ausgearbeitet". Unter diesen Voraussetzungen hält Assmann an zwei grundsätzlichen Durchbrüchen fest. Das ist einmal der „Durchbruch zur Transzendenz"[9] und andererseits die Herausbildung des „inneren Menschen".[10] Als Beispiel zitiert er die ägyptische Religion, in welcher zum einen die Götter Hüter des Rechts und Belohner der ethischen Verdienste geworden seien und zum anderen die Menschen eine erweiterte Innerlichkeit ausgebildet hätten. Der Antrieb dafür sei das Gericht nach dem Tode geworden, in welchem Gott ethisch gerecht urteile und der Mensch sein Innerstes offenbaren müsse. Dieses Totengericht zählt Assmann „zu den fundamentalen Ideen der Menschheitsgeschichte", und „in Ägypten hat sich dieser Gedanke erstmals durchgesetzt; er ist die einzige religiöse Idee von zentraler Bedeutung, die Ägypten mit den großen Weltreligionen verbindet".[11]

Impliziert waren darin zwei Grundannahmen: „die Unsterblichkeit der Seele und die Existenz einer Instanz, die lohnend und strafend über das Schicksal der Seele entscheidet".[12] Hingegen kannte das alte Griechentum noch „keinerlei ausgleichende Gerechtigkeit nach dem Tode" und auch keine Götter „als Hüter der Gerechtigkeit".[13] Erst Hesiod († um 700 v. Chr.) erhob „Gerechtigkeit zum zentralen Begriff", dem auch die Götter verpflichtet sein sollten.[14] In Israel sprachen die Propheten Gott ein Herz zu, das zu verzeihen vermochte. Es war ein „Umsturz in Gottes Herz, der zum Willenswandel in Gott führt. Die ‚rettende Gerechtigkeit' […] rettet also nicht nur vor Unrecht (Unterdrückung, Gewalt, Verfolgung), sondern auch vor Recht – sogar vor dem Recht eines Gottes, der Grund zur Unnachgiebigkeit hätte, sich aber selbst ‚beherrscht'."[15]

Im folgenden sei näherhin gefragt, ob und wie die beiden mit dem Gottesgericht verbundenen Elemente, nämlich die erhöhte Transzendenz und die vertiefte Ethisierung, umwälzend wirkten, verändernd nicht nur für die Religionsgeschichte, sondern auch für die Sozialgeschichte.

Als erstes Beispiel sei ein zunächst abgelegen erscheinendes Phänomen gewählt: die Praxis des Fürstengrabes und der Totenfolge. Zu den archäologischen Erkennungszeichen des frühen Menschseins zählen bekanntlich neben Werkzeuggebrauch und Feuermachen die Gräber. Diese fallen nicht nur mit ihrem zuweilen außerordentlichen Reichtum auf, sondern zeugen auch von den Vorstellungen des jenseitigen Lebens. Demnach ist die Weiterexistenz nach dem Tod zunächst als Fortsetzung des irdisch-gewohnten Lebens gedacht worden und darum dann die Beigaben wie Nahrung, Kleidung, Möbel und nicht zuletzt auch Waffen.[16] Speziell bei Fürsten ging es noch um ein Besonderes: um die Fortsetzung der Herrschaft. Zu erschließen ist das nicht nur aus den speziellen Beigaben der Herrschaftszeichen, sondern mehr noch aus dem Folgetod des Hofstaates. Der Erforscher dieses Phänomens, Jörg Fisch, schreibt dazu: „Die weitaus am häufigsten bezeugte Form der Totenfolge findet sich beim Tode eines Herrschers und, seltener, anderer hochgestellter Persönlichkeiten […] Bei ihrer Bestattung folgten ihnen Ehefrauen und Konkubinen, Sklavinnen und Sklaven, Dienerinnen und Diener, aber auch Beamte, Feldherren, Minister und sonstige Angehörige des Hofstaates in den Tod".[17] Die Totenfolge findet sich „zu allen Zeiten und in allen Kontinenten" und muß darum „eine nahezu universale Erscheinung" genannt werden.[18] Zugrunde aber liegt eine religiös-ständische Vorstellung: Wer im Diesseits König ist, wird auch im Jenseits weiterherrschen; wer im Diesseits Sklave ist, wird auch im Jenseits weiter dienen.[19] Da eigentlich nur der Herrscher Aussicht auf das Jenseits hat, muß der Folgetod den Untergebenen sogar als geradezu einmalige Chance erscheinen.

In der kontinenteweiten Abschaffung des Folgetodes waren führend die Hochreligionen Judentum, Christentum und Islam.[20] Sie taten, ja mußten das tun aufgrund einer veränderten Vorstellung vom Jenseits, derzufolge man nur nach Maßgabe ethischer Lebensqualität in die andere Welt gelangen konnte: Wer ethisch gut gelebt hatte, vermochte in das ewig glückselige Leben einzutreten, bei ethisch negativer Bilanz erfolgte die Verstoßung, einerlei ob nun König oder Sklave. Den Entscheid führte das Gottesgericht herbei, und damit entfielen alle ständischen Vorrechte. In Ägypten sei, um Assmanns These wieder aufzugreifen, auf diese Weise der Zugang zum Jenseits „demokratisiert", oder wie er lieber sagt, „demotisiert" worden.[21] Fortan galten die irdischen Sozial- und Rangverhältnisse nicht mehr für ewig. So konnte die hierarchische Rangstufung ethisch revolutioniert werden, ja die Ständeordnung auf den Kopf gestellt werden.

Wir haben hier ein erstes Beispiel für Religion und Revolution. Lassen wir gleich ein zweites folgen, nämlich die Stammessage und die Genealogie. Wiederum geht es um Geburtsrechte und deren Abbau aus religiösen Gründen. Die Stammessage und Genealogie werden überliefert im Mythos, der indes, sofern als Vorläufer postmoderner Religionsvielfalt gedeutet – wie Odo Marquard es hinstellt[22] –, nur unzureichend erfaßt wird. Immer ist der Mythos auch genealogische Stammesgeschichte, eine *origo gentis*[23] Das soll heißen: Das jeweilige Volk und insbesondere sein Königsgeschlecht sind göttlichen Ursprungs und haben das bessere Blut. Diese vermeintliche Blutslinie der Götterabkunft zeichnet die Genealogie nach, so daß man sie „eine Urform des Weltverstehens" hat nennen können.[24] Ethnologisch ist nun weithin festzustellen, daß Stämme und Völker, wie sie schon ihre eigenen Archegeten, ihren halbgöttlichen Spitzenahn, haben, so auch ihren je eigenen Gott, den sie in Absetzung von den Göttern anderer Ethnien immer als den stärkeren ansehen und infolgedessen sich selbst als die besseren Menschen betrachten.[25]

Eine religionssoziologisch epochale Sonderleistung hat hier Israel aufzuweisen, da im Schöpfungsbericht der Genesis die Abkunft aller Menschen von einem einzigen Menschenpaar ausgesagt ist. Wolfgang Speyer stellt dazu den religionsgeschichtlichen Vergleich her: „Während die Griechen [und andere Völker] mehrere Archegeten des Menschengeschlechts kennen, ohne sie miteinander zu verbinden, sehen die Israeliten in Adam den einzigen Stammvater aller Menschen."[26] Im Vergleich zu den sonst in Stammesgesellschaften tradierten Ursprungsmythen vollzieht Israel wiederum einen revolutionsartigen Umbruch. Denn diesem monogenetischen Modell zufolge kann es letztlich keinen geborenen Herrschaftsadel wie andererseits keine Sklavenvölker mehr geben, und auch im eigenen Volk darf eigentlich nicht länger eine Abschichtung in Hochgeborene und Gemeine gelten. Wir sind hier auf dem Weg zu der grundlegenden Menschenrechtsformel: „Jeder Mensch ist Mensch." Wo Unterschiede bleiben, sind sie fortan ethisch, nicht mehr ethnisch, resultieren aus der Lebensführung, nicht aber aus Geblütsvorrechten.

Unsere beiden Beispiele, der Folgetod wie die adelige Hochgeburt, basieren letztlich auf dem „cosmological order", wie Eric Voegelin sagt,[27] auf einer „theopolitischen Ordnung".[28] Von oben, von den Himmlischen her, ist der ganze Kosmos bis in die Niederungen der Welt hinein durchstrukturiert. Gemäß diesem ewigen Ordnungsprinzip von oben her kommen auch die Herrscher irgendwie aus der höheren Sphäre oder sind zumindest von dort her legitimiert. Ihren Ausdruck findet die kosmologische Fundierung der Herrschaft „in Gottkönigtum und ‚Summodeismus'"; gemeint ist „die Verehrung eines Höchsten Gottes, der als Schöpfer, Erhalter und Gottkönig das Prinzip Herrschaft verkörpert, das der König als sein Sohn oder Statthalter in der Menschenwelt ausübt".[29] Mircea Eliade hat dafür die Formel geprägt: „Wie im Himmel so auf Erden".[30] Für das Modell der kosmologischen Hierarchie bedeutet ein irdisch-sozialer Umsturz immer eine Revolte gegen die ewige Himmelsordnung, den freventlichen Versuch, sogar das kosmische Weltgesetz von Sonne und Sternen umzustoßen. Daß aber die theopolitische und kosmisch-hierarchische Weltordnung tatsächlich erschüttert werden konnten, eben das bewirkte das Konzept der ethischen Religion. E. Voegelin hat denn auch seinen Erstansatz widerrufen und von einer „contraction of divine order in reality to the sphere of personal existence"[31] gesprochen und dabei die großen Reiche „as the carrier[s] of a meaning of humanity beyond the tribal and ethnic level" bezeichnet.[32]

Wir sehen uns damit vor die Frage gestellt, warum die internalisierte Ethik eine solche Sprengkraft entwickeln konnte: Wie funktionierte sie? Es sind die beiden schon genannten Momente: zum einen der „Durchbruch zur Transzendenz" – das betrifft die Götter, zum anderen: die Vergrößerung des menschlichen Innenraums – das betrifft die „Herausbildung des inneren Menschen". Vor dem Durchbruch zur Transzendenz erscheinen die Götter meist anthropomorph, so daß sie herrschen und hassen, essen und trinken, lieben und kämpfen. Für ihre Lebensbedürfnisse spannen sie auch die Menschen ein: Opfer und Gebet sind zunächst Übermittlung von Nahrung und guten Worten an die Götter. Die „hochreligiöse" Vergeistigung besteht darin, daß die Götter ‚bedürfnislos' werden: Sie bedürfen zu ihrem Leben – um das Beispiel des Alten Testaments zu zitieren – nicht des Blutes von Böcken und Stieren, nicht der Gebete von Menschen. Sie sind überlegene Geister, und ihre Geistigkeit ist von anderer Art als das Erdenübliche, lebt nicht von Opfern und Kult, sondern erfreut sich an des Menschen Geist und Ethos.[33] In der griechischen Philosophie ist es der denkende *nus*,[34] im israelitischen Prophetismus das liebende Herz,[35] womit sich der transzendente Gott verbindet. Auch muß man jetzt im Singular von Gott sprechen, denn dessen Geistigkeit ist nicht mehr lokal und zeitlich gebunden, sondern universal, und darum so einzigartig wie einzig.

Das zweite Moment, der Durchbruch zum inneren Menschen, bedeutet eine Spaltung, mit der Folge, daß der Mensch nun nicht mehr nur ein Äußeres hat, sondern auch ein Inneres. Anthropologiegeschichtlich dürfte dies ein besonderer Schritt sein. Gab es zunächst offenbar nur Äußerlichkeit, so entsteht, ja dominiert jetzt Innerlichkeit, dazu noch mit der Konsequenz, daß das Innere das Wahre, Überlegene und Bestimmende ist und das Äußere damit in Übereinstimmung gebracht werden muß.[36] Das Äußere scheint als nur trügerisch; allein das Innere ist wahr, und diese Wahrheit muß entsprechend geäußert werden. Der Mund – so ein ägyptisches Gebot – soll mit dem Herzen übereinstimmen.[37] Anthropologiegeschichtlich vollzieht sich dabei im Menschen eine Zentrierung, daß nämlich die innere Mitte ein organisierendes Zentrum bildet. Während in Ägypten das „Herz als organisierendes Zentrum der Person" galt und damit zum Beherrscher wurde,[38] erhielt in Griechenland der Mensch „,nur' *eine* Seele", die als „Geist" (*nus*) aufgefaßt wurde.[39] Ägypten und ebenso Israel entwickelten sich zu „Kulturen des Herzens",[40] Griechenland zu einer Kultur des Geistes.

In der Beziehung zu Gott hat der Mensch fortan Herz und Geist wirken zu lassen. Nicht länger kann er Materielles opfern oder heilige Formeln aufsagen; allein nur Geistiges ist Gottes wie auch des Menschen würdig. Das ist die berühmte *thysia logike*, das geistige Opfer der griechischen Religionskritik[41] und das „zerknirschte Herz" der biblisch prophetischen Verkündigung.[42] Vor Gott zählt nur, was geistig bzw. herzlich vollzogen wird. Dies ist in der Tat ein Umsturz, daß allein noch zählt, was innerlich gedacht und intendiert ist. Nur dieses Intendierte wird als verdienstlich anerkannt, selbst wenn es in Wirklichkeit nicht realisiert worden ist.

Noch umstürzlerischer gestaltet sich fortan die Ahndung des Unguten. Auch hier gilt nur das intendierte Falsche. Sofern der Täter seine sündige Tat nicht wollte und sie nicht beabsichtigt hatte, so zählt sie nicht, mag sie auch noch so gravierend sein und noch so böse Folgen nach sich ziehen. Erneut geschieht ein Aufstand gegen die kosmologische Ordnung. Denn kosmisch orientierte Religionen verlangen deswegen einen Ausgleich für Vergehen, weil das Gleichgewicht der Weltordnung gestört worden ist; sobald diese Störung konstatiert wird, erhebt sich die Forderung nach unbedingtem Ausgleich, ob sich nun der Mensch seiner Verursachung bewußt ist oder nicht. Allen Gerechtigkeitsvorstellungen der alten vorderorientalischen Religionen „ist gemeinsam, daß sie immer auch ‚Weltordnung' mit-bedeuten: gerechtes Handeln ist ein Handeln in Übereinstimmung mit dem der Welt inhärenten Sinn".[43]

Bei ethischer Auffassung indes, wo als Fehltat nur die wissentliche und willentliche zählt, tritt nach intentionaler Aufrichtigkeit keine Schuld ein, selbst bei Vorliegen noch der größten Untat. Die Sündigkeit resultiert aus der Ergründung des Innern, und dabei geschieht etwas Neues: die Geburt des inneren Menschen.[44] Mit ihm beginnt zugleich das Gewissen, das Mit-Wissen als reflektierendes Überdenken des eigenen Denkens und Handelns.[45] Die Religions- und Ethikgeschichte bietet für diese Entfaltung eindrückliche Beispiele. Denn für alle Frühzeit scheint mit Hans Hattenhauer zu gelten: „Das alte Recht fragte nicht nach dem Täter, nicht nach Fahrlässigkeit und Vorsatz. Anlaß der Bußpflichtigkeit war der Rechtsbruch als ein äußeres Ereignis. Er wurde nicht ethisch gewertet, so schwer verständlich dies auch modernem Denken ist."[46] So beurteilte die homerische Gesellschaft „Handlungen eher vom Ergebnis als von den Absichten her"[47] und unterschied nicht zwischen Totschlag und Mord; jede Tötung, ob gewollt oder ungewollt, war zu sühnen. Die Philosophie erst formulierte eine intentionale Ethik. Platon proklamierte: „Wenn jemand mit Willen beabsichtigt, einen [...] Menschen zu töten [...], diesen aber nur verletzt, ohne daß es ihm gelingt, ihn zu töten, so [...] soll man [...] ihn zwingen, sich wegen Mordes zu verantworten."[48] Zugleich aber galt auch dies: „Wenn jemand [...] ungewollt einen befreundeten Menschen tötet, so soll er [...] rein sein."[49] Im letzten Fall bleibt die für alle kosmische Religiosität als Schwerstvergehen eingestufte Menschentötung ohne Schuld und infolgedessen auch ohne Wiedergutmachung.

Zu recht gilt der Übergang von der „faktizistischen" zur „voluntaristischen" Schuld-Auffassung[50] als „weltgeschichtlich einmalige und bahnbrechende Entwicklung".[51] Paul Ricœur nennt das subjektive Schuldbewußtsein „eine wahre Revolution".[52]

Durch diese Wandlung hat die antike Ethik eine ‚guilt-culture' entwickelt und die ‚shame-culture' überwunden.[53] Denn Eric Dodds zufolge ist zu konstatieren, daß noch „für einen homerischen Menschen [...] nicht ein ruhiges Gewissen, sondern das Genießen der *timé*, der öffentlichen Hochschätzung" der höchste Wert war[54] und der Verlust dieser Wertschätzung der größte Unwert. Demgegenüber verlangte die neue Gewissensforderung, sich von Lob und Schmeichelei, ebenso von der Angst vor Ansehensverlust bei anderen freizumachen. Folglich war die eigene Absicht auf ihre Reinheit hin zu prüfen und darum stets der Blick nach innen zu richten. Letztlich wurde der innere Gewissensentscheid maßgeblich, und das neue „Gefühl der Sündhaftigkeit [entstand] nur durch jenen Vorgang, den [...] [man] als ‚Internalisierung' des Gewissens bezeichnet".[55] Israel überwand die ‚shame culture' bei der Entwicklung seiner Eschatologie, als nämlich „die Verantwortung vor dem göttlichen Richter anstelle der Empfindlichkeit gegenüber der öffentlichen Meinung in den Vordergrund trat".[56]

Im Blick auf die soziologischen Konsequenzen führt Dodds noch aus, daß die Familie zunächst eine Haftungseinheit war, wobei Schuld kollektiv getragen wurde und obendrein vererbbar war.[57] Im Zuge der Ethisierung mußte diese Verflechtung aufgelöst werden: „Die Befreiung des Individuums von den Fesseln des Clans und der Familie [ist] eine der großen Errungenschaften des griechischen Rationalismus und eine Leistung, die der athenischen Demokratie angerechnet werden muß."[58] Vielfältig waren die Rechtsfolgen, daß etwa „die Strafhaftung [...] in Athen rein individuell" war und nicht mehr kollektiv.[59] Eine ganz ähnliche Entwicklung weist das Alte Testament auf. Auch hier führte „der Sieg des Individualismus [...] über die alte Solidarität eines Nomadenstammes bei den Propheten zur Anerkennung einer individuellen Strafhaftung".[60]

Einen signifikanten Sonderfall stellt die Verunreinigung durch Sexualstoffe dar. Wir bewegen uns hier offenbar wieder im religionshistorischen Urstromtal. Der Ethnologe Klaus E. Müller stellt als generellen Befund fest: „Neben dem Tod gelten als gefürchteste ‚Ausdünstungsquellen' gemeinhin Krankheiten oder sonstige Versehrungszustände sowie die monatliche Regel der Frauen. Letztere wird, praktisch weltweit, wegen der Ausscheidung vermeintlich ‚unreinen' Blutes [...] also ebenfalls als eine Art

‚Krankheit' begriffen [...] Menstruierende scheiden, wie man auch in Europa noch lange Zeit überzeugt war, ‚eine große Menge unsichtbarer Dünste' aus, die man eben für hoch toxisch hält."[61] Auch Griechenland kannte diese Befleckung, das Miasma, wie Walter Burkert schreibt: Zu *hagneía* [Reinheit] „gehört, außer dem Vermeiden von Geschlechtsverkehr und Kontakt mit einer Wöchnerin oder einem Trauerhaus, auch das Einhalten von Speiseverboten, mehrtägiges Fasten, Gebrauch bestimmter, ungewöhnlicher Speisen".[62] Eric Dodds weist dann auf die Wandlung hin: „Erst in den letzten Jahren des fünften Jahrhunderts findet man den Gedanken ausformuliert, daß reine Hände nicht genügen: Das Herz muß ebenso rein sein."[63] Ebenso finden sich Reinheitsvorstellungen im Alten Testament.[64] Neben den Verboten bestimmter Speisen und besonders des Blutgenusses waren es vor allem die Sexualstoffe; jeder Ausfluß aus den Geschlechtsorganen wirkte verunreinigend. Das 15. Kapitel des Buches Leviticus erklärt: Bei Ausfluß, ob nun beim Mann der Samen oder bei der Frau das Menstruationsblut, „besteht Unreinheit". Die Frauen traf es insofern verschärft, als sie sieben Tage unrein blieben. Nach Waschungen war noch die Darbringung eines Sühn- und Brandopfers erforderlich.[65]

Das Herz als Mitte des Menschen anzusehen, wie es in Ägypten und Israel geschah,[66] hatte schließlich noch die besondere Folge der Sozialtätigkeit. Auszugehen ist erneut von Jan Assmann, der für Ägypten als „Ich-Kern" das Herz feststellt, weswegen die Barmherzigkeit zur zentralen Tugend aufsteigen konnte. Das führte zu dem Glauben, daß die „Sorgepflicht für die Macht- und Besitzlosen[67] wie ebenso die Wohltätigkeit für Arme im Himmelsgericht überprüft würden: ‚Ich habe die Tränen abgewischt [...], ich habe die Witwe beschützt, die keinen Gatten hat, ich habe den Sohn eingesetzt auf den Amtssitz seines Vaters, ich habe [Brot] gegeben [dem Hungrigen] und Wasser dem Durstigen, Fleisch, Salbe und Kleider dem, der nichts hat'.[68] Wir hören hier sofort die biblischen Töne heraus, und tatsächlich machte auch Israel das Herz und die Barmherzigkeit zur Mitte der Gottesbeziehung und damit die Sozialtätigkeit zur Religionsforderung.

Die griechisch-römische Welt hingegen ist nicht zur Wahrnehmung der Armen vorgedrungen. Der antiken Ethik fehlte, so Albrecht Dihle, „die Würdigung der vorbehaltlosen Hingabe und der Selbstentäußerung zugunsten des Nächsten. Die Einzelforderungen hellenistischer Ethik können durchaus altruistisch und gemeinschaftsbezogen sein und vom Menschen ein Höchstmaß an Verzicht auf den eigenen Vorteil verlangen [...] Die hingebende Liebe, die nicht nach der eigenen Prokope [Vorteil] fragt, sondern allein durch das Verlangen des nächsten provoziert wird, ist dieser Ethik fremd. Ihr eminent rationaler Charakter bedingt zudem ein tiefes Mißtrauen gegenüber jeder Spontanhandlung."[69] Weil „grundsätzlich [...] das ‚Selig sind die Armen' nicht in die griechisch-römische Vorstellungswelt"[70] gehörte, hat die Antike keine allgemeine Armenfürsorge entwickelt. Der Euergetismus der Oberschichten spendierte – wie Paul Veyne fast sarkastisch anmerkt – „den Mitbürgern Bauwerke und Vergnügungen [...], statt den Armen Almosen zu geben".[71]

Das Neue Testament proklamiert eindeutig eine internalisierte Ethik, kann es doch sagen: Wer im Herzen begehe, habe schon getan! Eine Fehltat zähle auch dann, wenn sie nur im Herzen, nicht schon in Wirklichkeit geschehe (vgl. Mt 5, 27). Jesus, so ist gesagt worden, blickte nicht ausdrücklich auf das Gericht;[72] er spreche zuerst vom gnädigen und verzeihenden Vater, und das Gericht sei „sekundär".[73] Erst wer sich der Güte Gottes verweigere und auch noch erbarmungslos gegen seine Mitmenschen handele, den treffe das Gericht (vgl. Jak 2, 13). Im Christentum ist Paulus der Lehrer des Gewissens geworden. Er setzt es „als allen Menschen eigen voraus, bei Juden wie bei Heiden".[74] Er fordert, mit sich selbst ins Gericht zu gehen, um so dem Gottesgericht zuvorzukommen. Handeln soll man „nicht allein aus Furcht vor Strafe, sondern vor allem um des Gewissens willen" (Röm 13, 5). An die Stelle des von außen zu gewärtigenden Gerichts tritt hier das innere Gericht des eigenen Gewissens. Das ist wiederum interiorisierte Ethik, in welcher Geist und Herz über die ethische Qualität entscheiden. Weil nur das Herzlich-Persönliche zählt, mußten sich Internalisierung und Individualisierung verstärken.

In Fortsetzung vorderorientalischer Religionsinterpretationen wie auch griechischer Philosophumena konnte das Christentum eine Reihe bedeutender Folgeschritte tun. Grundsätzlich bekannte es sich zur *thysia logike* (vgl. Röm 12, 1), zum geistig-geistlichen Gottesdienst: Nicht mehr Blutopfer waren darzubringen, sondern die Opfer von Lob und Dank. Gegenüber der griechischen Auffassung, welche das geistige Opfer als Durchsetzung der Erkenntnis verstand, weitete sich die prophetisch-neutestamentliche Deutung noch aus und bezog auch die Armensorge ein: Opfer als Hörbereitschaft gegen Gott und zugleich als Sozialgesinnung gegenüber den Mitmenschen.[75]

Mit diesem Ansatz hätten alle ständischen Religionsvorteile dahinfallen müssen. Tatsächlich können dem Neuen Testament zufolge „die Mächtigen vom Thron gestürzt und die Niedrigen erhöht werden" (Lk 1, 52). Nicht länger sollen Blutsverwandtschaft und Abkunft eine religiöse Wertigkeit besitzen: „Wer den Willen Gottes tut, der ist mir Bruder und Schwester und Mutter" (Mk 3, 35). Weil das Neue Testament „familienfeindliche Tendenzen"[76] und ein „antifamiliares Ethos"[77] aufweist, hatte das soziologisch gesehen zur Folge, daß sich selbst noch die originärste Religionszelle, die Familie auflöste. Im Christentum blieb „für die großen Familienverbände der Antike mit ihren religiösen, politischen, wirtschaftlichen und manchmal aristokratischen Aspekten […] kein Raum mehr".[78] Ja, „mit dem Sieg des Christentums ging die Familie als Kulteinheit überhaupt unter".[79]

Weiter vermochte das Christentum die in der Religionswelt allgegenwärtigen Befleckungsvorstellungen zu entmächtigen, denen zufolge Kontakt mit Blut, mit bestimmten Speisen und vor allem mit Sexualstoffen verunreinigend wirkte und kultunfähig machte. Das Neue Testament war hier knapp und entschieden: „Was aber aus dem Mund herauskommt, das kommt aus dem Herzen, und das macht den Menschen unrein" (Mt 15, 18). Gerade hier wirkt das Herz als entscheidende Instanz, und das machte alle Verunreinigungen stofflicher Art nichtig.[80]

Wenn wir nun nach unserer unmittelbar eigenen Geschichte fragen, so geschieht das hier vom Blickwinkel des Mediävisten aus, so daß entsprechende Beispiele aus dem Mittelalter folgen. Vor dem Hintergrund der soeben geschilderten Religionsgeschichte stellt sich die mittelalterliche Christentumsgeschichte als ein changierender Prozeß dar, nicht als ein solcher der Naturwüchsigkeit, auch nicht von vornherein der achsenzeitlichen Hochreligion, vielmehr als eine Periode der Abbrüche und Aufbrüche, der Verschiebungen und Verlagerungen. Bei aller Betonung der Kontinuität ist schon für die Spätantike ein tiefreichender zivilisatorisch-kultureller Einbruch zu verzeichnen, verschwanden doch die zivilisatorischen Rahmenbedingungen, wie sie Assmann für die achsenzeitlichen Durchbruchsmomente als Vorbedingungen hinstellt, nämlich die Stadtkultur und damit Schulen, Bibliotheken und Universitäten. Andererseits blieb insofern Wesentliches erhalten, als das literarische Erbe wenn auch nicht ausgeschöpft, so doch abgeschrieben und forttradiert wurde. Das achsenzeitliche Denken wurde sozusagen sistiert, nicht aber vernichtet. Infolgedessen mußte das Mittelalter den großen Durchbruch nicht neu erfinden, wohl aber repetieren – und das gestaltete sich schon mühsam genug.

Gehen wir die einzelne Kriterien exemplarisch durch! Da ist zuerst die Transzendenz des Gottesbildes. In der germanischen Welt hat es eine solche kaum gegeben. Walhall präsentierte sich nicht viel anders als die irdische Kriegerwelt. Die großen germanischen Götter, allen voran Wodan, waren – wie Hans-Peter Hasenfratz sagen kann – Haudegen, Streitstifter und Biertrinker.[81] Die Bestätigung liefert wiederum das Fürstengrab; die Ausstattung garantierte die Fortsetzung des irdischen Lebens mit Waffen und Biereimer, denn in Walhall, einem „als Halle stilisierten Schlachtfeld",[82] wurde weitergekämpft wie auch weitergetrunken. Sogar die Totenfolge sehen wir bei den Germanen praktiziert; jedenfalls läßt der Araber Ibn Fadlan in seinem Bericht über die Waräger im Kiewer Rus-Reich beim Tod eines mächtigen Herrn die Familienangehörigen bei den Sklaven nachfragen: „Wer von euch will mit ihm zusammen sterben?"[83] Ausführlich werden dann die Bestattung und der grausige Folgetod einer Magd geschildert. Das Schiffsgrab im norwegischen Oresund aus dem 9. Jahrhundert scheint einen solchen Folgetod von Sklavinnen auch archäologisch auszuweisen.[84] Als einziges vom irdischen Leben abgehobenes Moment der Transzendenz ist die Möglichkeit zu registrieren, daß die Helden, auch die im Kampf getöteten, tags darauf wieder lebendig waren.[85] Walhall war nur wenig mehr als die alte Erde und gewiß kein neuer Himmel.

Für das Christentum stellten sich geradezu unüberwindbare Verständigungsschwierigkeiten. Angesichts der mangelnden Transzendenz im Gottesbild gab es kaum eine personale und metaphorische Redeweise. Sich Gott als gütigen Vater vorzustellen, dazu fehlten in der althochdeutschen Welt sowohl Vorstellungsvermögen wie Sprachmaterial. Der Germanist Hans Eggers konstatiert:

„Es beginnt mit der Vorstellung eines Vaters im Himmel, die zwar mit germanischen Worten ausgedrückt werden kann, für die es aber in der germanisch-heidnischen Vorstellungswelt kaum ein Äquivalent gibt."[86] Es war „eine Revolution der ganzen germanischen Vorstellungswelt [...] erforderlich, damit das ‚Vater unser' [...] überhaupt nur verstanden werden konnte".[87] Die mittelalterliche Religionsgeschichte ist wesentlich Wiedergewinnung der Transzendenz.

Nicht minder schwierig gestaltete sich die Formung der Gesellschaft. Hans-Dietrich Kahl zufolge resultiert Europa aus dem „Wechsel zwischen zwei geistigen Grundstrukturen, die man als ‚gentilreligiös' und ‚universalreligiös' gegenüberstellen kann".[88] Die alte gentilreligiöse Struktur verpflichtete den Verwandten gegenüber zur Friedenspflicht, den Feinden gegenüber aber zur Abwehr. Grundsätzlich galt: „Das Recht reichte nicht weiter als die Blutsverwandtschaft."[89] Jede Abstammungsgruppe hatte ihren jeweils eigenen Lebensbrauch wie auch ihre jeweils eigene Religion, und das schuf eine Kluft zwischen dem Kreis des „Wir" und dem des „Nicht-Wir". Sämtliche Primitivvölker, so kommentiert die Ethnologin Ruth Benedict, hielten dafür, daß auf die „Anderen" „die Bestimmungen des Sittenkodex der eigenen Gruppe nicht zutreffen" und daß man sie „ganz summarisch nicht mehr als Menschen ansieht".[90] Auch im Frühmittelalter bestand zunächst, wie Georges Duby sagt, eine „natürliche Feindschaft"; das von Fremden bewohnte Nachbargebiet habe als Jagdgrund gedient für Schmuck, Waffen, Vieh und – nicht zuletzt – für Sklaven.[91]

Dabei sind wiederum die Konsequenzen für den Menschen zu bedenken. Erneut bietet sich der von Assmann herausgestellte Gerichtsgedanke an. Denn genau dieser Gedanke hat auch im Mittelalter, trotz allen Geredes von „la peur en occident",[92] eine grundlegende Bedeutung erlangt und stärkste Veränderungen herbeigeführt. Otfried von Weißenburg († nach 868) beschreibt das Gottesgericht in Absetzung vom irdischen Königsgericht in idealer Positivität: Es bestehe im Gottesgericht keine Rechtsungleichheit mehr; nicht länger seien die Reichen in der Lage, Leibesstrafen durch Geld- oder Sachwertbußen von sich fernzuhalten. Tatsächlich mußte ja der Arme mit seinem Leben, seinem Rücken bezahlen, wie die Todes- bzw. Prügelstrafe hieß. Ein Vorrecht des adeligen und mächtigen Mannes bestand auch noch darin, daß er einen Leibeigenen im gerichtlichen Zweikampf für sich kämpfen lassen konnte. Dem entgegen stellt Otfried die neue Vision vom Jüngsten Gericht: Dort herrsche völlige Rechtsgleichheit, sogar auch für Frauen, Kinder und Unfreie; alle unterlägen dem gleichen Recht und eine ständische Höher- oder Unterordnung gebe es nicht mehr; es zähle allein, was der Mensch innerlich zu bieten habe.[93] In *Geschichtliche Grundbegriffe* heißt es kommentierend: „Damit war [...] die Umkehrung der in der Welt gültigen Stufung von Hoch und Niedrig, Reich und Arm, König und Bettler, Herr und Knecht nicht nur möglich, sondern zwingend und im Hinblick auf das bestehende Weltgericht ‚wirklich'."[94]

Die tatsächlichen Einwirkungen auf die ständischen Verhältnisse wirkten indes nicht sofort umstürzend, zeigten aber doch nachhaltige Folgewirkungen. Weniger der Folgetod als vielmehr die adelige Hochgeburt und die entsprechende Bevorrechtigung haben das Mittelalter beschäftigt. Es genügen die Stichworte wie Adelsherrschaft und Adelskirche.[95] Obwohl das Christentum von seinem Ansatz her Geblütsvorrechte ablehnen mußte, saßen Adlige auf dem Stuhle Petri, auf den Kathedren der Bischofssitze, sogar auf den Abtsstühlen der Klöster. Natürlich gab es immer neue Versuche, statt adeliger Abkunft eine edle Gesinnung zum wahren Maßstab zu erheben, und das wirkte ständenivellierend. Selbst die Klöster zeigen hier ein schwankendes Bild zwischen Offenheit für Jedermann und ständischer Abgeschlossenheit.[96] Am ehesten ist es noch den Universitäten gelungen, Bildung zum „Ersatz für adliges Herkommen" zu machen.[97] So eröffnete sich doch ein Weg, der Professionalität den Vorrang vor dem Geblüt zu verschaffen, wie es sich in der Neuzeit dann durchgesetzt hat. Der Grund für diese Veränderung lag wieder in der Bewährung, sowohl in der Ethik wie auch in der Wissenschaft. Immerhin, grundsätzlich galt, daß jeder Mensch sich mit seiner Lebensführung vor Gott zu verantworten hatte und adelige Geburtsrechte im Gericht keinen Vorteil erbrächten. So zeigen spätmittelalterliche Gerichtsbilder immer Könige, Kaiser und Päpste unter den Verworfenen.

Wichtig war sodann, daß sich Veränderungen gerade auch auf der untersten Gesellschaftsstufe, bei den Sklaven, vollzogen. Theodor Schieffer stellt fest, daß „die Reste der aus der Antike ererbten Sklaverei etwa im 9. Jh. erloschen" waren.[98] An ihre Stelle trat die – von uns oft besser bewertete – Hörigkeit, die aber doch, anders als die Sklaverei, Grundrechte sicherte. Die Gründe waren durchaus religiös. So konnte František Graus feststellen, daß besonders häufig „die Erschaffung aller Menschen durch Gott, der Kreuzestod Christi für alle Menschen ins Feld geführt [wurden], um die Gleichheit aller Menschen vor Gott zu betonen, alle Unterschiede als zweitrangig, letztlich als unbedeutend zu deklarieren".[99] In karolingischer Zeit kann Agobard von Lyon († 840) angeführt werden, der aus der für alle Christen gemeinsamen Gottesanrede „Vater unser" die Gleichheit aller ableitete: „Weil, wie gebührlich, alle Brüder geworden sind, rufen sie den einen Vater-Gott an: der Knecht und der Herr, der Arme und der Reiche, der Ungelehrte und der Gebildete. Der Schwache und der Starke, die niedrigen Arbeiter wie der erhabene Kaiser (*humilis operator et sublimis imperator*)."[100] In gleicher Weise argumentieren noch die *Zwölf Artikel* aus dem Bauernkrieg von 1525: „Drittens ist es bisher Brauch gewesen, daß sie uns für ihre Leibeigenen gehalten haben, was zum Erbarmen ist, wenn man bedenkt, daß uns Christus alle mit seinem kostbaren Blut erlöst und erkauft hat, den Hirten ebenso wie den Höchsten, keinen ausgenommen […]."[101] Hartmut Hoffmann zufolge hat die Kirche dadurch „zu jenem tiefen Wandel in den Grundlagen der Gesellschaft beigetragen, der in der Folge für die Geschichte des Abendlandes die größte Bedeutung gehabt hat".[102]

Die entscheidende Leistung der Internalisierung liegt auch im Mittelalter in der Weckung individuell-persönlicher Verantwortung und damit in der Schaffung des inneren Menschen. Angesichts des für jeden anstehenden Gerichts war Verantwortlichkeit gefordert. Dabei begegnen frappierende Entsprechungen zu antiken Entwicklungen, zum Beispiel in der Intentionalität. Ein in frühmittelalterlichen Bußbüchern vorfindlicher Kanon bestimmt: „Wenn jemand zufällig eine Tötung begeht, das heißt, ohne es zu wollen, so soll er sieben Jahre büßen. Wenn jemand einer Tötung zugestimmt hat und dieselbe auch geschehen ist, soll er sieben Jahre büßen. Wer aber wollte und nicht konnte, der soll drei Jahre büßen."[103] Erinnern wir uns des platonischen Postulats, daß nur intentionale Tötung ethisch zähle. Im Frühmittelalter treffen wir auf eine Gemengelage; wohl zählt auch subjektive Einstellung, aber bußfällig wird hauptsächlich die vorliegende Tat. Bekanntlich ist es Abaelard gewesen, der die Intentionsethik wieder erneuert hat. Schon der Titel seines epochemachenden Ethik-Buches fordert Selbsterkenntnis: *Nosce te ipsum.* Allein die Gesinnung ist konstitutiv für die Sünde: „Die Zustimmung (consensus) nennen wir im eigentlichen Sinn Sünde, d.h. eine Schuld der Seele, durch die sie Verdammnis verdient oder vor Gott angeklagt wird."[104] Auch für Lob und Lohn zählt nur die Absicht: „Gott wägt ja nicht was, sondern wie etwas geschieht, und nicht in der Handlung, sondern in der Absicht besteht Verdienst oder Lob."[105] Die letztgültige Herzensschau besitzt indessen nur Gott: „Einzig und allein Gott, der mehr auf das Motiv einer Tat als auf diese selbst sieht, mißt unsere Schuld wahrheitsgemäß nach der Absicht und erforscht sie nach wahrer Einsicht, weshalb er auch der ‚Erforscher des Herzens und Nieren' [vgl. Jer 10, 12] genannt wird."[106] Für die Schaffung einer reflektierenden Verinnerlichung sei – so der Soziologe Alois Hahn – „eine der wichtigsten Institutionen dieser Art die Beichte gewesen", nämlich die „Beobachtung des eigenen Verhaltens und des Innenlebens […] im Dienst gesteigerter Selbstkontrolle […]: Das Wissen, das man so von sich gewinnt, entspringt dem Gewissen."[107] Schon Max Weber hatte von dem „in seiner Art in der ganzen Welt unerreichten […] Beicht- und Bußsystem" gesprochen.[108] Die dafür notwendige Innenschau schuf einen bewußten Innenraum.

Welch schwierigen Weg hier das Mittelalter zurückzulegen hatte, zeigt etwa die Welt des nordischen Saga-Menschen, wie ihn Aaron Gurjewitsch dargestellt hat: „Leidenschaft und innere Erregung werden nicht direkt beschrieben und schon gar nicht analysiert."[109] Gleichwohl entfaltete der Saga-Mensch eine Innerlichkeit, eine solche freilich für Rache und Kampf. Fortwährend ranken sich die Sagas „um Konflikte zwischen Individuen und Familie, um Zwistigkeiten, die gewöhnlich mit Mord und Totschlag enden, der lange und blutige Rache nach sich zieht".[110] Des Saga-Menschen „Ohr entgeht nicht der leiseste Hauch einer Beleidigung oder einer ehrenrührigen Anspielung, und er speichert in seinem Herzen alles, was sein Gefühl für Ehre und Würde berührt. Er überstürzt seine Rache nicht, er kann sich Zeit lassen."[111] Die entscheidende Feststellung liegt darin, daß, wie Gurjewitsch sagt, der Saga-Mensch „frei von dieser [inneren] Zwiespältigkeit ist".[112] Eben diese Zwiespältigkeit ist aber nötig für die innere

Überprüfung, ist grundlegend auch für die Möglichkeit des Gewissens, weil nur ein gespaltenes Selbst ein Überdenken und reflektierendes Mitwissen über begangene Taten ermöglicht. Tatsächlich kommt für den Saga-Menschen Gurjewitsch zufolge „der Begriff ‚Gewissen' wohl kaum in Betracht".[113] Tatsächlich ist Rache während des ganzen Mittelalters unverzichtbarer Bestandteil des Standes und der Ehre geblieben. „Soll ich", läßt Gregor von Tours einen der ersten fränkischen Bischöfe in Gallien, nämlich Bodegesil von Le Mans, ausrufen, „soll ich, weil ich Geistlicher geworden bin, etwa nicht mehr das Unrecht rächen, das man mir antut?"[114] Im 12. Jahrhundert erst, so hat Herbert Grundmann einmal gesagt, habe das Christentum nach dem Herzen der Adeligen gegriffen und persönliche Bekehrungen bewirkt.[115] Aber noch das Spätmittelalter konnte Johan Huizinga als voll von düsterer Rachgier und verletztem Hochmut charakterisieren.[116]

Fassen wir an all den vorgenannten Beispielen zunächst das Substrat, aus dem sich das Mittelalter befreite, so sind andererseits die Beispiele für die wachsende Subjektivierung und die Schaffung des inneren Menschen rasch und zahlreich beizubringen. Ein zweifellos ungewöhnliches Beispiel bietet das Gebet.[117] Neutestamentlicher Maßstab war, daß das Gebet aus dem Inneren kommen solle und daß nur wenig Worte notwendig sein sollten. Adalbert de Vogüé, der derzeit bedeutendste Erforscher der Benediktsregel, stellt für das zönobitische Gebet fest, daß die Mönche im Benediktskloster Sänger der göttlichen Majestät geworden seien.[118] So konnten Clunys Mönche bis zweihundert Psalmen je Tag singen.[119] Die hoch- und spätmittelalterlichen Mystiker lehnten das ab. Gebet mußte ihnen zufolge dem geistlichen Nutzen dienen und wurde damit subjektiv.[120] Die Gebetbücher raten dazu, auszuwählen, was dem geistlichen Wohlergehen förderlich sei.[121] Die Mystiker empfehlen, ein Gebet, in Andacht gesprochen, sei Gott genehmer und dem Beter nützlicher als tausend ohne Andacht.[122] So kann Meister Eckhart sagen: „Ein *Ave Maria*, gesprochen in dieser Gesinnung [ohne Eigenwillen], wobei der Mensch sich seiner selbst entäußert, das ist nützer als tausend Psalter gelesen ohne sie; ja, ein Schritt darin wäre besser, als ohne sie über's Meer gefahren."[123] Wie sehr Gebet Innenraum schaffen konnte, läßt sich auch an Seuse aufzeigen, der sozusagen sein Kloster zu seinem „Innenraum" gemacht hatte. Wenn er beispielsweise durch den

Kreuzgang ging, erhoben sich an bestimmten Stellen in seiner Imagination Bilder, die er in seinem Geist mit dieser „Stelle" verbunden hatte, etwa die Stationen des Kreuzwegs Jesu. Beten hieß für Seuse: einen möglichst großen Vorrat an Bildern in sich zu haben, die man vor dem geistlichen Auge visualisierte und in sich auswirken ließ.[124]

Fast ganz hat das Mittelalter kapituliert vor der *pollutio*. Zwar wurden bis auf wenige Ausnahmen keine kultischen Speisegesetze mehr befolgt, ebensowenig eine Sorge vor Berührung von Toten, wohl aber vor sexueller Befleckung.[125] Weil dabei das Menstruationsblut besonders verunreinigend wirkte, wurden gerade die Frauen dadurch zurückgesetzt.[126] Daß im Mittelalter die paulinische Devise „nicht Mann, nicht Frau" so wenig zur Geltung kam, scheint hauptsächlich aus den Pollutio-Vorstellungen herzurühren. Seit dem 12. Jahrhundert suchte man sie einzudämmen.[127] Abaelard sprach wieder von nur körperlichen Ausscheidungen. Aber im Volk blieben die Pollutio-Vorstellungen bis ins späte Mittelalter hinein wirksam.

Nicht unterbrochen wurde im Mittelalter die Sozialtätigkeit.[128] Mochte dogmatische Theologie zeitweise aussetzen, wie etwa im frühen Mittelalter, so kam doch die Armensorge nicht außer Übung.[129] Ein Leben und noch das Sterben ohne karitative Werke schien nicht möglich; bis zum Sterbebett galt die Verpflichtung zur Sozialtätigkeit.[130] Oft mag dabei die Eigensucht zur Gewinnung des eigenen Seelenheils maßgeblich gewesen sein, im Effekt aber wirkte es doch für die Armen. Faktisch wurde oft kaum mehr als eine punktuelle Linderung bewirkt. Dennoch galt die Armensorge grundsätzlich. Seit der Spätantike hatten die Städte ihre Xenodochien[131] und im Mittelalter ihre Spitäler.[132] Gefangene wurden in großer Zahl aus der muslimischen Gefangenschaft losgekauft,[133] und den „leiblichen Werken der Barmherzigkeit" sollten noch „geistliche Werke" folgen. In Franziskus erstand ein Heiliger, der sich die Armut zur Braut und Herrin erkor.[134]

So enorm sich die mittelalterlichen Schwierigkeiten einer wirklichen Christianisierung gestalten, um so überraschender ist das Ergebnis. Hans-Dietrich Kahl, der als erster unter religionsgeschichtlichem und kultursoziologischem Blickwinkel die Christianisierung Europas untersucht hat, stellt dabei heraus, daß dieser Vorgang nicht nur – wie es allgemein anerkannt wird – „von wahrhaft weltgeschichtlichem Rang" ist, daß vielmehr in der Rangfolge der Antriebskräfte nicht die Imperialität, sondern „am wichtigsten [...] die Christianisierung" gewesen sei.[135] Diese gewann Kahl zufolge „eine derart grundlegende Allgemeinbedeutung, wie niemals davor und danach; sie erlangt sie, weil eben Missionierung es ist, in deren Verlauf sich die Fundamentierung und Konstituierung von ‚Abendland' [...] ereignet".[136] Die universalreligiöse Dimension erhielt die Oberhand und vereinte den ethisch und religiös so bunten Flickenteppich der westeurasischen Halbinsel zu einem Ganzen, vermochte indes den Gentilismus nicht gänzlich zu beseitigen. Immerhin entstand ein relativ einheitliches Europa. Der polnisch-französische Historiker Krzysztof Pomian sieht sogar eine dreifache Bekehrung: zum römischen Christentum, zur lateinischen Sprache und zur Schrift. „Es ist eine Bekehrung, welche die Unterscheidung zwischen Römern und Barbaren ein für allemal beseitigt und in religiöser Hinsicht eine Vielzahl von Ethnien integriert. Diesen nämlich vermittelt sie ein ausgeprägtes Bewußtsein von Gemeinsamkeit: Was sie miteinander verbindet, ist nicht nur ihre gemeinsame Herkunft, sondern auch die Tatsache, daß sie fortan ein und derselben Universalkirche *und* weltlichen Kultur angehören."[137]

Zeigt das Mittelalter, betrachtet unter dem Gesichtspunkt der achsenzeitlichen Revolution, zunächst ein schwankendes Bild, eine Mischung von Rückschlag und Erfolg, ein Substrat aber auch des Verbleibenden, so ist im Ganzen freilich der Richtungspfeil eindeutig, nämlich auf zunehmende Axialisierung gerichtet. Thomas Nipperdey entdeckt als Neuzeithistoriker im Mittelalter die Basis für die Neuzeit: Zwar erscheine die Sonderrolle Europas, wie sie mit dem Schwellenjahr 1800 hervorgetreten sei, mit ihrer Option für die Zukunft und das Machenkönnen als „Antimittelalter".[138] Dennoch habe die mittelalterliche Christlichkeit, deren Allumfassendheit sich die Moderne kaum noch vorstellen könne, die „Grundlagen unserer politischen, gesellschaftlichen wie geistigen Welt" geschaffen. Das Mittelalter habe zwar die moderne Person-Idee so nicht gekannt, aber mit herausgebildet: nämlich „den unendlichen Wert der Person des einzelnen", die „Gewissensreligion", auch „die Beherrschung der Natur und das Ethos der Arbeit", sogar die Idee des Fortschritts als „Erbe der jüdisch-christlichen Idee einer gerichteten, auf ein Ziel zulaufenden Geschichte". Reformation und Aufklärung haben diesen Revolutionsprozeß weitergetrieben. Die daraus hervorgegangene neuzeitliche Welt ist dann, wie Clifford Geertz sagt, gänzlich neuartig: „Die abendländische Vorstellung von der Person als einem fest umrissenen, einzigartigen, mehr oder weniger integrierten motivationalen und kognitiven Universum, einem dynamischen Zentrum des Bewußtseins, Fühlens, Urteilens und Handelns, das als unterscheidbares Ganzes organisiert ist und sich sowohl von anderen solchen Ganzheiten als auch von einem sozialen und natürlichen Hintergrund abhebt, erweist sich, wie richtig sie uns auch scheinen mag, im Kontext der anderen Weltkulturen als eine recht sonderbare Idee."[139]

Revolution in der Religion – das ist die Frage nach der *longue durée*, aber auch nach den Umbrüchen, nicht zuletzt nach solchen, die einen historischen Zugewinn gebracht haben. Das führt zu der Frage, ob und wie sich Sequenzen in der Geschichte aufweisen lassen. Könnten solche sogar sinnvoll sein in dem Sinne, daß aus der Geschichte Entwicklungen ablesbar werden, die Voraussetzungen für unser Leben geschaffen haben und auf die wir nicht mehr verzichten können. Derzeit akute Beispiele sind Gewaltbereitschaft und Fremdenfeindlichkeit. Ob solche Feindschaft bereits in unseren Genen verankert ist, wie etwa der Göttinger Christian Vogel sagt,[140] mag dahingestellt bleiben. Dennoch stellen wir fest, daß Gewaltbereitschaft und Fremdenfeindschaft rasch wieder durchbrechen können, daß sie in jeder Generation neu überwunden und mit humaner Ethik überbaut werden müssen. Fast noch erregender ist der Befund, daß offenbar das Gewissen nicht einfach naturfrisch funktioniert; mindestens bedarf es einer Weckung und ethischen Auffüllung. Die Geschichte gibt Auskunft über diese ethische Gewordenheit des Menschen. So sehr wir aus der historischen Überlieferungsmasse selektieren müssen, so zeigen sich gleichwohl im historischen Rückblick die Erfordernisse der Gegenwart wie der Zukunft in neuem Licht.

Geoffrey Lloyd

Wissenschaft und Gesellschaft in antiken Kulturen

Lassen Sie mich Ihnen zunächst den Blickwinkel erläutern, aus dem ich mich den Problemen dieses interessanten Projekts nähere. Ausgebildet wurde ich ursprünglich als Klassischer Philologe, doch habe ich von meinen ersten Veröffentlichungen an die Arbeit von Ethnologen ebensosehr herangezogen wie die von Historikern und Wissenschaftstheoretikern. In Cambridge hatte ich das Glück, die Ethnologen Meyer Fortes, Edmund Leach und Jack Goody, später auch S.J. Tambiah und Alan Macfarlane zu Kollegen zu haben. Mit vier von ihnen teilte ich die Zugehörigkeit zu meinem ersten College, dem King's College, und ihre Interessen harmonierten gut mit denen des bekanntesten Althistorikers in Cambridge, Moses Finley. Durch einen weiteren vorbildlichen Cambridger Gelehrten, Kollegen und Freund, Joseph Needham, erhielt meine Arbeit eine zusätzliche vergleichende Dimension. Doch erst 1987, bei der Rückkehr von einem Besuch in China, begann ich, klassisches Chinesisch zu lernen, um die mathematischen, medizinischen und anderen Texte der Streitenden Reiche und Han-Perioden im Original zu studieren. Heute gilt mein Hauptforschungsinteresse dem Vergleich und der Gegenüberstellung von antikem griechischen und altem chinesischen Denken in ihren frühen Entwicklungsstadien.

Bei solchen Vergleichen warten auf den Unvorsichtigen zahlreiche Fallgruben. Eines der Hauptprobleme besteht darin, für die Untersuchung einen Rahmen zu finden, der das Ergebnis nicht vorwegnimmt. Wenn wir uns dem chinesischen Denken mit griechischen Fragestellungen nähern (oder umgekehrt), sind starke Verzerrungen programmiert. Ein Beispiel dafür ist der verbreitete Versuch, im klassischen chinesischen Denken einen Begriff für „Elemente" zu entdecken. Tatsächlich wurde der Begriff *wu xing* bis vor ziemlich kurzer Zeit regelmäßig als 'Theorie von den fünf Elementen' übersetzt, als ob es eine solche gäbe. In Wirklichkeit handelt es sich dabei nicht um eine Vorstellung von Elementen im Sinne fundamentaler Bestandteile physikalischer Körper, sondern um eine Vorstellung von den Veränderungen, die diese durchlaufen; die richtige Übersetzung lautet eher 'Phasen'. Wer umgekehrt klassische griechische Texte durchkämmt, um eine griechische Entsprechung für das chinesische *qi* zu finden (die 'Energie' in allen Dingen), der treibt denselben Unfug, nur dieses Mal ausgehend von chinesischen Vorstellungen.

Das erste Problem ist also, einen Diskussionsrahmen zu finden, der so neutral ist wie möglich (ganz neutral kann natürlich kein Rahmen sein). Das zweite besteht in der Vermeidung von Anachronismen oder, schlimmer noch, von teleologischen Konstruktionen. Es ist noch nicht lange her, da konzentrierte sich alles Interesse beim Studium des antiken kosmologischen Denkens auf die Frage nach den Ursprüngen der Wissenschaft. Man durchforschte die Glaubensvorstellungen von verschiedenen antiken Gesellschaften, um mögliche Vorwegnahmen moderner Wissenschaft auszumachen oder um festzustellen, welche Faktoren mögliche Entwicklungen, die wir für wissenschaftlich halten, begünstigten oder behinderten.

Der Fehler in einem solchen Ansatz ist offensichtlich. Weder die alten Chinesen noch die Griechen, geschweige denn die Babylonier, Ägypter, Inder oder Mayas wußten, daß sie uns voranzugehen hätten. Sie konnten nicht wissen, was nach ihnen kommen würde, so wenig wie wir das heute wissen können. Eher müssen wir für jeden einzelnen Fall untersuchen, wofür die Alten selbst sich interessierten; wie sie ihre eigenen Erkundungen auffaßten; worin ihre Ziele und Antriebe, ihre Methoden und Vorannahmen bestanden. Erst dann können wir auch zu einer Einschätzung kommen, was diese Erkundungen leisteten und wie sie sich veränderten oder entwickelten.

Ich gebrauche den Ausdruck Veränderung – ich spreche nicht von Revolution. Es ist schon schwierig genug, den Begriff der Revolution im politischen Bereich anzuwenden, da uns eine befriedigende allgemeine Theorie politischer Revolutionen eigentlich immer noch fehlt. Was läßt sich Allgemeines sagen über die französische, die russische, die chinesische Revolution? Wie sollen wir überhaupt eine Revolution im politischen Bereich definieren? Nur anhand eines Verfassungswechsels? Mit Sicherheit nicht, aber dann anhand eines Wechsels wovon?

Und wenn schon politische Revolutionen Probleme aufwerfen, so ist die Situation noch schlimmer, sobald es sich um Revolutionen von Begriffen handelt. In der englischsprachigen Welt wurde der Ausdruck *scientific revolution* vor allem von Herbert Butterfield populär gemacht, und er hatte dafür ganz bestimmte Gründe. Lassen Sie mich Ihnen das erklären. Butterfield war einer der Vorkämpfer, die die Geschichte der Naturwissenschaften in England als akademischen Gegenstand etablieren wollten. Um ihr Ansehen zu verschaffen, bedurfte es der Unterstützung durch die Naturwissenschaftler. Als in Cambridge das Institut für die Geschichte und Theorie der Wissenschaften eingerichtet wurde, bestand der Ausschuß, der mit der Kontrolle dieses Instituts beauftragt war, weithin aus Vertretern der wichtigsten Naturwissenschaften. Schließlich waren es Naturwissenschaftler im dritten Studienjahr, die sich vor allem damit beschäftigten.

Mit seinem Buch *Origins of Modern Science* (1949) schob Butterfield den Begriff *der* wissenschaftlichen Revolution in den Vordergrund der Debatte. Der Begriff suggerierte, daß alles sich radikal änderte, als die großen Helden des sechzehnten und siebzehnten Jahrhunderts: Kopernikus, Vesalius, Kepler, Harvey und die anderen, ihre Arbeit aufnahmen. Heute indessen wird die Vorstellung, es habe da etwas gegeben, das als Revolution beschrieben werden könnte, allgemein eher als irreführend denn als hilfreich angesehen. Zumindest ist genauso eindrucksvoll, was jene Denker ihren Vorgängern schuldeten, wie das, worin sie über diese hinausgingen.

Puristen würden zudem darauf bestehen, daß die Veränderungen, die in der Tat stattgefunden haben, eher als Veränderungen der Naturphilosophie zu beschreiben sind denn als Veränderungen der Naturwissenschaft – schließlich wurde der Begriff der Naturwissenschaft, wie allgemein bekannt, erst im 19. Jahrhundert geprägt. Einige würden deshalb behaupten, es sei überhaupt falsch, im Hinblick auf frühere Jahrhunderte von Naturwissenschaft zu sprechen. Mag das auch allzu puristisch sein, man tut gut daran, sich bewußt zu halten, daß der Ausdruck Wissenschaft, auf frühere Epochen angewandt, bestenfalls ein Kürzel darstellt für etwas, das richtiger als Studium des Himmels, des menschlichen Körpers, der Krankheiten usw. beschrieben wäre. Wir müssen zurückgehen, sagte ich, auf das Selbstverständnis der Alten, und das heißt, wir dürfen nicht davon ausgehen, sie seien der Meinung gewesen, in all diesen und anderen Bereichen ein und dieselbe Sache zu betreiben.

Ein letzter Punkt zur Vermeidung von Anachronismen besteht darin, uns darauf einzustellen, die Gesamtheit antiker Erkundungen zu studieren. Wir haben zu erklären, was die Alten für wertvoll erachteten. Sogenannte Pseudo-Wissenschaften wie die Alchemie, die Astrologie und dergleichen einfach beiseite zu lassen, wie es zu geschehen pflegte, als alles Interesse nur auf mögliche Beiträge zum „Fortschritt" der Wissenschaft gerichtet war, geht nicht an. Obwohl ich das sogenannte starke Programm der Edingburgher Schule zur soziologischen Erforschung des Wissens in seiner schärfsten Form auch nicht unterschreiben würde, stimme ich insofern damit überein, als ich unsere Aufgabe darin sehe, *alles* zu untersuchen, was z.B. als Studium des Firmaments durchging oder *jede* Tradition des Heilens, um herauszufinden, wer solche Studien betrieb und warum, mit welchem Ehrgeiz und für welchen erwarteten Erfolg.

Ich scheue, wie Sie sehen, im Bereich der Ideen die Rede von den Revolutionen. Und doch gibt es in der Geschichte der Erkundungen bei den Alten zahlreiche Veränderungen, die der Betrachtung wert sind. Wir können die Faktoren studieren, die eine Rolle gespielt zu haben scheinen, können die Interpretationsvorschläge prüfen, die dazu in den letzten Jahren gemacht wurden. Oft handelt es sich um höchst eindrucksvolle Hypothesen. Sie sollen erklären, was man *the Great Divide* genannt hat: den Durchbruch von primitiven oder einfachen Gesellschaften zu komplexen Stadtkulturen. Ohne ihn (so wird allgemein angenommen) wäre keine der Beschäftigungen möglich gewesen, für die ich mich interessiere. Wir werden hier bescheidener sein. Um es gleich vorweg zu sagen: Ich gehe nicht davon aus, daß die Behauptung sinnvoll ist, es hätte einen oder gar *den* großen Umbruch gegeben. Und falls es ihn doch gab, so wirft das kein Licht auf die Art von Erkundungen, die in den alten Gesellschaften wirklich unternommen wurden.

Ich will Ihnen drei Beispiele vorstellen, an denen wir in drei verschiedenen Gesellschaften die Eigenart solcher Erkundungen erforschen können. Da alle drei Beispiele sich auf das Studium des Sternenhimmels beziehen, haben wir eine Möglichkeit, gleiche oder zumindest ähnliche Faktoren zu erkennen, die dabei eine Rolle spielen. Letzten Endes allerdings glaube ich, daß die Unterschiede bedeutsamer sind. Weder politische noch institutionelle, ideologische oder religiöse Faktoren bieten den einzigen Schlüssel zu den Entwicklungen, die unsere Betrachtung uns zeigt.

Mein zweites und mein drittes Beispiel werden China und Griechenland sein, aber bevor wir uns ihnen zuwenden, soll hier als erstes Fallbeispiel Babylon stehen. Indessen muß ich gleich bekennen, dort ein wenig im Nachteil zu sein, da ich keine Kenntnisse der Keilschrift besitze. Stärker als üblich muß ich mich deshalb auf die Studien von anderen verlassen, die als Spezialisten auf diesem Gebiet arbeiten, auf einige junge Wissenschaftler zumal, die so freundlich waren, die Resultate ihrer neuesten Forschung mit mir zu teilen. Vor allem David Brown und Francesca Rochberg seien hier erwähnt.

Die babylonischen Zeugnisse für das Studium des Sternenhimmels sind, wie wir wissen, außerordentlich reichhaltig. Sie teilen sich in drei Hauptgruppen: in eine umfangreiche Vorzeichen-Literatur, die bis in das zweite Jahrtausend v. Chr. zurückreicht; ferner in die Briefe und Berichte von Schreibern an die Assyrischen Könige, vor allem aus dem 7. Jahrhundert; und drittens in die Seleukidischen Materialien, die astronomischen Keilschrift-Texte, Berechnungen des Jahresendes, Almanache usw., die unter anderem komplizierte arithmetische Modelle für eine Vielzahl von astronomischen Phänomenen enthalten. Ich interessiere mich hier vor allem für die zweite Gruppe von Texten, und zwar besonders für die Typen von Voraussagen, die sie enthalten.

Zunächst sollte ich vielleicht erwähnen, daß die Babylonier natürlich auch auf anderen Gebieten nach Voraussagen strebten. So haben wir zahlreiche Zeugnisse für ihre medizinischen Prognosen (und es werden noch mehr zugänglich werden, je weiter die Arbeit von Gelehrten wie Stol und Geller voranschreitet). Diese medizinischen Prognosen nehmen häufig die Form von Konditionalkonstruktionen an. Wenn etwas sich so und so verhält (das Zeichen), dann steht dieses und jenes zu erwarten (das Resultat oder Urteil, wie es auch genannt wird). Die Zeichen können die Patienten betreffen (z.B. „wenn sein Kopf heiß ist" oder „wenn sein Kopf, seine Hände und Füße zittern") oder ein Vorkommnis („wenn er ein Schwein sieht"; „wenn es auf der linken bzw. der rechten Seite blitzt"). Die Voraussage kann sich auf das Ergebnis des Falls beziehen („der Patient wird sich erholen" bzw. „er wird sterben") oder darauf, was ihn betroffen hat, einschließlich Dämonen oder Göttern, z. B. „die Hand von Kubu" oder „die Hand von Sulpaea".

Daraus ergibt sich eine Parallele zu einigen Voraussagen in der astronomischen Vorzeichen-Literatur, etwa dem Textkorpus, das als *Enuma Anu Enlil* bekannt ist und das um das Jahr 1000 aus älteren Bestandteilen zusammengefügt wurde. Ein berühmter Text daraus ist die Venus-Tafel. Sie bezieht sich auf die Herrschaft von Ammisaduqua um das Jahr 1600 und enthält empirische Beobachtungen über das Erscheinen und Verschwinden der Venus zusammen mit bedrohlichen Vorzeichen. Sie besagen z. B., daß die Ernte ertragreich sein wird oder daß es zu Feindseligkeiten, Bündnissen und dergleichen kommen wird. Der politische Bezug ist offensichtlich. Auf anderen Tafeln finden wir Voraussagen wie: „wenn Mars sich dem Skorpion nähert, wird die Stadt durch eine Bresche eingenommen werden" oder „wenn von Westen ein Stern aufgeht und in das Sternbild des Joches eintritt, wird es eine Revolution geben".

Zu Beginn oder um die Mitte des 7. Jahrhunderts herum jedoch kam es zu einer Veränderung, sowohl in dem, was vorausgesagt wurde, als auch in der Gewißheit und Genauigkeit zumindest einiger Voraussagen. Viele Phänomene, die in den Vorzeichen-Texten bisher als Zeichen aufgetaucht waren, wurden nun strenger klassifiziert und ihrerseits voraussagbar. Dies betrifft erstens die Länge des Monats, wie sie sich jeweils aus dem ersten Erscheinen des neuen Mondes ergibt; zweitens die Phasen der Planeten, ihre erste und letzte Sichtbarkeit, stationäre Position etc.; und drittens sowohl Mond- als auch Sonnenfinsternisse. Machen wir uns klar, was daran wirklich neu war. Veränderungen in der Höhe des Sonnenstands und in der Länge des Tages waren ohne Zweifel schon immer als regelmäßige Abläufe erkannt worden, ebenso die Mondphasen und die Ordnung der Sternbilder zu den verschiedenen Jahreszeiten. Was damals jedoch in Babylon entstand – zum ersten Mal, soweit unsere Zeugnisse reichen – war ein Verständnis von sehr viel komplexeren Kreisläufen.

Die Möglichkeit zu bestimmen, wann ein Planet nach einer Zeit der Unsichtbarkeit wieder auftauchen wird oder vorherzusagen, wann eine Mond- oder Sonnenfinsternis eintreten wird oder jedenfalls möglich ist, eröffnete der Prognose einen völlig neuen Bereich. Zugegebenermaßen blieb auch jetzt noch vieles außerhalb dieses Bereichs oder zweifelhaft. Die Schreiber waren sich uneinig darüber, ob ein Planet sichtbar sein sollte, ja sogar, ob er sichtbar gewesen war (dieser letzte Fall betraf die Frage, ob eine aufgezeichnete Beobachtung tatsächlich stattgefunden hatte). Über ein ganzes Spektrum von Phänomenen jedoch sind sie sich ziemlich sicher, einschließlich einiger Sonnen- und Mondfinsternisse und vor allem über die Bedingungen ihrer Möglichkeit. „Weiß der König nicht", schreibt ein Gelehrter, „daß das Warten auf die Sonnenfinsternis unnötig ist?" Ein klarer Unterschied bildet sich heraus zwischen einem Typ von Voraussagungen, der das Eintreten von Glück oder Unglück im Gefolge von Himmelserscheinungen betrifft und einem anderen, der solche Himmelserscheinungen selbst vorhersagt.

Das Aufkommen dieser zweiten Möglichkeit bedeutete nicht, daß die betreffenden Erscheinungen nicht mehr für bedrohlich gehalten wurden. Im Gegenteil galten vor allem Sonnen- und Mondfinsternisse weiterhin als unheilverkündend. Nicht daß man sie für die Ursachen kommender schlechter Ereignisse gehalten hätte, man betrachtete sie lediglich als deren Vorzeichen. Als die Schreiber nun in die Lage kamen, eine Sonnenfinsternis oder deren Möglichkeit vorherzusagen, konnten sie den Herrscher warnen und taten dies auch. Das ermöglichte diesem, die Katastrophe durch das Ritual des Ersatz-Königs (*namburbu*) von sich selbst abzuwenden. Ein armer Tropf, den man glaubte lenken zu können, wurde auf den Thron gesetzt, damit alles eintretende Unglück ihn betreffen würde und nicht den wirklichen König, den man in dieser Zeit als „Bauer" anredete.

Lassen Sie mich die Punkte zusammenfassen, die ich für wichtig halte. Nicht um seiner selbst willen studierte man den Sternenhimmel in Babylon, vielmehr stand dahinter der Wunsch, auf irgendeinem Weg Vorwissen über das künftige Geschick des Königs und des Staates zu gewinnen. Unberührt von den politischen Unruhen der Zeit wurde das Studium fortgesetzt. Als Babylon im späten 8. Jahrhundert unter assyrische Herrschaft kam, setzten sowohl die assyrischen als auch die babylonischen Schreiber ihre Berichte an die assyrischen Könige fort. Und auch dann ging die Arbeit weiter, als Babylon am Ende des 7. Jahrhunderts das assyrische Reich zerstörte, ja selbst als die Perser unter Kyros im Jahr 539 Babylon eroberten. Offenbar war dieses Studium für die jeweiligen Herrscher viel zu wichtig, als daß man es hätte ignorieren oder abbrechen lassen können. Damit bietet sich ein Fall, in dem umfassende politische Veränderungen die getane Arbeit kaum berührten. Nur ihre Nutznießer wechselten.

Zweitens: Die beteiligten Individuen, die Schreiber (*tupsarru*) waren bei Hofe oder in Tempeln angesiedelt und berichteten direkt dem König. Drittens: Die Entdeckung gewisser Regelmäßigkeiten, die es ermöglichte, bestimmte Phänomene vorherzusagen, führte nicht dazu, diese Phänomene für weniger bedrohlich anzusehen. Viertens: Auch wurden die Vorhersagen in der Folge nicht auf das Studium jener Regelmäßigkeiten beschränkt. Andere, sehr viel weniger vorhersagbare Erscheinungen, wie z.B. Stürme, Blitzschlag oder Hagel, blieben ebenfalls Gegenstand der Aufmerksamkeit. Der Erfolg in bestimmten Bereichen führte nicht zu einer klaren Grenzziehung zwischen ihnen und anderen, weniger aussichtsreichen Gebieten.

Einige dieser Kennzeichen kehren in meinem zweiten Fallbeispiel wieder: der Erkundung des Sternenhimmels in China. Bei dieser Erkundung unterschieden die Chinesen zwischen *li fa* und *tian wen*. Ersteres wird gewöhnlich als 'Kalenderstudien' übersetzt, obwohl es weitere Berechnungen enthält, z.B. im Zusammenhang mit Sonnen- und Mondfinsternissen. Letztere ist das Studium der 'Muster am Sternenhimmel', seinem Charakter nach wesentlich qualitativ, obwohl es beides enthält: sowohl die Himmelsbeschreibung als auch die Deutung von Himmelserscheinungen, die für bedrohlich gehalten wurden. Wie in Babylon waren diese Studien eine Angelegenheit von staatlichem Interesse. Tatsächlich betrafen sie den Herrscher, später den Kaiser, unmittelbar, war er doch in chinesischen Augen verantwortlich nicht nur für die Wohlfahrt des Staates, sondern auch für die Bewahrung der Harmonie zwischen Himmel und Erde. Die sogenannten 'Monatlichen Anweisungen' (*yueling*), die man in der Spätzeit der Streitenden Reiche und in frühen Han-Texten wie dem *Lüshi chunqiu* und dem *Huainanzi* findet, legen genau fest, was die Herrscher und der gesamte Hof tun müssen, um diese Harmonie zu sichern: welche Musik gespielt, welche Speisen genommen, ja sogar welche Farben die Kleider der Hofdamen zeigen sollen. Die *yueling* schließen den Bericht über jeden Monat mit fürchterlichen Warnungen vor den Naturkatastrophen oder politischen Katastrophen, die unfehlbar eintreten werden, falls das Ritual nicht bis in die letzte Einzelheit hinein genau ausgeführt wird.

Offenkundig war es für den Kaiser äußerst wichtig zu wissen, daß der Kalender in guter Ordnung war. Darüber hinaus jedoch mußte der Sternenhimmel auf *jedes* Zeichen hin durchforscht werden – sei es regulär oder außergewöhnlich –, das als Botschaft für den Herrscher, seine Minister, die Politik oder was immer gedeutet werden konnte. Dafür benötigte man Personal, und zwar sehr viel mehr als für die anderen Formen der Weissagung, die in China betrieben wurden, etwa aus Rissen in angebrannten Schildkrötenschalen oder aus den Hexagrammen des *Yijing*, des 'Buchs der Wandlungen'.

In der Regel waren die staatlichen chinesischen Institutionen leistungsfähig genug, um die Bereitstellung dieses Personals zu sichern. Von der Han-Zeit an, kurz nach der Einigung Chinas durch die Qin im Jahr 221 v. Chr., wurde das Astronomische Büro eingerichtet. Beide Aufgaben bei der Erkundung des Sternenhimmels, sowohl *li fa* als auch *tian wen*, sollte es beaufsichtigen – eine Verantwortung, die es über mehr als zweitausend Jahre lang bis zur letzten kaiserlichen Dynastie der Qing wahrnahm. Wenn es, wie gesagt, im Interesse des Kaisers lag, alles zu wissen, was am Sternenhimmel vorging, so bestand das Interesse der Beamten im Astronomischen Büro natürlich darin, dieses kaiserliche Interesse aufrechtzuerhalten. Schließlich hingen ihre Stellen davon ab.

Ihre Tätigkeiten waren sehr verschiedenartig. Einerseits erzielten sie bemerkenswerte Erfolge bei der Kalender-Regulierung, bei der Zyklen-Bestimmung von Sonnen- und von Mondfinsternissen sowie ganz allgemein bei der Unterscheidung zwischen dem Vorhersagbaren und dem, was nicht vorhersagbar ist: dem wirklich Unheilverkündenden also. (Hier reflektierten die Chinesen häufiger und auch selbstkritischer als die Babylonier darüber, was überhaupt vorhersagbar ist.) Zu diesem zweiten, dem wahrhaft Ungewöhnlichen, gehörten Novae, Supernovae und Sonnenflecken; die chinesischen Aufzeichnungen darüber sind die vollständigsten, die wir bis zum 17. Jahrhundert besitzen. Im Falle von Fehlern, als z. B. eine Finsternis vorausgesagt war, die dann nicht eintrat, wurde dies manchmal mit dem Argument entschuldigt, das Nicht-Eintreten sei ein Zeichen für die besondere Tugend des Kaisers. So groß sei seine Tugend, wurde behauptet, daß eine Finsternis, die sonst eingetreten wäre, diesmal unterblieb. Nicht den Astronomen wurde die verkehrte Voraussage angekreidet, vielmehr hielt man sie dem Kaiser zugute.

Einige unserer späteren Quellen aus der Zeit nach der Han-Periode deuten allerdings darauf hin, daß die Stellen im Astronomischen Büro zuweilen als Sinekuren vergeben wurden. Die Beamten plagten sich nicht mit regelmäßigen Beobachtungen. Sie notierten, was ohnehin vorausgesagt war, statt die Voraussagen durch eigene Beobachtungen zu überprüfen. Wenn dann der Kalender aus dem Takt geriet, konnte, ja mußte das jedoch nach einiger Zeit sichtbar werden. Manchmal geschah das aufgrund der Arbeiten von Einzelnen außerhalb des Büros. Wenn diese mit ihren Reformvorschlägen Erfolg hatten, konnten sie sich rasch innerhalb desselben wiederfinden. Der Kritik gegenüber bestand die Taktik darin, die Kritiker zu inkorporieren, nicht etwa das Büro selbst zu reformieren. Es war zu wichtig, um abgeschafft zu werden, und, wie bemerkt, es konnte auf bemerkenswerte Erfolge verweisen, sowohl im Bereich der Beobachtung als auch, was die Phasen der Sonnen- und Mondfinsternisse angeht, auf theoretischem, wo Voraussagen nicht nur über deren Datum und Zeitpunkt, sondern auch über ihre Größe und Dauer möglich wurden.

Dieser kurze Überblick über einen Teil der frühen chinesischen Astronomie zeigt also erstens, wie die anerkannte politische Bedeutung des Gegenstands hier zu ständig aufrecht erhaltener staatlicher Unterstützung führte, zweitens aber auch die Vor- und Nachteile dieses Arrangements: das gigantische, fortgesetzte Beobachtungs- und Theoriebildungsprogramm, das dadurch ausgeführt werden konnte, wie auch die zeitweilige Stagnation dieses Programms, sobald die Stellen nur noch zur Versorgung von Beamten vergeben wurden.

Für mein drittes Fallbeispiel wende ich mich Griechenland zu, wo die politische Situation zumindest zur Zeit der Klassik völlig anders war. Hier gab es kleinteilige, unabhängige und untereinander zumeist zerstrittene Stadtstaaten, die (anders als die chinesischen Streitenden Reiche vor ihrer Vereinigung) nicht einmal durch das politische Ideal einer einheitlichen Regierung unter einem gütigen Monarchen verbunden waren. Anders als die babylonischen *tupsarru* und die Beamten des chinesischen Astronomischen Büros arbeiteten griechische Erforscher der Sternenhimmels nicht für Könige. Auch auf regelmäßige Unterstützung von staatlichen Institutionen konnten sie nicht zählen. Ich werde gleich auf die Frage nach ihrem Lebensunterhalt zurückkommen, möchte aber an diesem Punkt noch erwähnen, daß, wenn im 5. Jahrhundert bei Aristophanes der Astronom Meton auftritt, er als eine Art exzentrisches Wunderkind daherkommt. Meton arbeitete über das Verhältnis zwischen dem Sonnenjahr und dem Mondmonat – für die Regulierung des Kalenders war das natürlich entscheidend. Und doch beharrten die griechischen Stadtstaaten im allgemeinen auf dem Gebrauch ihrer je eigenen, chaotischen oder zumindest willkürlichen Mond-Sonne-Kalender, und selbst in Athen hatten Metons Ergebnisse nur eine begrenzte Wirkung.

Denn was das griechische Studium des Sternenhimmels antrieb, war zumindest in klassischer Zeit nicht so sehr Vorhersage als Erklärung. Das veränderte sich, wie ich zeigen werde, in hellenistischer Zeit. Allerdings könnte man meinen, es gebe da gleich zu Beginn des griechischen Interesses auf diesem Gebiet eine große Ausnahme, nämlich die von Thales berichtete Vorhersage einer Sonnenfinsternis im Jahr 585 v. Chr.. Doch berichtet unsere früheste Quelle (Herodot) nur, daß Thales das Jahr der Finsternis vorhersagte – eine eher bescheidene Leistung, die in späteren Versionen stark ausgeschmückt wurde, um Thales als das Vorgänger-Wunderkind schlechthin erscheinen zu lassen. (Wenn man sich vor Augen hält, daß diese Sonnenfinsternis während einer Schlacht zwischen Lydern und Medern eintrat und dann noch das viel frühere babylonische Interesse an den Zyklen von Sonnenfinsternissen berücksichtigt, erscheint dieses als der wahrscheinlichste Ursprung für Thales Ideen, wie auch immer sie ausgesehen haben mögen.)

Der Ehrgeiz der griechischen Himmelsforscher war der gleiche, der auch viele Naturphilosophen und Medizinschriftsteller umtrieb: Erklärungen zu geben – im Fall der Astronomen von den Bewegungen der Planeten, der Sonne und des Mondes. Ich muß vorsichtig sein, denn meine Freunde Alan Bowen und Bernard Goldstein haben unlängst einige größere Revisionen vorgeschlagen, wie das Werk der Schlüsselfigur des 4. Jahrhunderts, Eudoxos, vor allem in der Frage der Retrogradation und ihres Verständnisses bei den Griechen dieser Zeit zu interpretieren sei.

Aber wir haben Platons eigene Aussage zu einem entscheidenden Punkt, daß nämlich die Feststellung von der Regelmäßigkeit der Planetenbewegungen in seinen Tagen noch eine vergleichsweise neue Entdeckung war. Wie immer man die offenkundigen Ungleichmäßigkeiten in diesen Bewegungen auffaßte, für die Astronomen bildeten sie eines der großen Probleme, die sie zu lösen hatten. Ihr Ziel waren geometrische Modelle, von denen diese Bewegungen hergeleitet und erklärt werden könnten. Aus einem Beweis für Unregelmäßigkeiten am Himmel würden sie so zu einem Beweis für Regelmaß und Ordnung – eine Schlußfolgerung, von der diejenigen Philosophen viel hermachten, die argumentierten, das Weltall als Ganzes verrate einen Plan.

Eudoxos schlug vor, die Bewegung jedes einzelnen Planeten, der Sonne und des Mondes als Resultante aufzufassen aus dem Zusammenwirken von Bewegungen einer bestimmten Zahl von konzentrischen Sphären. Das ergab eine einigermaßen genaue qualitative Erklärung zumindest für einige größere Anomalien. Und genau darauf kam es an. Eudoxos war nicht in der Lage, eine detaillierte quantitative Darstellung zu geben, weil er einfach nicht über die Beobachtungsdaten für die einzelnen Parameter verfügte. Selbst wenn man die Daten, von denen es heißt, daß er sie benutzt haben soll, zu seinem Vorteil interpretiert, bricht sein Modell für alle drei näheren Planeten, Mars, Venus und Merkur, zusammen.

Das deutet auf einen frappierenden Kontrast zu dem, was wir von der babylonischen Astronomie wissen; um genau zu sein, auf einen doppelten Kontrast. Von der Mitte des 7. Jahrhunderts an waren, wie wir gesehen haben, die Babylonier in der Lage, auf der Grundlage numerischer Tafeln die Planetenphasen vorherzusagen. An geometrischen Modellen hingegen hatten sie kein Interesse, und sie unternahmen auch keinen Versuch, solche Modelle zu entwickeln. Viel später, im 4. Jahrhundert, begannen Eudoxos und seine Nachfolger mit geometrischen Erklärungen, doch blieben sie in der Fähigkeit zu guten, bestimmten Vorhersagen weit hinter ihren babylonischen Kollegen zurück.

Als die Griechen nach den Eroberungen Alexanders, vielleicht aber auch erst im frühen 2. Jahrhundert, Zugang bekamen zu einer nennenswerten Menge von babylonischen Daten, veränderte das die Situation. Inwieweit Hipparch ein vollständig quantitatives

Modell mit bestimmten Parametern entwickelte, ist in einigen Punkten unklar, auf jeden Fall aber verband im späten 2. Jahrhundert n. Chr. Ptolemäus geometrische Modelle im griechischen Stil (die nun auf Epizyklen und exzentrischen Kreisen beruhten) unter anderem mit babylonischem Datenmaterial, um ein System zu schaffen, das nicht nur Erklärungen, ja sogar Demonstrationen ermöglichte, sondern auch Vorhersagen. Auf jeden Fall wurde damals eine zweite Art von Vorhersagen in die Arbeit der meisten griechischen Himmelsforscher aufgenommen, nämlich die des Schicksals einzelner Menschen, das aus der Deutung planetarischer Positionen bei ihrer Geburt hergeleitet werden sollte: die Lehre von der Geburtskonstellation oder dem Erstellen von Horoskopen, in anderen Worten: die Astrologie. Damit aber eile ich schon voraus.

Lassen Sie mich zu der Frage zurückkehren, wie trotz des Fehlens einer regelmäßigen staatlichen oder königlichen Unterstützung griechische Himmelsforscher ihr Auskommen fanden. Über Eudoxos besitzen wir einige biographische Informationen, die aufschlußreich sind, wenngleich sie mit Vorsicht benutzt werden müssen. Er wurde auf Knidos geboren, wo er zunächst von einem Arzt namens Theomedon unterstützt wurde, der ansonsten nicht gerade als Mäzen hervorgetreten ist; es heißt, Eudoxos sei Theomedons Geliebter gewesen. Nach einer ersten Athen-Reise und der Bekanntschaft mit den dort lehrenden Sophisten sowie weiteren Besuchen in Ägypten, Kyzikos, Propontis und dem Hof von Mausolos kehrte er nach Athen zurück. Schon damals hatte er eine große Zahl von Schülern gewonnen, die nicht nur, wie es scheint, an Astronomie und Mathematik, sondern ebenso an Ethik interessiert waren.

Möglicherweise können wir den Details dieser Biographie nicht trauen, sicher aber weist sie in die richtige Richtung, um den Schlüssel zu unserer Frage zu finden. Unsere Informationen über Eudoxos und viele andere legen nahe, daß der wichtigste Weg, auf dem griechische Forscher der klassischen Zeit ihren Lebensunterhalt verdienten, die Lehre war. Ja, wir können noch genauer werden. Wir halten Eudoxos für einen Anhänger von Platon, und tatsächlich verhält es sich so, daß er Platons Akademie beitrat (einer privaten Stiftung, wie wir uns erinnern, die finanziell auf dem Reichtum ihrer Mitglieder und den Beiträgen der Schüler beruhte). Sein Ansehen jedoch verdankt Eudoxos ursprünglich etwas, das man, ohne allzu anachronistisch zu werden, eine Vortragsreise nennen könnte. Wie viele der sogenannten Sophisten reiste er von Stadt zu Stadt und benutzte die freie, öffentliche Vorlesung als wichtigstes Mittel, um Schüler zu gewinnen.

Das mag nicht besonders aufregend oder wichtig klingen. Aber es wird bedeutsam, sobald wir die Umstände bedenken, unter denen solches Ansehen erworben wurde. Eine Vortragsreise, wie ich sie genannt habe, unterlag einem scharfen Wettbewerb, bei dem der gesamte Lebensunterhalt durch zahlende Schüler auf dem Spiel stand. Mit der Wiederholung von gängigen Weisheiten oder Banalitäten kommt man da nicht weit. Belohnt wurden Originalität, Überzeugungskraft, Darstellung sowie – das war eine oft geübte Taktik, um die eigenen neuen Ideen unter die Leute zu bringen – das Zerpflücken eines anderen. Natürlich kannten auch die Chinesen zur Zeit der Streitenden Reiche schon Intellektuelle, die mit einem Gefolge von Schülern von Staat zu Staat zogen: Konfuzius z.B. Deren Ziel aber bestand in der Beratung von Herrschern (im klassischen Griechenland ein eher seltener, aber natürlich auch nicht ganz unbekannter Ehrgeiz), und das spiegelt das von allen geteilte politische Ideal des weisen und gütigen Monarchen, an den die Hoffnungen der Welt auf Wohlfahrt geknüpft werden konnten. Später, in der Han-Zeit, war der Wunsch nach Übereinstimmung viel stärker und erfaßte neben der Politik viele weitere Bereiche des Denkens. In Griechenland hingegen, wo man eine Volksversammlung zu überzeugen hatte, um politische Vorhaben durchzusetzen, war die schneidende Kritik an den Ideen von anderen allgemein üblich. Während man noch kritisierte, erwartete man bereits, selbst kritisiert zu werden und trachtete nach plausiblen Begründungen für die eigene Position. Das Auftreten von Schülern, die ihre eigenen Lehrer kritisierten, war im klassischen Griechenland üblich (man denke nur an Aristoteles), in China hingegen selten, wenn nicht vollkommen unerhört.

So notwendig dieses Kultivieren der Überredungskünste war, wenn man als freier Lehrer und Vortragsredner seinen Weg machen wollte, es provozierte negative Reaktionen, unter anderem von Platon. Und auch das wirkte sich auf die Beschäftigungen aus, die wir bei der griechischen Art von Himmelskunde finden. Nicht bloße Überzeugungskraft hatten zuerst Platon und nach ihm Aristoteles gefordert, denn was ein Publikum aus allen Ständen überzeugte, sei es in der Politik oder im Rechtsstreit oder an den ausgefallenen Ideen der Sophisten, konnte ebensowohl wahr wie unwahr sein. Nein, Platon und Aristoteles verlangten nach Beweisen, axiomatisch-deduktiven Herleitungen im Fall von Aristoteles, die von selbstevidenten ersten Prämissen über haltbare Argumente zu unanfechtbaren Schlußfolgerungen voranschritten. Während die Philosophen die Theorie solcher Deduktionen lieferten, waren es natürlich die Mathematiker, die sie in bester euklidischer Tradition in der Praxis vorführten. Wir wissen nicht genug über die Einzelheiten der Argumentation, die Eudoxos für sein Modell der konzentrischen Sphären geltend gemacht haben könnte, zumindest zielte es deutlich auf Erklärung. Sobald wir aber zu Ptolemäus kommen, begegnen wir dem ausdrücklichen Anspruch, daß Teile der Astronomie unanfechtbaren Demonstrationen zu weichen haben.

Eine größere und eine kleinere Veränderung in der Situation der griechischen Himmelsforscher der nachklassischen Zeit muß nun noch berücksichtigt werden. Die kleinere Veränderung besteht in der allmählich steigenden Möglichkeit von Patronage. So boten beispielsweise das *Museion* und die Bibliothek, die die ersten beiden Ptolemäer in Alexandria gründeten, den Gelehrten mannigfaltige Unterstützung, u.a. auch eine begrenzte Zahl von Stipendien. Die Stellung des Bibliothekars hatte im frühen 3. Jahrhundert v. Chr. der Universalgelehrte Eratosthenes inne, der unter anderem für seine Schätzung des Erdumfangs berühmt war. Allerdings blieb das Ausmaß der Patronage sehr beschränkt. Die Blütezeit des *Museions* dauerte kaum länger als die Regierungszeit der ersten drei Ptolemäer. Der Kontrast mit dem chinesischen astronomischen Büro ist offensichtlich.

Einen beträchtlichen Wandel des Lebensunterhalts bewirkte hingegen die größere Veränderung, nämlich die Entwicklung der Lehre von der Geburtskonstellation. Bis zum Ausgang des 4. Jahrhunderts unternahm man in Griechenland keinen ernsthaften Versuch, Horoskope zu erstellen. Danach aber verbreitete diese Sitte sich rasch, vielleicht weil sie als mögliche subversive Bedrohung für politische Führer angesehen wurde, vor allem für die römischen Kaiser, die ihre eigenen Astrologen hatten, aber jedem anderen die Erstellung ihres Horoskops untersagten. Die auf Papyrus erhaltenen Horoskope zeigen, wie populär sie waren. Von minimalistischen Standard-Ausgaben reichten sie bis zu aufwendigen Luxus-Versionen, die detaillierte Zeichnungen und Deutungen von Planeten-Positionen enthielten.

Von der frühen hellenistischen Zeit an praktizierten die meisten Vertreter der griechischen Astronomie auch als Astrologen. Möglicherweise war das eine ebenso wichtige Einnahmequelle wie die Lehre. Und damit komme ich zu meinem letzten Punkt der Himmelskunde in Griechenland: zu der damals vorgenommenen Unterscheidung zwischen dem, was wir Astronomie und dem, was wir Astrologie nennen. Richtig ist, sie wurde nicht in diesen beiden Begriffen getroffen. Sowohl *astronomia* als auch *astrologia* gebrauchte man wechselweise für jede Erkundung der Sterne. Zumindest Ptolemäus jedoch läßt in seinem Eröffnungskapitel des *Tetrabiblos* keinen Zweifel an dem Gegensatz zwischen zwei Formen von Vorhersage: einer, die die Bewegungen der Himmelskörper vorherzusagen sich bemüht und einer anderen, die, aufbauend auf der ersten, Ereignisse auf der Erde ankündigt.

Weder bei den alten Babyloniern noch bei den klassischen Chinesen findet diese Unterscheidung eine Entsprechung. Doch fiel sie auch im alten Griechenland nicht einfach vom Himmel. Vielmehr entspricht sie im wesentlichen dem verbreiteten griechischen Nachdenken über den Status von Erkundungen, über Epistemologie und Methodologie, wie es aus jenen radikal kritischen Tendenzen erwuchs, die ich erwähnte. Die Griechen gewöhnten sich daran, die Haltbarkeit ihrer Erkundungen wie auch ihrer fundamentalen Voraussetzungen durch Herausforderung und Infragestellung prüfen zu lassen. Und sie erwarben die Fähigkeit, ihre eigenen Untersuchungen zu kennzeichnen und auf irgendeinem Weg zu begründen. In der Astronomie/Astrologie-Frage waren alle drei Positionen vertreten. Erstens gab es Leute, die die Astronomie akzeptierten, die Astrologie aber verwarfen (Cicero entfaltet in *De divinatione* die meisten der einschlägigen Argumente). Die zweite Gruppe (möglicherweise die Mehrheit) akzeptierte beide. Ptolemäus etwa gebrauchte den Gegensatz zwischen Beweis und Vermutung, um die Astronomie auf der einen Seite neben die Astrologie auf der anderen zu stellen. Andere wiederum, unter ihnen die Skeptiker und Epikureer, verwarfen alle beide

Formen der Himmelskunde: Die Astrologie hielten sie für abergläubischen Unsinn, die Astronomie für heillos phantastische Spekulation.

Sehr viel mehr gäbe es zu den griechischen Erkundungen zu sagen, als in dieser kurzen Skizze angedeutet werden kann. Aber ich denke, wir haben schon Material genug, um einige wichtige Punkte hervorzuheben. Das Bemühen um Grundlegung einerseits, deduktive Beweisführung andererseits kennzeichnet den größten Teil (wenn auch nicht die Gesamtheit) der griechischen Wissenschaft. Zumindest zum Teil kann es als Antwort auf die Situation betrachtet werden, in der die griechischen Intellektuellen wirkten. Ohne staatliche Institutionen, die dauerhafte Beschäftigung sicherten, standen sie, zumal als Lehrer, mehr oder weniger ständig in offener Konkurrenz miteinander. Die wichtigste „Institution" (von anderer Art als staatliche Behörden), mit der sie zu leben lernten, war die jedermann zugängliche, öffentliche Debatte, in der alle grundlegenden Voraussetzungen einer genauen Prüfung unterzogen wurden. Den Erfolg suchten deshalb viele im Mittel strenger Beweisführung, um sich damit (wie sie hofften) unangreifbar zu machen.

Das mag vielversprechend klingen, doch sollte auch die Kehrseite nicht in Vergessenheit geraten. Erstens wurde die Beweisführung nach dem Vorbild der Geometrie – *more geometrico* – eine fixe Idee wenn nicht ein Fetisch. In der Mathematik verhinderte sie die Präsentation von Entdeckungen, bis der strenge Beweis gefunden war; außerhalb der Mathematik, für Disziplinen wie der Medizin, erwies sie sich als untaugliches Argumentationsmodell. Zweitens waren die Beweise nur so gut wie ihre Voraussetzungen. Für die ersten Voraussetzungen aber brauchte man selbstevidente Annahmen, und davon gab es nicht allzu viele. Von bloßen Hypothesen oder gar Vermutungen auszugehen, brachte nichts, da diese die angestrebte Unangreifbarkeit nicht gewährleisteten. Drittens unterminierte die radikale Kritik, der jede Vorannahme, jedes Argument und jede Schlußfolgerung ausgesetzt wurden, die Konsensbildung über wesentliche Punkte, einschließlich der Verfahrensfragen. In der Spätantike führte die Unerreichbarkeit von stabilen Resultaten in den meisten Bereichen des Studiums zu einem tiefen Pessimismus über den Wert der Studien selbst. Jedenfalls hatten zu dieser Zeit im Westen viele Intellektuelle bereits begonnen, sich anderswo nach Anregung und Trost umzusehen – vor allem im Christentum.

Lassen Sie mich zum Schluß einige Lehren aus unseren Ausflügen in das Studium des Sternenhimmels bei diesen drei antiken Gesellschaften ziehen. Sie legen nahe – oder täusche ich mich da? – wie mangelhaft die meisten Versuche waren, *the Great Divide* zu charakterisieren bzw. den Großen Durchbruch zu erklären. Nehmen wir einige der populäreren, zumindest weitverbreiteten Vorschläge. (Ich bekenne, daß ich selbst in der Vergangenheit gegenüber dem einen oder anderen nicht kritisch genug gewesen bin.) Für Farrington z.B. besteht der entscheidende Zug darin, die Götter aus dem Spiel zu lassen. Mag das für einen Teil der frühen griechischen Naturphilosophie noch hingehen, so vernachlässigt es doch die Tatsache, daß die Babylonier bei der Untersuchung der Planeten (die sie mit soviel Erfolg betrieben) diese als Götter betrachteten – was übrigens viele Griechen auch taten.

Für Popper und andere war der Schlüssel die Kritik, die nur in einer „offenen Gesellschaft" möglich war. China jedoch war niemals in diesem Sinne offen. Und doch hinderte das die Chinesen keineswegs, im Bereich der Astronomie wie auch auf anderen Feldern kontinuierlich empirische und theoretische Arbeit zu leisten.

Joseph Needham, der mehr als irgendein anderer diese chinesischen Leistungen hervorgehoben hat, betrachtete die verschiedenen antiken Traditionen als Flüsse, die alle in dasselbe Meer mündeten – soll heißen in die moderne Wissenschaft. Das mag einen gewissen Pluralismus ermöglichen, läßt aber doch alles viel zu einfach erscheinen. Denn es vernachlässigt die Tatsache, daß viele antike Entdeckungen schon von den Alten selbst als Seitenarme angesehen wurden, die nicht in den Ozean der modernen Wissenschaft, sondern in das Tote Meer mündeten.

Auf einer tieferen Ebene können wir natürlich eine Reihe gemeinsamer Faktoren ausmachen, die als notwendige Bedingungen für das Aufkommen derjenigen Art von Studium angesehen werden mögen, die wir hier diskutiert haben. Alle drei antiken Gesellschaften besaßen Wirtschaftsformen, Technologien und politische Institutionen von einer gewissen Komplexität. Alle drei wiesen sie zumindest unter einigen ihrer Mitglieder eine fortgeschrittene Schriftlichkeit auf, auch wenn die Arten des Schreibens sich stark voneinander unterschieden. Um die Natur ihres Wissensstrebens in ihrer Besonderheit zu verstehen, hilft die Aufzählung solcher Faktoren allerdings nicht weiter.

Auf dieser spezielleren Ebene sehe ich zwei Lehren, die wir aus unseren beschränkten Ausflügen ziehen können: erstens daß die Faktoren, die zur Entwicklung der Erkundungen beitrugen, sehr unterschiedlich sind; und zweitens, daß keiner der wichtigen Faktoren, die wir ausmachen können, selbst den Schlüssel darstellt. Vielmehr waren dies Faktoren, die nicht nur Entwicklung auslösen, sondern sie auch verhindern konnten. Staatliche Unterstützung und Institutionen wie im chinesischen Astronomischen Büro brachten bedeutende Vorteile, weil sie einer Elite von besonders ausgebildeten Spezialisten sichere Anstellung boten. Doch konnten solche Institutionen Neuerungen auch blockieren und bargen das Risiko der Versteinerung.

Ohne solche Institutionen waren die Einzelnen sehr viel freier, ihre eigenen Vorhaben zu wählen – ohne allerdings einen festen Posten zu haben. Die Rivalitäten, die in Griechenland mit solcher Unsicherheit einhergingen, trugen zu der radikalen Prüfung von Annahmen bei, doch verhinderten sie auch die Ausbildung von Konsens und einem Sinn für die Vorteile gemeinsamer Anstrengung vieler Einzelner, die sich zu einem allgemein akzeptierten Untersuchungsprojekt vereinigen.

Nun könnte es so aussehen, als ob mein Beharren auf den Unterschieden und meine Leugnung eines institutionellen, konzeptuellen oder methodischen Schlüssels für die Entwicklung früher Erkundungen lediglich meiner professionellen Eigenliebe entsprängen; als ob ich bloß das Recht des Historikers verteidigen wollte zu sagen, daß die Dinge viel komplizierter sind, als der Laie glaubt. Und doch steckt mehr dahinter. Lassen Sie mich, um Ihnen das zu zeigen, versuchen (wie Aristoteles verlangt), den Irrtum nicht bloß zu diagnostizieren, sondern auch zu erklären, warum er auftritt – nämlich indem ich zu meinem Ausgangspunkt zurückkehre und zu meinen Beobachtungen darüber, woher die Wissenschaftsgeschichte kommt.

Mir scheint, daß die Suche nach dem einen Schlüssel viel zu viel von dem Positivismus des 19. Jahrhunderts bewahrt, auf dem die Geschichte der Naturwissenschaften gründet. Damals führte der Glaube an den linearen Fortschritt der Naturwissenschaften zu einer Bilanzierung früherer Jahrhunderte, gierte er doch geradezu nach einer Analyse ihrer Vor- und Rückschritte. Heute glauben wir nicht mehr an diese lineare Geschichte. Von der Entwicklung der Naturwissenschaft im 20. Jahrhundert wissen wir, wie außerordentlich komplex und unvorhersehbar Wissenschaftsgeschichte sein kann. Wir sind uns bewußt, wie schwierig es wäre, eine einzige Geschichte über die Durchbrüche in neue Forschungsfelder zu erzählen – so als ob die wissenschaftliche Erfindungsgabe einem einfachen Algorithmus folgte. Aber während wir all dies über die wissenschaftliche Praxis wissen, gibt es da immer noch ein Mißverhältnis zwischen diesem Wissen und der Art, wie die Naturwissenschaft in den Schulzimmern präsentiert und gelehrt wird. Dort sind die alten positivistischen Ideen von einer wissenschaftlichen Methode, die regulär angewendet zu regulären Resultaten führt, immer noch bemerkenswert im Schwange. In demselben Geist, in dem der Naturwissenschaftler mit einer einzigen Geschichte erzählen soll, wie er oder sie es schafft, zu neuen Durchbrüchen zu gelangen, wird der Historiker darauf verpflichtet, eine einzige Geschichte darüber zu erzählen, wie die Vorgänger der modernen Naturwissenschaftler es gemacht haben. Nur daß es in beiden Fällen nicht funktioniert. Das aber bedeutet, daß die Unregelmäßigkeiten, auf die wir in den Geschichten der frühen Entwicklung astronomischer oder anderer Erkundungen in verschiedenen Kulturen stoßen: all die verschiedenen politischen, religiösen, ideologischen, institutionellen, konzeptuellen und technologischen Faktoren wie auch ihre mannigfaltigen Wirkungen, genau das sind, was wir zu erwarten lernen sollten. Die Arbeit des Historikers machen sie zweifellos schwieriger, aber ich denke, sie geben ihr auch erst ihren eigentlichen Wert.

John McDowell

Moderne Auffassungen von Wissenschaft und die Philosophie des Geistes

1.

Die moderne Epistemologie plagen ausgeprägte Sorgen. Um sie zu verstehen, beginnen wir am besten mit einer Bemerkung von Wilfrid Sellars: „Charakterisieren wir eine Episode oder einen Zustand als einen des *Wissens*, so geben wir keine empirische Beschreibung dieser Episode oder dieses Zustandes; vielmehr plazieren wir sie im logischen Raum der Gründe, des Rechtfertigens und der Möglichkeit zu rechtfertigen, was jemand sagt."[1]

Sellars gibt damit zu verstehen, daß zu sagen, wie eine Episode oder ein Zustand im Raum der Gründe angesiedelt wird, nicht zugleich heißt, davon eine empirische Beschreibung zu geben. Ich denke, das ist nicht ganz glücklich. Besser ließe sich der Gedanke formulieren, indem man sagt – was Sellars im übrigen an einer anderen Stelle auch beinahe tut –, daß die Epistemologie anfällig für einen naturalistischen Fehlschluß ist.[2] Zu sagen, wie etwas im Raum der Gründe – einem logischen Raum, der durch Rechtfertigungsrelationen organisiert wird – und wie etwas in der Natur verortet wird, bildet nach einer wohlvertrauten modernen Auffassung von Natur einen Kontrast. Er drückt sich in der Auffassung aus, daß der Gehalt der Begriffe, die zum Raum der Gründe gehören, wie beispielsweise der Begriff des Wissens, unmöglich durch Begriffe, die zum kontrastierenden logischen Raum der Verortung in der Natur gehören, eingeholt werden kann.

Die Vorstellung von Natur, die diesen Kontrast erzeugt, ist eine, deren Wurzeln in der Entwicklung der modernen Wissenschaft liegen. Der Kontrast, auf den sich Sellars beruft, stand in vormodernen Zeiten nicht zur Verfügung. Vielleicht hilft uns das zu verstehen, warum mit der Moderne zugleich ein neuer, ziemlich nervöser und obsessiver Ton in die philosophische Reflexion über Wissen kam.

Versuchen wir uns vorzustellen, wie wohl Aristoteles oder ein mittelalterlicher Aristoteliker über die Beziehung zwischen der Idee des Wissens und der Idee des Natürlichen gedacht haben mag. Für einen solchen Denker konnten die Fähigkeiten, die den Menschen zur Verfügung stehen, um Wissen zu erwerben, natürliche Kräfte und das Ergebnis ihres Wirkens natürliche Sachverhalte sein. Nicht, daß diese vormodernen Denker völlig unbeleckt von der Verbindung zwischen der Idee des Wissens und der Idee der Rechtfertigung waren, auf der Sellars besteht – so als ob sich vormoderne Menschen nicht auf den in der modernen Epistemologie so schwer wiegenden Gedanken hätten einlassen können, daß Wissen ein normativer Status ist. Aber sie fühlten eben nicht die Spannung zwischen der Idee, daß Wissen ein normativer Status ist, und der Idee vom Wirken natürlicher Kräfte. Vor Anbruch der Moderne war es einfach unverständlich, sich vor einem naturalistischen Fehlschluß zu fürchten.

Aber mit dem Aufstieg der modernen Wissenschaft trat eine Vorstellung von Natur auf den Plan, welche diese Befürchtung verständlich machte. Die Naturwissenschaften, wie wir sie heutzutage verstehen, suchen nicht nach einer Organisation ihres Gegenstandsgebiets, in dem ein Ding als, sagen wir mal, gerechtfertigt im Lichte eines anderen dargestellt wird. (Dies ist eine Interpretation des Slogans, daß die Naturwissenschaft wertfrei ist.) Es ist verlockend, die Natur mit dem Gegenstandsbereich der so verstandenen Naturwissenschaften zu identifizieren. Dann jedenfalls kann der Kontrast, den Sellars hervorhebt, eine Agenda für die Philosophie auf den Weg bringen.

Einige von denen, die Sellars gefolgt sind, allen voran Richard Rorty, bestimmen den Kontrast als einen zwischen dem Raum der Gründe und dem Raum der *Ursachen*.[3] Ich halte es allerdings für besser, den Raum der Gründe nicht dem Raum der Ursachen entgegenzusetzen, sondern dem Raum der Subsumption unter die sogenannten Naturgesetze. Anders als in Rortys Bild des Kontrastes, wird so die Möglichkeit, daß Gründe auch Ursachen *sein* könnten, nicht unterlaufen. Niemand nötigt uns, die Idee kausaler Verbindungen als exklusives Eigentum naturwissenschaftlichen Denkens zu betrachten.[4]

Wenn wir Natur so auffassen, daß ein Kontrast besteht zwischen der Beschreibung natürlicher Merkmale von etwas und seiner Verortung im Raum der Gründe, dann kommen wir nicht mehr so leicht mit der Idee zurecht, daß die Fähigkeiten zum Wissenserwerb Teil unserer natürlichen Ausstattung sind. Wissen, als ein Fall, einen normativen Status einzunehmen, kann nicht länger als natürliches Phänomen betrachtet werden. Auf diese Weise bekommt Wissen ganz leicht den Anschein des Mysteriösen. Es ist nutzlos, unseren Begriff des Wirklichen über unseren Begriff des Natürlichen hinaus zu erweitern, wenn dadurch der Erwerb von Wissen zu einer Art übernatürlichem Kunststück gemacht wird. So droht sich das wissende Subjekt aufgrund des neuen Naturbegriffs aus der natürlichen Welt zurückzuziehen. Das ist einer der Wege, wie es zu dem Anschein kommen konnte, es sei die Aufgabe der philosophischen Erkenntnistheorie, das wissende Subjekt wieder mit dem Rest der Wirklichkeit zu verbinden.

2.

Ich habe mit der Erkenntnistheorie begonnen, aber ähnlich gelagerte Überlegungen haben auch die Philosophie des Geistes im allgemeinen erfaßt. Es ist nicht allein Wissen, das aufgrund des Kontrastes zwischen der Natur und dem Raum der Gründe aus der Natur verstoßen zu werden droht.

Sellars sagt, etwas als einen Fall von Wissen zu charakterisieren, heißt, es im logischen Raum der Gründe zu plazieren. Vergleichen wir damit Donald Davidsons Behauptung, daß unsere Redeweise von propositionalen Einstellungen nur im Kontext des „konstitutiven Ideals der Rationalität"[5] verständlich ist. Diese These läßt sich in Sellars' Begrifflichkeit reformulieren: Die Begriffe des Glaubens, Wünschens und so weiter werden nur im Rahmen des logischen Raums der Gründe verstanden.

Dabei ist Davidsons These keineswegs idiosynkratisch. Sie hat beispielsweise eine offensichtliche Affinität zu der Behauptung von Daniel Dennett, daß Intentionalität nur im Lichte der intentionalen Einstellung sichtbar wird, die ihren Gegenstand innerhalb eines Rahmens organisiert, der durch ein Postulat der Rationalität zusammengehalten wird.[6] Dennetts Position ließe sich mit Hilfe von Sellars' Rede vom „logischen Raum der Gründe" oder Davidsons „konstitutivem Ideal der Rationalität" reformulieren.[7] Es liegt auf der Hand, daß hier die traditionelle Unterscheidung zwischen *Verstehen* und *Erklären* mitschwingt.

Sellars' Gedanke über Wissen verallgemeinert sich auf diese Weise zu einem Gedanken über propositionale Einstellungen. In diesem Fall können wir erwarten, daß sich die erkenntnistheoretischen Folgen des Kontrasts zwischen der Natur und dem Raum der Gründe in Folgen für unser Nachdenken über das ganze verstandesbegabte, geistige Leben und nicht nur über Wissen widerspiegeln.[8] Die moderne Erkenntnistheorie betrachtet sich selbst als verpflichtet, das wissende Subjekt wieder mit der natürlichen Welt zu verbinden, aus der es sich scheinbar zurückgezogen hat. Ein Großteil der modernen Philosophie des Geistes sieht sich selbst mit einer ähnlichen Verpflichtung konfrontiert, nämlich das denkende Subjekt wieder in eine natürliche Welt zu integrieren, für die es mehr und mehr zu einem Fremdkörper geworden ist.

Rorty optiert auf bekannte Weise dafür, diese vermeintliche Verpflichtung zum erkenntnistheoretischen Brückenschlag als eine Illusion zu betrachten. Jeder, der mit dieser Überzeugung Rortys sympathisiert, sollte einen ähnlichen Verdacht gegenüber einem Großteil der modernen Philosophie des Geistes hegen.

3.

Ich habe zu bedenken gegeben, daß Wissen und Intentionalität nur innerhalb des Rahmens des Raums der Gründe in den Blick kommen.[9] Wenn Sellars vor einem naturalistischen Fehlschluß warnt, behauptet er implizit, daß die Struktur des Raums der Gründe *sui generis* ist im Vergleich zu der Art von Struktur, die die Naturwissenschaften in der Natur finden. Es ist einsichtig, daß der sich daraus ergebende Sinn, in dem Wissen und Denken *sui generis* sind, verglichen mit dem, was sich selbst als eine geradezu unwiderstehliche Auffassung des Natürlichen präsentieren kann, gewisse metaphysische Ängste schürt, die sich im Gefühl einer Bedrohung durch das Übernatürliche kristallisieren.

Nun, wir können diesen Ängsten aus dem Weg gehen, wenn wir uns zugestehen, Denken und Wissen als natürliche Phänomene gelten zu lassen, auch wenn Sellars' Vorschlag natürlich die Frage aufwirft, wie sie dies sein können. Ich möchte zwei Wege unterscheiden, wie ein solches Projekt in Angriff genommen werden kann.

Der erste akzeptiert die Gleichsetzung der Natur mit dem Reich der Gesetze. Die Idee ist, daß die Organisation des Raums der Gründe nicht – wie Sellars vorschlägt – etwas völlig anderes ist als die Art von Struktur, die die Naturwissenschaften in der Welt entdecken. Zweifelsohne sind Berechtigungs- oder Rechtfertigungsrelationen als solche nicht sichtbar in der Natur gegenwärtig, so wie sie von den einschlägigen Naturwissenschaften beschrieben wird. Aber nach diesem Zugang können wir letztlich zeigen, daß die Begriffe der Berechtigung oder Rechtfertigung für das so verstandene Natürliche nichts Fremdartiges sind. So lassen sich Denken und Wissen als natürliche Phänomene auffassen, selbst auf der Basis dieser Auffassung davon, was es für ein Phänomen heißt, ein natürliches zu sein.

Eine Version dieses Zugangs geht davon aus, daß die Struktur des Raums der Gründe auf etwas anderes, was bereits nach moderner Auffassung in einem unproblematischen Sinn als natürlich gilt, *reduziert* werden kann. Eine andere zielt darauf ab, Begriffe vor Augen zu führen, die an sich im Raum der Gründe funktionieren, aber letzten Endes unmittelbar dazu beitragen, Dinge im Raum der Gesetze anzusiedeln. Die Details sind hier nicht von Bedeutung. Wesentlich ist, daß dieser Zugang, ob er reduktiv operiert oder nicht, davon ausgeht, daß Sellars' Ausgangspunkt falsch ist. Sellars kontrastiert den logischen Raum der Subsumption unter ein Gesetz mit dem logischen Raum, in dem der Begriff des Wissens operiert. Das ist ein Kontrast zwischen dem Reich der Gesetze und dem Reich der Freiheit – um es auf eine Weise zu sagen, die Sellars' kantische Wurzeln offenlegt. Dagegen besteht diese erste Art des Naturalismus darauf, daß wir weiterhin die Natur mit dem Reich der Gesetze gleichsetzen können, weist aber Sellars' Vermutung zurück, daß eine so verstandene Natur nicht die Heimat von wissenden und denkenden Subjekten sein könne.

Für einen solchen Naturalismus spräche vieles, wäre er der einzige Weg, um Übernatürliches bezüglich Wissen und Denken zu vermeiden. Aber es gibt eine Alternative, die sich innerhalb des Vorhabens bewegt, Wissen und Denken als natürliche Phänomene zu konzipieren. In kantischer Manier können wir uns weigern zu akzeptieren, daß die Struktur des Reichs der Freiheit in dem Sinn naturalisiert werden kann, wie der erste Ansatz es vorsieht – das heißt, wir können darauf beharren, daß Sellars' Kontrast wohlbestimmt ist –, ohne uns auf einen übernatürlichen Standpunkt festzulegen: indem wir festhalten, daß das, worauf die moderne wissenschaftliche Revolution abzielte, Klarheit über das Reich der Gesetze ist, und das ist etwas anderes als Klarheit *über die Natur*. Sellars' Kontrast bezieht sich auf den Raum der Gründe und das Reich der Gesetze und impliziert nicht notwendig, daß der Raum der Gründe fremd gegenüber dem Natürlichen ist.

Um zu vermeiden, daß Denken und Wissen als etwas Übernatürliches aufgefaßt werden, sollten wir betonen, daß Denken und Wissen Aspekte unseres Lebens sind. Der Begriff des Lebens ist der Begriff des Werdegangs eines lebendigen Dings und daher offensichtlich der Begriff von etwas Natürlichem. Aber es gibt Aspekte unseres Lebens, deren Beschreibung Begriffe erforderlich macht, die im Raum der Gründe fungieren. Wir sind rationale Tiere. Die Muster unserer Leben können nur erkannt werden, wenn sie innerhalb des Raums der Gründe untersucht werden. Danach gehören Denken und Wissen zu unserer Lebensweise, obwohl wir sie als Phänomene auffassen, die nur innerhalb eines *sui generis* Raum der Gründe sichtbar gemacht werden können. Denken und Wissen sind Teil unserer Art und Weise, Tiere zu sein. Die Tatsache, daß wir Denkende und Wissende sind, enthüllt uns nicht als merkwürdig zweigeteilt, mit einem Fuß im Tierreich – ganz sicher Teil der Natur – und einer mysteriösen, davon getrennten Verstrickung in ein außernatürliches Reich rationaler Verbindungen.

Der erste Zugang – ein restriktiver Naturalismus – zielte darauf ab, die Begriffe des Denkens und des Wissens zu naturalisieren, indem er die begriffliche Struktur, der sie angehören, in den Rahmen des Reichs der Gesetze hineinzwängt. Dieser zweite Ansatz – ein liberaler Naturalismus – akzeptiert nicht, daß wir den begrifflichen Rahmen, innerhalb dessen die Begriffe des Denkens und Wissens fungieren, in das Reich der Gesetze integrieren müssen, um Denken und Wissen als natürlich darstellen zu können. Wir müssen nichts anderes tun, als zu betonen, daß sie Begriffe von Vorkommnissen und Zuständen in unserem Leben sind.

Dieser liberale Naturalismus gibt uns die Möglichkeit, wie die mittelalterlichen Aristoteliker mit der Vorstellung leben zu können, daß es sich bei unseren Fähigkeiten zum Wissenserwerb um natürliche Kräfte handelt. Aber anders als jene Aristoteliker können wir diese Vorstellung mit einem klaren Verständnis des *sui generis* Charakters des begrifflichen Rahmens verbinden, innerhalb dessen der Begriff der Fähigkeit zum Wissenserwerb operiert. Das gleiche gilt – wenn wir Sellars' Pointe verallgemeinern – für die Begriffe von propositionalen Einstellungen. Wir können eine genuine Errungenschaft der modernen wissenschaftlichen Revolution anerkennen, wenn wir naturwissenschaftliches Verstehen von der Art des Verstehens scharf unterscheiden, welches seine Gegenstände im Raum der Gründe verortet. Sellars hat also recht, es besteht die Gefahr eines Fehlschlusses. Aber wenn er darauf verweist, daß es ein *naturalistischer* Fehlschluß ist, den wir Gefahr laufen zu begehen, dann unterstellt er, daß der logische Raum naturwissenschaftlichen Verstehens mit dem logischen Raum der Natur gleichgesetzt werden kann. Und indem wir eben diese Gleichsetzung verweigern, können wir die Bedrohung durch das Übernatürliche abwenden.

Für den liberalen Naturalismus ist es von besonderer Bedeutung, die Vorstellung des Reichs der Gesetze klar vor Augen zu bekommen, weil es den damit verknüpften Modus der Intelligibilität zu isolieren gilt. Daran ist nicht die Folgerung geknüpft, daß die Begriffe des Natürlichen auf die Begriffe beschränkt sind, die diesem Modus der Intelligibilität zuarbeiten. Diese Folgerung zurückzuweisen, erlaubt uns, die philosophischen Ängste, die ich als grundlos bezeichnet habe, ähnlich zu sehen, wie Rorty es nahelegt. Allerdings ist dieser Exorzismus der Philosophie verbunden mit der Anerkennung des *sui generis* Charakters der Begriffe des Denkens und Wissens. Wenn wir sehen, wie leicht die Voraussetzung gemacht wird, daß eine klare Vorstellung vom Reich der Gesetze zu bekommen zugleich heißt, eine klare Vorstellung von der Natur zu bekommen, können wir uns – auch wenn wir dagegen immun sein sollten – ein lebendiges Bild davon machen, wie diese philosophischen Ängste entstanden sind.

4.

Sowohl der restriktive als auch der liberale Naturalismus versuchen, das Übernatürliche zu vermeiden, indem sie einen Weg finden, wie Wissen und Denken als natürliche Phänomene gesehen werden können. Damit unterscheiden sie sich von einer anderen Antwort auf Sellars' Kontrast, für die Rortys Haltung gegenüber der Erkenntnistheorie ein Beispiel ist.

Rortys Lesart der traditionellen Erkenntnistheorie kreist um Sellars' Kontrast. Der Begriff des Wissens funktioniert nur im Raum der Gründe, und der Raum der Gründe ist – verglichen mit der Natur in der restriktiven Vorstellung – *sui generis*. Also ist ein restriktiver Naturalismus mit Blick auf Wissen ausgeschlossen. Für Rorty aber ist das Natürliche das, was auf der anderen Seite des Sellars-Kontrastes auftaucht, und womit aus seiner Sicht die Möglichkeit eines liberalen Naturalismus mit Blick auf Wissen ausgelöscht ist.[10]

Da nun beide Varianten des Naturalismus vom Tisch sind, hat Rorty keine andere Wahl, als zu leugnen, daß Wissen ein natürliches Phänomen ist. Für Rorty ist der Versuch, Wissen als ein natürliches Phänomens zu konzipieren, genau das alles lähmende Gebrechen der traditionellen Epistemologie – mit dem Ergebnis, daß die Philosophen großen Aufwand betreiben, die ganz unterschiedlichen Relationen, die die Gegenstände naturwissenschaftlicher Forschung organisieren, in den Dienst der Rechtfertigungsrelationen zu stellen, die allein den angemessenen Kontext für die Rede von Wissen bereitstellen. Die traditionelle Erkenntnistheorie zieht daher genau den Fehlschluß, vor dem Sellars warnt. Sie faßt Wissen als ein Syndrom in der „Physiologie des Verstehens" auf.[11] Um dem aus dem Weg zu gehen, schlägt Rorty vor, daß wir Wissen nicht als ein natürliches Phänomen begreifen sollten. Das soll natürlich nicht heißen, es als ein übernatürliches aufzufassen. Statt dessen fordert uns Rorty auf, damit aufzuhören, Wissen überhaupt als ein Phänomen – ein Merkmal des Wirklichen – zu begreifen, und dazu überzugehen, über die soziale Rolle von Wissenszuschreibungen zu reden.

Ich habe auf eine Parallele zwischen Sellars' Denken über Wissen und einem Gedanken über Intentionalität, der sich auf unterschiedliche Weise bei Davidson und Dennett findet, hingewiesen. Es gibt also Spielraum für eine Sichtweise der Intentionalität, die Rortys Sichtweise des Wissens ähnelt und leugnet, daß die Rede von Intentionalität von natürlichen Phänomenen handelt. Es ist ziemlich kurios, daß Rorty selbst diese Position nicht einnimmt. Für ihn sind Gedanken und sogar Bedeutungen, wenn sie überhaupt etwas sind, Setzungen innerhalb einer naturalistischen Psychologie, wobei „naturalistisch" auf einen Gegensatz zu der durch die Rede vom Raum der Gründe importierten Normativität verweist.[12] Ich zögere, jemanden zu nennen, der eine Position einnimmt, die Rortys Auffassung von Wissen mit der Weigerung verbindet, von natürlichen Phänomenen der Intentionalität zu reden.[13] Ein Hauch davon ist vielleicht in dem Zug von Dennetts Denken auszumachen, der den Vorwurf des Instrumentalismus auf sich zieht.[14]

Ich denke, daß vieles für Rortys Lektüre der traditionellen Erkenntnistheorie spricht. Rorty ist sehr überzeugend, wenn er darauf hinweist, wie nutzlos der Versuch ist, derartige Relationen, wie sie das Reich der Gesetze organisieren, für Rechtfertigungsrelationen dienstbar zu machen. Vor diesem Hintergrund scheint es zwingend zu sein, von Wissen nicht als einem natürlichem Phänomen auszugehen. Allerdings widerspiegelt dies bloß die Tatsache, daß Rorty einen liberalen Naturalismus nicht in Betracht zieht. Ein liberaler Naturalismus ist immun gegen Rortys Angriffe auf die Verirrungen traditioneller Erkenntnistheorie. Ähnlich geschwächt in ihrer Überzeugungskraft wäre eine zu Rortys Überlegungen strukturell analoge – falls jemand überhaupt eine solche im Sinn haben sollte –, die auf den Schluß hinaus will, daß Intentionalität kein natürliches Phänomen ist.

5.

Ich habe betont, daß eine klare Vorstellung vom Reich der Gesetze eine moderne Errungenschaft war. Die Leichtigkeit, mit der diese Vorstellung mit einer Vorstellung des Natürlichen gleichgesetzt werden kann, bildet den Untergrund einer wohlvertrauten philosophischen Sorge hinsichtlich Wissen und Denken. Gegeben die Annahme, daß die Begriffe des Wissens und Denkens zu einem logischen Raum gehören, der dem Raum der Subsumption unter Gesetze entgegengesetzt ist, drohen Wissen und Denken aus der Natur ausgestoßen zu werden.

Betrachten wir nun ein frühes Stadium der Entwicklung moderner Wissenschaft. Stellen wir uns ein allmähliches Gewahrwerden vor, daß die Begriffe von Wissen und Denken etwas Besonderes sind verglichen mit denen, die in den aufstrebenden Naturwissenschaften eine Rolle spielen. Solch eine Intuition wird wahrscheinlich das Nachdenken über das Mentale beeinflußt haben, bevor eine klare Einschätzung darüber vorlag, was genau es ist, das die mentalen Begriffe zu besonderen macht – bevor es also eine klare Einschätzung davon gab, was bei Sellars als Kontrast zwischen dem Raum der Gründe und dem Raum naturwissenschaftlichen Verstehens deutliche Gestalt erhielt und in den Mittelpunkt rückte.

Diese Intuition, daß es um etwas Besonderes geht, reflektiert eine Vorstellung vom vermeintlich Natürlichen, die, ist sie erst einmal ins Zentrum gerückt, dazu beiträgt, das Mentale auszuschließen. Allerdings wird diese Intuition schon wirksam gewesen sein, bevor diese Tatsache vollends klar war. Bevor diese Tatsache aber klar war, wäre es durchaus intelligibel gewesen, die Frage nach dem Mentalen dadurch zu beantworten, daß man es als einen besonders auszuzeichnenden Teil der Natur auffaßt – wobei Natur entsprechend einer rudimentären Form genau der Vorstellung verstanden wird, die faktisch das Mentale ausschließt.

Das gibt eine Möglichkeit an die Hand, die cartesische Philosophie des Geistes zu verstehen, zumindest wenn man der Lesart von Gilbert Ryle folgt, die Teil der vertrauten zeitgenössischen Darstellungen der Entwicklung der moderne Philosophie des Geistes ist.[15] Danach lag Descartes viel daran zu zeigen, daß die Beziehungen, die das Mentale organisieren, Spezialfälle der Art von Beziehungen sind, die die Gegenstände der Naturwissenschaften organisieren. Allerdings verlangt die Besonderheit des Mentalen, die Descartes gemäß dieser Lesart erklären möchte, ohne über ein angemessenes Verständnis von dessen Grundlage zu verfügen, daß genau diese Relationen, die geeignet für naturwissenschaftliche Behandlung zu sein scheinen, den Relationen dienen, die den Raum der Gründe konstituieren. Genau aus diesem Grund erhält das cartesische Denken eine Form, die Ryle völlig angemessen als „para-mechanisch" bezeichnet hat. Der cartesische Immaterialismus ist verständlich innerhalb des Rahmens, den ich gerade beschreibe; kein Teil der materiellen Natur könnte besonders genug sein, um den grundlegend verworrenen Absichten eines solchen Denkens nützen zu können. Der Versuch, Verbindungen derart zu knüpfen, wie sie in Beschreibungen von gesetzesgesteuerten Prozessen vorkommen, und sie in den Dienst von Rechtfertigungsrelationen zu stellen, läuft unweigerlich auf einen Griff in die Zauberkiste hinaus – unter dem Deckmantel, die Wissenschaft von etwas Besonderem zu sein: Was mit Hilfe von postulierten

Mechanismen einer besonderen Art angestrebt wird, degeneriert zu den von Ryle verspotteten Paramechanismen.

Die cartesische Philosophie des Geistes ist also eine verwirrte Version des ersten der beiden von mir unterschiedenen Naturalismen: ein Versuch, Denken und Wissen einer modernen Naturvorstellung gemäß zu integrieren – einer Vorstellung, die die zweite Art des Naturalismus zurückweist.

Was ich zu den Paramechanismen gesagt habe, harmoniert gut mit einem Element aus Rortys Sichtweise der modernen Erkenntnistheorie. Allerdings zeichnet er einen Gedankengang nach, dessen Ausgangspunkt die obsessive Beschäftigung mit der Fragilität der Gewißheit ist und der sich in einen Paramechanismus verstrickt, weil er jedwede Last der Verantwortung für unser vermeintliches Wissen ablehnen möchte: Worin sich der Wunsch zeigt, vermeintliches Wissen als eines darzustellen, das die Welt uns aufzwingt. Für mich ist diese Lesart weit weniger zufriedenstellend als diejenige, die ich skizziert habe, und zwar aus wenigstens zwei Gründen. Erstens scheint mir der Ausgangspunkt, nämlich die obsessive Beschäftigung mit der Gewißheit – die sicherlich ein Stück weit dazu verhilft, die Erkenntnistheorie bei Descartes zu charakterisieren –, immer noch erklärungsbedürftig. Nach meiner Auffassung könnte diese Gewißheitsbesessenheit als Ausdruck einer nachvollziehbaren Sorge ins Spiel kommen, welche auf die verspürte Bedrohung reagiert, daß sich das wissende Subjekt aus dem Rest der Welt zurückzieht, und nicht als Ausgangspunkt eines Gedankengangs, der sich der charakteristischen cartesischen Vorstellung des Mentalen widmet. Zweitens sind die Besonderheiten des cartesischen Subjekts nicht auf seine Rolle als Subjekt des Wissens beschränkt; dies ist der springende Punkt der Verallgemeinerbarkeit von Sellars' Kontrast, den Rorty – wie ich bereits anmerkte – übersieht.[16]

6.

In der von mir nahegelegten Perspektive besteht der grundlegende Fehler der cartesischen Philosophie des Geistes darin, daß sie den Kernpunkt des Sellarsschen Kontrastes verfehlt. Die Besonderheit von Begriffen des Mentalen ist, daß sie nur im Rahmen des Raums der Gründe Sinn machen. Das cartesische Denken nimmt zwar eine Besonderheit mentaler Begriffe wahr, mißversteht diese aber als Ausdruck einer besonderen Weise zur Natur zu gehören, wobei Natur gemäß einer Vorstellung verstanden wird, die in ihrer klaren Fassung eigentlich dem logischen Raum, innerhalb dessen allein mentale Begriffe intelligibel sind, entgegengesetzt ist.

Die Idee eines Paramechanismus, der in einer immateriellen Substanz realisiert ist, taucht innerhalb dieser Lektüre als bloßes Resultat des Versuchs auf, die Besonderheit des Mentalen in diese unangemessene Form zu zwingen. Der grundlegende Fehler ist nicht die Rede von einem gespenstischen Mechanismus, sondern die Vorstellung, daß das Mentale von einem Standpunkt aus in den Blick kommen kann, der seinen Gegenstand im Stil der Naturwissenschaften einordnet.

Dennoch ist diese Vorstellung in der zeitgenössischen Philosophie des Geistes immer noch weit verbreitet. Einer von vielen geteilten Auffassung zufolge besteht zumindest ein Teil der Wahrheit über das Mentale in der Wahrheit über einen abgesonderten Bereich der Natur, aufgefaßt als das Reich der Gesetze; vor allem in der Wahrheit über die innere Maschinerie, die das Verhalten in Reaktion auf Umwelteinflüsse steuert. Das ist zwar nicht die ganze Wahrheit über das Mentale, so wird eingeräumt, weil der Einfluß, den mentale Zustände auf die objektive Wirklichkeit ausüben, dabei nicht berücksichtigt ist. Aber es ist ein vollständiger Teil der Wahrheit über das Mentale.[17]

Ich möchte darauf hinweisen, daß diese Vorstellung vom Geist als interne Maschinerie in einer bestimmten Hinsicht kein Fortschritt gegenüber der cartesischen ist. Natürlich hat sie die ontologischen Peinlichkeiten des Cartesianismus hinter sich gelassen. Sie redet nicht von immateriellen Substanzen und hat keine Verwendung für die Rolle, die Descartes der Zirbeldrüse als Sitz der geheimnisvollen Interaktionen zwischen einer immateriellen Substanz und dem Rest der Natur zugewiesen hat. Dennoch macht diese Art zu denken den gleichen fundamentalen Fehler, den ich beim Cartesianismus diagnostiziert habe. Es wird vorausgesetzt, daß die Wahrheit über das Mentale in Sicht kommen kann, wenn der Forschungsgegenstand im Rahmen des Reichs der Gesetze gesucht wird und nicht in einem *sui generis* Raum der Gründe. In dieser Hinsicht – die sich von der Wohltat, die ontologischen Peinlichkeiten verabschiedet zu haben, durchaus trennen läßt – ist die Suche nach regulären Mechanismen nicht viel besser als das Postulieren von Paramechanismen.

Tatsächlich ist sie in gewisser Weise sogar eine Veränderung zum Schlechteren hin. Denn das alte cartesische Denken registriert wenigstens, auf seine verwirrte Weise, die Intuition, daß das Nachdenken und Reden über das Mentale etwas Besonderes ist. Die moderne Fassung vermeidet den Immaterialismus und das Zirbeldrüsenmysterium, indem sie ihren Gegenstand als etwas betrachtet, was ganz und gar nichts Besonderes ist, sondern einfach ein mehr oder weniger gewöhnlicher Teil der Natur.

Natürlich ist gar nichts an einer internen Maschinerie auszusetzen, deren Sinn und Zweck es ist, Verhalten zu steuern. Der von mir beschriebene, wiederaufgewärmte Cartesianismus besteht nicht allein darin, sich mit diesem Stück der Natur zu beschäftigen, sondern in der Vorstellung, daß die dabei gefundenen Wahrheiten solche über das Mentale sind.

7.

Ich möchte dies in Verbindung mit einer bekannten zeitgenössischen Haltung gegenüber einer von Frege inspirierten Auffassung der Intentionalität illustrieren. Die Idee ist, daß sogenannte „externalistische" Überlegungen Freges Begriffsapparat aus Sinn und Referenz zerstört haben. Eine ganze Reihe von Theoretikern haben Positionen dieser Art vertreten.[18] Ich möchte aber auf eine besonders luzide Darstellung von Ruth Garrett Millikan eingehen, in der sie gegen Frege und den – wie sie es nennt – „Bedeutungsrationalismus" zu Feld zieht.[19] Dabei will ich zeigen, daß Millikans Argument durch das Festhalten an dem von mir identifizierten Restcartesianismus in Mitleidenschaft gezogen wird. Deshalb läßt sich an ihrer Position sehr gut sichtbar machen, wie klein der Fortschritt ist, der durch die Ablösung vom cartesischen Immaterialismus erzielt worden ist.

Die grundlegende These des von Millikan attackierten „Bedeutungsrationalismus" besteht in der Behauptung, daß Gleichheiten und Unterschiede zwischen Elementen gedanklicher Inhalte für ein rationales Subjekt transparent verfügbar sind.[20] Eine stärkere Fassung ergänzt noch, daß dies bei einem rationalen Subjekt der Fall ist, egal ob ein vermeintliches Gedankenelement wirklich ein solches ist, daß also die Annahme nicht berechtigt ist, ein denkendes Subjekt könne sich einbilden, einen Gedanken zu haben, obgleich es gar keinen Gedanken gibt, den es haben könnte.

Nun hängt Freges Begriff des Sinns an dem Grundsatz, daß wir Sinne immer dann unterscheiden müssen, wenn der Preis dafür, diese Unterscheidung nicht vorzunehmen, die Möglichkeit eröffnet, daß ein rationales Subjekt zur gleichen Zeit rational einander widersprechende Einstellungen haben kann – zum Beispiel an einen einzelnen Gedanken zu glauben und nicht zu glauben (wobei Gedanken Sinne sind, die durch Äußerungen ganzer Sätze, eventuell in entsprechenden Kontexten, ausdrückbar sind). Dies ist in der Tat eine Art „Bedeutungsrationalismus". Freges Forderung, daß Sinne hinreichend feinbestimmt sein müssen, soll sicherstellen, daß wir rationale Subjekte zum Beispiel nicht als von der gleichen Sache überzeugt und nicht überzeugt beschreiben müssen. Und wenn der Unterschied zwischen *der gleiche Sinn zweimal* und *zwei verschiedene Sinne* den Möglichkeiten eines rationalen Geistes korrespondieren soll, Einstellungen miteinander zu kombinieren oder voneinander zu trennen, muß der fragliche Geist über diesen Unterschied verfügen.

Dieser „Bedeutungsrationalismus" ist schwächer als Millikans fundamentale These mit Blick auf Gleichheit und Differenz von Elementen des Gedankeninhalts. (Ganz abgesehen von der weiteren These, die ausschließt, daß die Existenz von solchen Elementen bloß vorgespiegelt sein könnte.) Freges Prinzip erzwingt einen Unterschied im Sinn nur für den Fall, daß andernfalls rational einander widersprechende Einstellungen *zur gleichen Zeit* in einem rationalen Geist vorhanden wären. Frege sagt nichts, was ausschließen würde, daß ein Subjekt einen Gedanken im Verlauf der Zeit aufgibt – wodurch es möglich wäre, widersprüchliche Einstellungen gegenüber demselben Gedanken zu unterschiedlichen Zeiten aufrechtzuerhalten, ohne die Rationalität des Subjekts anzutasten.[21] Noch setzt sein Prinzip die Möglichkeit außer Kraft, daß ein Subjekt etwas, was in Wahrheit ein anderer Gedanke ist, für den gleichen Gedanken hält, den es zuvor gedacht hat, und so fälschlicherweise unterstellt, bereits auf eine dementsprechende Einstellung festgelegt zu sein.[22] Aber ich kann dies vernachlässigen; Millikans Argument gegen Frege hängt nicht davon ab, Frege einen stärkeren „Rationalismus" anzuhängen, als er selbst akzeptiert.²³

Dieses Argument läuft folgendermaßen: Einen Sinn begreifen muß ein Ziel sein, das für einen intakten Geist charakteristisch ist. Aber für Frege besteht dieses Begreifen eines relevanten Sinns darin, ein Objekt – nämlich die entsprechende „Bedeutung" – im Geist präsent zu haben. Damit das der Fall ist, müßte die Rationalität, die in Freges Versuch, den Begriff des „Sinns" einzuführen, eine Rolle spielt, eine semantische Rationalität sein, eine Angelegenheit beispielsweise dessen, was zusammen wahr sein kann oder nicht. Freges Bild von Sinn und Referenz erfordert „die Annahme, daß der intakte Geist als solcher semantisch rational ist".²⁴ Millikan argumentiert, daß diese Annahme zugleich wesentlich und nicht haltbar ist.

Sie betrachtet die Annahme als wesentlich, weil sie davon ausgeht, daß Intaktheit des Geistes bedeutet, „einen intakten Kopf zu haben, mechanisch in gutem Zustand, nicht krank, nicht beschädigt".²⁵ Sie denkt, daß die einzige Art der (sogenannten) „Rationalität", auf die sich Frege legitimerweise als Kontext für seine Rede vom Sinn beziehen kann, „mechanische Rationalität" ist – daß der Kopf mechanisch in einem guten Zustand ist. Also besteht die wesentliche Annahme darin, daß die innere Maschinerie so angeordnet werden kann, daß ihre Zustände und Zustandsveränderungen stets den Erfordernissen semantischer Rationalität genügen.

Millikan scheint recht zu haben, daß diese Annahme nicht zu verteidigen ist. Wir können uns der Einschätzung der semantischen Rationalität, die Frege in seiner Theorie des Sinns heranzieht – vor allem in Zusammenhang mit möglichen und unmöglichen Kombinationen singulärer prädikativer Gedanken – nicht anschließen, solange wir nicht sichergestellt haben, daß die Dinge, die zulässiger- oder unzulässigerweise kombiniert werden können, auf bestimmte Gegenstände ausgerichtet sind. Und es gibt Modi des Gerichtetseins auf bestimmte Objekte, ausdrückbar zum Beispiel durch wahrnehmungsgestützte Demonstrativa, die sich nicht in unser Bild integrieren lassen, ohne daß wir auf Sachverhalte in der Umwelt zurückgreifen – Sachverhalte, die gegenüber der intraorganismischen Maschinerie, die Millikan meint, wenn sie vom „intakten Geist" spricht, extern sind.²⁶

8.

Millikans Argument lautet dann so: „Die Annahme, daß der intakte Geist als solcher semantisch rational sei", ist wesentlich und nicht zu verteidigen; daher hängen Sinn und Referenz nicht so zusammen, wie Frege annimmt. Nun, der Schluß ist makellos. Aber selbstverständlich läuft Freges Gedankengang andersherum. Sinn und Referenz hängen zusammen, genau wie er glaubt; das heißt, es sieht ziemlich schlecht aus für die These, daß die Intaktheit eines Geistes unabhängig von semantischer Rationalität ist. Diese Annahme ist nämlich keineswegs wesentlich. Millikan läßt sie nur so aussehen, weil sie darauf besteht, daß „der intakte Geist" eine gesunde Maschinerie im Kopf sein muß; und das ist ziemlich verheerend für ihre Interpretation mentaler Intaktheit. Es ist doch vielmehr so: Einen intakten Geist haben *heißt* semantisch rational zu sein.[27]

Frege ist berühmt für seine harten Attacken auf den Psychologismus in der Logik. Er hebt hervor, daß beispielsweise der Begriff der deduktiven Folgerung nur innerhalb eines normativen Rahmens gegeben ist und eine Untersuchung, die sich ohne Berücksichtigung dieses normativen Rahmens der Logik darauf beschränkt, üblicherweise im Geist vollzogene Übergänge zu erforschen, gar nicht bis zur Behandlung des deduktiven Schließens vordringt. Doch diese Überlegung gilt nicht nur mit Blick auf die Logik. Freges Angriff auf den Psychologismus ist eine Weise, die generalisierte Version von Sellars' Argument auszudrücken, mit dem wir uns beschäftigt haben. (Wenn man berücksichtigt, wie wichtig Kant für beide ist, so ist diese Übereinstimmung nicht weiter verwunderlich.) Schon im Fall der Logik ist es nicht allein die Idee deduktiver Folgerung, die nur innerhalb eines normativ gefaßten Untersuchungskontexts verfügbar ist: Wovon deduktive Schlüsse ausgehen und worauf sie abzielen – nämlich Überzeugungen –, macht nur Sinn innerhalb des normativen Kontexts, dem sich psychologistische Logiker verschließen.

Nun, Millikans Vorstellung vom „intakten Geist" ist in einem generalisierten Sinn psychologistisch: Sie behauptet, von Zuständen und Operationen des Geistes zu handeln, obwohl sie diese nicht in einem *sui generis* Raum der Gründe situiert verstanden wissen will. Wir sollten uns nicht durch ihre Formulierung „mechanische Rationalität" in die Irre führen lassen. Wenn die Maschinerie im Kopf gut funktioniert, heißt das nicht, daß deren Zustände und Zustandsveränderungen durch die Art von Relationen verbunden sind, die den Raum der Gründe konstituieren, genauso wenig wie das für die Zustände und Zustandsveränderungen einer gesunden Niere gilt. Dies ist lediglich eine Formulierung von Millikans Argument. „Mechanische Rationalität", wie sie es nennt, ist nicht in der Lage, semantische Rationalität zu sichern; aber es ist die semantische Rationalität, die den Raum der Gründe strukturiert.[28]

Eine psychologistische Konzeption des Mentalen ist also kein vielversprechender Kontext, um das zu finden, worum es Frege mit dem Begriff des Sinns ging. Da verwundert es nicht, daß seine Überlegungen so unbefriedigend aussehen. Für Frege sollte einen (einzelnen) Sinn aufgreifen einfach *heißen*, eine *Bedeutung* im Geist präsent haben (in einem bestimmten Darstellungsmodus) – das ist ein Sinnbegriff, der nur im Rahmen semantischer Rationalität funktioniert. Millikan dagegen faßt die Einführung des Sinns als die eines Werkzeuges auf, mit dessen Hilfe sich die inneren Mechanismen des sich auf ein Objekt richtenden Geistes charakterisieren lassen.[29] Sie schließt völlig zu Recht, daß das Begreifen eines Sinns, so wie sie ihn rekonstruiert, nicht das sein kann, worauf Frege hinausmöchte; aber sie sieht nicht, daß das gegen ihre Rekonstruktion sprechen könnte.

Ein blinder Fleck also, der meines Erachtens letztlich dafür verantwortlich ist, daß die Alternative eines liberalen Naturalismus gar nicht in den Blick kommt. Die eigentliche Heimat der Idee „Begreifen von Sinn" liegt in der Beschreibung der Muster unserer Leben – in diesem Fall unserer mentalen Leben –, die nur in Begriffen derjenigen Relationen verständlich sind, die den Raum der Gründe strukturieren. Diese Muster schließen genuine Rationalität ein und nicht bloß (sogenannte) „mechanische Rationalität". Der liberale Naturalismus braucht, um die Idee des „Begreifens von Sinn" zu einer unproblematischen werden zu lassen, nicht mehr als ein durchaus vernünftiges Insistieren darauf, daß solche Muster unsere Leben prägen.

Im Falle der Weigerung, den Begriff des Sinns als Werkzeug zur Charakterisierung der internen Mechanismen aufzufassen, welche für die Ausrichtung des Geistes auf seine Objekte sorgen,[30] glaubt

Millikan das Festhalten an einer gespenstischen Idee konstatieren zu können – daß nämlich „Bedeutungen direkt den Geist bewegen".[31] Das Gespenstische daran ist der cartesische Paramechanismus. Millikan fällt in eine neo-cartesianische Suche nach regulären Mechanismen zurück und setzt voraus, daß Frege das gleiche im Sinn hat, obwohl sie seinen Versuch für gescheitert hält – zu Recht, betrachtet man ihre Rekonstruktion von Freges Denken. Doch Frege ging es um etwas anderes; dahinter mag zwar der Gedanke stecken, daß „Bedeutungen direkt den Geist bewegen", doch in einer ganz und gar nicht gespenstischen Form. Die Vorstellung, daß ein Geist durch Bedeutungen bewegt wird, verwendet eine Metapher, die aus dem logischen Raum des mechanischen Verstehens stammt; die Art und Weise jedoch, in der diese Vorstellung funktionieren soll, muß im kontrastierenden Raum der Gründe verstanden werden. Der Versuch, die Metapher wörtlich zu nehmen, wiederholt den grundlegenden cartesianischen Fehler.

9.

Warum soll dies ein Fehler sein? Millikans Position ist an diesem Punkt ziemlich verführerisch. Genau wie der gewöhnliche Cartesianismus stellt auch sie eine Common-sense-Vorstellung davon, was denkende Dinge sind, in Frage.

Was ist das eigentlich, das denkt? Man könnte annehmen, es sollte das sein, was Millikan den „intakten Geist" nennt. Aber die Aktivitäten des „intakten Geistes" gipfeln nicht im Denken – denn nach Millikans eigenen Ausführungen verkörpern sie bloß „mechanische", nicht aber semantische Rationalität.

Was aber sorgt für semantische Rationalität? Millikans Antwort auf diese Frage besteht in einer Erweiterung des betrachteten Systems, das nun nicht mehr nur den „intakten Geist" umfaßt, sondern auch das Tier, dessen Verhalten dieser steuert, und die Bedingungen in der Umwelt des Tieres. „Rationalität ist [...] eine biologische Norm, hervorgebracht in einem integrierten Kopf-Welt-System unter biologisch idealen Bedingungen."[32] Aber dieser „Externalismus" ist grotesk, wenn er impliziert, daß das Ausüben semantischer Rationalität die Tätigkeit eines „Kopf-Welt-Systems" ist – so als ob die Umwelt, die wir als Denkende üblicherweise miteinbeziehen, teilweise für den Vollzug des Denkens zuständig ist. Denken aber tut nur etwas, das in der Umwelt lebt, und das schließt selbstverständlich ein Nachdenken über sie ein. Dieses kleine Stück gesunder Menschenverstand wird durch Millikans Bemühungen um die Mechanismen des Denkens (also um die Frage, wie Rationalität bewerkstelligt wird) verdunkelt. Wenn wir das Tier als einen komplexen Mechanismus auffassen, so haben wir nicht mehr die Verwirklichung semantischer Rationalität im Blick, sondern seinen internen Steuerungsmechanismus, und nur dann sieht es tatsächlich so aus, als ob nichts anderes als ein „Kopf-Welt-System" helfen kann.[33] Wenn die einzig respektable Beschäftigung mit der Rationalität in der Erforschung dessen besteht, wie sie durch einen Mechanismus „bewerkstelligt" wird, verlieren wir den Zugriff auf Rationalität als etwas, das durch die Aktivitäten eines Tiers ausgeübt wird.

Millikans „intakter Geist" ist ein Gegenstück zu Descartes' *res cogitans*. Es gibt allerdings einen Unterschied: Millikan erkennt, daß ihr Gegenstück nicht wirklich eine *res cogitans* sein kann, obwohl sie es nach wie vor „den Geist" nennt – das ist reichlich seltsam, denn es tut nicht das, was Geist normalerweise tut, nämlich denken (semantische Rationalität ausüben). Hier haben wir es mit dem Ergebnis eines wohlvertrauten Tauschhandels zu tun: Der Preis dafür, den cartesischen Immaterialismus loszuwerden und zugleich in den Grenzen eines restriktiven Naturalismus zu bleiben, zeigt sich darin, daß der jeweils ausgewählte, spezielle Bereich der Natur nicht mehr speziell genug ist, um ihm die Fähigkeiten des Denkens beizulegen.[34] Aber trotz ihrer Befreiung vom Immaterialismus ähnelt Millikans Auffassung doch der ursprünglichen cartesischen Vorstellung darin, daß sie die solide Überzeugung bedroht, eine *res cogitans* sei immer auch eine *res dormiens*, *res ambulans* und so weiter. Millikans „intakter Geist" verkörpert nicht Rationalität; und das Rationalität verkörpernde „Kopf-Welt-System" ist nicht das Ding, das schläft und spazierengeht. Das rationale Tier findet in diesem Bild keinen Platz.

Richtig verstanden, ist die Behauptung absolut akzeptabel, daß die Aktivitäten des intakten Geistes einschließen, daß er auf Objekte gerichtet ist, wofür allerdings Millikan keinen Raum läßt. Dies ist eine Art zu sagen, daß es das rationale Tier ist, das denkt. Wir laufen nicht Gefahr, in irgendeiner Weise die Wirklichkeit des

Mentalen auszusperren, wenn wir sagen, daß das Wort „Geist" eine Menge von Fähigkeiten und Neigungen bezeichnet, die ein mit Geist begabtes Wesen besitzt. Anzunehmen, daß „Geist" etwas Substantielleres sein müsse, andererseits aber doch weniger als das rationale Tier selbst, führt geradewegs ins intellektuelle Desaster – nämlich zur Annahme eines Organs, in dem das Denken stattfindet, das wir dem Tier aus dieser Perspektive in loser oder abgeleiteter Form zubilligen.[35] Das ist der ursprüngliche Sündenfall der cartesischen Philosophie, und die Buße besteht nicht darin, das von Descartes selbst postulierte Para-Organ durch ein reguläres Organ zu ersetzen, welches auch von einer anspruchsvolleren Biologie unserer Tage akzeptiert werden kann.[36] Natürlich gibt es ein entscheidendes Organ, das Gehirn, und nichts von dem, was ich gesagt habe, möchte die Erforschung seiner Funktionsweise in Frage stellen. Aber wenn wir uns selbst wirklich als denkende Dinge begreifen wollen, müssen wir unterscheiden zwischen der Untersuchung von Mechanismen, welche dafür verantwortlich sind, daß der Geist sich auf ein Objekt beziehen kann, und der Untersuchung dessen, was es bedeutet, ein Objekt im Geist vor sich zu haben.

10.

Ich habe mich in diesem Text mit einem kulturelle Effekt beschäftigt, der mit der Entfaltung der modernen Wissenschaft einherging. Die mit ihr verbundene Herausbildung einer anderen Form der Intelligibilität, die sich von jener absetzte, welche ihre Gegenstände im Raum der Gründe verortete, war zweifellos in sich selbst ein intellektueller Fortschritt. Aber ich habe mit einigem Nachdruck auf eine Strömung in der Philosophie des Geistes verwiesen – am Beispiel von Descartes wie auch von Zeitgenossen, die sich von Descartes' Verworrenheiten befreit glauben –, die man als giftiges Nebenprodukt einer Geisteshaltung ansehen sollte, welche erst durch diesen Fortschritt möglich wurde – des Szientismus.

Steven Aschheim

Jenseits von Bildung und Liberalismus: Die radikale jüdische Erneuerungsbewegung in der Weimarer Republik*

Der liberale deutschjüdische Standpunkt, auf dem fast hundert Jahre lang das fast ganze deutsche Judentum Platz hatte, ist heute offenbar [...] punktuell geworden [...]   *Franz Rosenzweig (1924)*[1]

In diesem Paradox, aus solcher Hoffnung auf das richtige Angesprochenwerden aus dem Berge, auf jene unscheinbarste, kleinste Verschiebung der Historie, die aus dem Schein der ‚Entwicklung' Wahrheit hervorbrechen läst [sic], lebt meine Arbeit, heute wie am ersten Tag.   *Gershom Scholem (1937)*[2]

Erst der Messias selbst vollendet alles historische Geschehen, und zwar in dem Sinne, daß er dessen Beziehung auf das Messianische selbst erst erlöst, vollendet, schafft. Darum kann nichts Historisches von sich aus sich auf Messianisches beziehen wollen.   *Walter Benjamin (1914)*[3]

Zudem erwacht endlich der Stolz, jüdisch zu sein. Es treibt in uns ruhelos [...]
  Ernst Bloch (1918)[4]

In den letzten Jahren hat sich ein ziemlich überzeugendes Modell herausgebildet, um die entscheidenden Merkmale der modernen deutschjüdischen Erfahrung zu beschreiben. Entwickelt von David Sorkin[5] und vor allem von George Mosse in seinem Buch *Jüdische Intellektuelle in Deutschland*[6] besagt es, daß die deutschen Juden aufgrund ihrer verzögerten Emanzipation und Akkulturation eine qualitativ neue und durchaus einzigartige Form jüdischer Identität und Kultur ausgebildet haben. Der zeitliche Ablauf der deutschjüdischen Emanzipation, so wird argumentiert, war bestimmend für die Definition des jüdischen Selbstverständnisses. Denn die Anfänge dieser Emanzipation – das erste Jahrzehnt des 19. Jahrhunderts – fielen in den Herbst der deutschen Aufklärung. In dieser Zeit seien die Grundzüge jüdischer Hoffnungen und Selbstdefinitionen ausgeprägt worden. Die Begleiterscheinungen der Aufklärung: der Liberalismus, die Idee des Fortschritts und der allmählichen Vervollkommnung sowie der optimistische Glaube an eine Menschheit, die von der Dunkelheit zum Licht voranschreitet, hätten im deutschen Judentum tiefe Wurzeln geschlagen.

Darüber hinaus waren es diesem Modell zufolge die besondere Natur und die Ideale der deutschen Kultur zum Zeitpunkt der Judenemanzipation, die das deutschjüdische Selbstverständnis in seiner Substanz prägten (Mosse, S. 17). Nur in Deutschland nämlich ging die Aufklärung mit jenem einzigartigen Konzept einher, das als Bildung bekannt ist – ein Begriff, der so sehr an seinen Entstehungskontext gebunden ist, daß keine genaue englische oder hebräische Entsprechung dazu existiert.[7] Diese Idee der Bildung verband, was wir gewöhnlich unter formaler Erziehung verstehen, mit Charakter-Formung und moralischer und ästhetischer Verfeinerung. Natürlich erfuhr auch diese Bildungsidee im Verlauf der modernen deutschen Kulturgeschichte mannigfache Veränderung. Die Juden aber hätten die klassische Grundbedeutung verinnerlicht, wie sie von so überragenden Figuren wie Goethe und Wilhelm von Humboldt formuliert worden war, und daran auch nach 1933 noch eigensinnig festgehalten.[8]

Worin bestand nun der eigentliche Sinn dieses Ideals? Der Begriff der Bildung bezog sich auf einen kontinuierlichen Prozeß der Selbsthervorbringung: der allmählichen Entfaltung einer harmonischen, autonomen Persönlichkeit durch die Kultivierung des Verstandes, des Geschmacks und des Gewissens. Die Juden hätten sich in diesem Ideal wiedergefunden und es so rasch übernommen, weil es seinen Voraussetzungen nach für jeden erreichbar war. Der Prozeß der Bildung, schreibt Mosse, transzendierte „alle nationalen und religiösen Unterschiede durch die Entfaltung der individuellen Persönlichkeit" (wie Anm. 6, S. 22). Damit war Bildung ein Ideal, das den Bedürfnissen der jüdischen Akkulturation und Integration (vor allem in den Mittelstand) genau entsprach. Es konnte zur Triebkraft des modernen deutschen Judentums werden; zum Ursprung „für das jüdische Engagement im Bereich von Liberalismus und Sozialismus und maßgebend für die Suche nach einem neuen jüdischen Selbstverständnis im Anschluß an die Emanzipation". Mit der Zeit, so besagt diese Argumentation, seien das Judentum und der klassische Begriff von Bildung mehr und mehr zu Synonymen geworden. So findet Ludwig Strauss einmal, „daß man gerade vom Studium Goethes auf die jüdische Art stoßen muß". Und Kurt Blumenfeld bezeichnete sich selbst als „ein[en] Zionist[en] von Goethes Gnaden".[9]

Nie sei die Verbindung von Bildung und Judentum enger gewesen, behauptet Mosse, als während der Weimarer Republik. In dieser polarisierten Zeit, in der „sogar die meisten Deutschen das eigentliche Konzept der Bildung bis zur Unkenntlichkeit verzerrten", in der immer größere Teile der deutschen Gesellschaft (vor allem des deutschen Bürgertums) jenes Ideal preisgaben, das sie selbst einmal hervorgebracht hatten, hielten die Juden, so besagt diese Argumentation, eigensinnig an seinen liberalen und humanitären Voraussetzungen fest: an dem Glauben in die Fortschrittskräfte der Vernunft wie an dem (politisch vielleicht naiven) Beharren auf dem Vorrang von Kultur, Selbstformung und Kritik.[10] Immer seien, so Mosse, jüdische Intellektuelle die ersten Verfechter dieser Werte in der deutschen Gesellschaft gewesen; in der Weimarer Kultur aber seien sie geradezu deren alleinige Hüter geworden. In einer Gesellschaft, gebeutelt von den Wellen eines extremen Nationalismus und einer konfrontativen Politik, seien jüdische Intellektuelle mehr als je zuvor bestrebt gewesen, jenes klassische Bildungsideal zu bewahren und weiterzuführen und „das Irrationale durch eine rationale Erforschung und vernunftgeleitete Analyse zu exorzieren" (Mosse, S. 43).

Mosse sucht hier ein grundlegendes Bewegungsmoment zu erfassen. Er möchte zeigen, was die deutschjüdische Psyche am meisten ausgezeichnet hat, möchte ihr immer noch gültiges Erbe freilegen. Er behauptet nicht, alle Juden hätten sich die Bildungsidee notwendig in gleichem Maße zu eigen gemacht. Offenkundig gab es auch antiliberale, engstirnige und selbst „reaktionäre" Juden. Stadtbewohner verinnerlichten das Ideal stärker als die Landbevölkerung, seinen klarsten Ausdruck erfuhr es durch eine gebildete und wortmächtige Minderheit. Dennoch, beharrt Mosse, seien „die meisten [deutschen Juden] in irgendeiner Weise von jenem Bildungsideal und dem liberalen Gesellschafts- und Politikverständnis berührt" gewesen, einem Ideal, das „zum Bestandteil des deutsch-jüdischen Selbstverständnisses [wurde], da es „in fast alle Bereiche des deutsch-jüdischen Lebens eindrang" (wie Anm. 6, S. 19f.) – einschließlich der orthodoxen und zionistischen Flügel.

Natürlich wurde die Gültigkeit dieses Modells als einziger Schlüssel zur deutschjüdischen Identität sofort in Frage gestellt.

So hat Shulamit Volkov für einen differenzierteren Begriff von Bildung plädiert. Sie erinnert daran, daß der „Herbst der Aufklärung" zugleich der Beginn der Romantik war und verweist auf die Anziehung, die für die Juden in der Epoche nach der Aufklärung weniger von den „rationalen" als von den sittlichen Aspekten deutscher Kultur ausging.[11] Das Judentum, so hat Paul Mendes-Flohr von einem anderen Standpunkt aus eingewandt, „ist mehr als ein bloßes Empfinden oder selbst als eine Identität im existenziellen und psychologischen Sinn". Ein soziologisch gehaltvoller Begriff von Identität erfordere die aktive Teilhabe an der Gemeinschaft, der Kultur und dem Zusammengehörigkeitsgefühl mit anderen Juden.[12] Auch könnte es sein, daß das deutschjüdische Leben stärker der Tradition verhaftet blieb, als Mosse zuzugeben bereit ist. Dennoch glaube ich, daß er zumindest einige wesentliche Triebkräfte und Annahmen einfängt, die deutschjüdische Intellektuelle[13] und das gebildete (liberale, sozialistische, aber auch religiöse und zionistische) Bürgertum auf Dauer prägten: den Glauben an den Primat der Kultur, die humanisierende Betonung der „Autonomie persönlicher Verhältnisse" usw.

Viele dieser Einsichten halte ich also im wesentlichen für zutreffend. Mosses Behauptung jedoch, vor allem die deutschjüdische Bildungstradition habe bestimmt, was wir heute als „Kultur der Weimar Republik" betrachten (Mosse, S. 19), führt mehr in die Irre, als daß sie die Sachlage erhellt. Meiner Überzeugung nach entsprangen die lebendigsten Triebkräfte der Kultur von Weimar einem ausgesprochenen Mißtrauen, wenn nicht sogar direkter Opposition gegen viele Postulate der Bildungstradition. Keineswegs war es nur das immer brutaler werdende nationalistische Lager, wie Mosse behauptet, das das Konzept der Bildung über Bord warf. In gewisser Hinsicht kennzeichnete diese Abkehr die Arbeiten einer ganzen Generation bemerkenswerter Intellektueller,[14] etwa diejenigen Walter Benjamins, Ernst Blochs, Franz Rosenzweigs und Gershom Scholems, die alle auf neuartige und z.T. erstaunliche Weise radikale und jüdische Themenstellungen miteinander verschmolzen. Jeder dieser Ansätze unterschied sich von den anderen, jeder verdient eine eigene, ausführliche Untersuchung. Verbunden aber waren sie durch ein dichtes Netz von persönlichen (wenn auch keineswegs immer harmonischen) Beziehungen, durch gemeinsame Anliegen und Voraussetzungen.[15] Auf seine spezifische Weise verkörpert jeder von ihnen fast paradigmatisch ein in der Weimarer Zeit auftauchendes jüdisches Empfinden, das längst zum Bestandteil der allgemeinen Kultur und des intellektuellen Vermächtnisses des 20. Jahrhunderts geworden ist.[16]

Wir werden diese Arbeiten gleich etwas ausführlicher betrachten. Zuvor jedoch muß noch gezeigt werden, daß diese vielgestaltige jüdische Renaissance trotz ihrer Mannigfaltigkeit untrennbar in die grundlegenden Debatten verwoben war, die die Weimarer Republik charakterisierten – ein Zeitalter, das gerade einen Krieg von beispiellosen Ausmaßen und Verwerfungen erlebt hatte. Die Denker, auf die wir uns beziehen, verstanden sich selbst als Opposition gegen die Masse des liberalen, „bürgerlichen" Judentums. Natürlich vertrat keiner von ihnen offizielle Gemeinde-Standpunkte. Insofern können sie als „marginal" betrachtet werden. Aber genau entgegen dem, was Mosse behauptet, war ihr Denken zutiefst von der Zeit geprägt, in der sie lebten. Nicht isolierte Überbleibsel einer klassischen Tradition, die durch das Zeitgeschehen außer Kraft gesetzt wurde, sprachen aus ihren Unternehmungen, sondern die typischen Anliegen, Kategorien und Überzeugungen eines ruhelosen und radikalen Zeitalters. Für die Zwecke dieses Vortrags ist es wichtig zu betonen, daß ihr Denken ausdrücklich von anti-bürgerlichen, post-liberalen Impulsen geleitet wurde. Es handelte sich um eine Erneuerungsbewegung, die auf einem intellektuellen Rahmen jenseits und nach der Bildungsidee beruhte, ja durch dessen Konstruktion erst ermöglicht wurde. Die leitenden Themen dieser Renaissance und die damit verbunden Faszination durch Katastrophen, durch Endzeit und Erlösung, durch radikale, anti-evolutionistische Utopien, durch die Wiederentdeckung von (jüdischen) mystischen und messianischen Quellen[17] müssen als spezifische Ausformung verstanden werden von Anliegen, die heute im großen und ganzen als die innovativsten und charakteristischsten intellektuellen Unternehmungen der Weimarer Zeit gelten.

Natürlich ist es keine leichte Aufgabe, die Signatur einer Kulturepoche freizulegen.[18] Reine Kennzeichen sind selten. Wie überall wirkten auch in der Weimarer Republik ältere Denk- und Verhaltensmuster fort, standen sie Seite an Seite mit neueren Entwicklungen. Vieles, was damals zur Reife gelangte, hatte seinen

Ursprung zudem vor dem Krieg, im Kaiserreich. Dennoch, trotz einer zugegebenermaßen komplexen und vielgestaltigen Konstellation, halte ich es für nützlich, diejenigen schöpferischen geistigen, intellektuellen und künstlerischen Züge herauszuarbeiten, die das Besondere der Epoche entscheidend bestimmten. Zugleich weise ich damit das auf der Hand liegende, aber viel zu einseitige Argument zurück, so tief gespalten und widersprüchlich seien die Einstellungen und Haltungen zur Zeit der Weimarer Republik gewesen, so groß die Kluft zwischen Rechts und Links, daß man keinerlei Gemeinsamkeiten zwischen ihnen finden könne.[19] „Die deutsche Kultur der Weimarer Republik", schreibt Eberhard Kolb, „war daher eine tief gespaltene Kultur. Zugespitzt gesagt, es gab in Weimar-Deutschland zwei Kulturen, die sich gegenseitig kaum etwas zu sagen hatten und sich mit tiefer Fremdheit und Feindseligkeit gegenüberstanden, jede der anderen – wenn auch mit unterschiedlicher Berechtigung – die ‚Kultur'-Qualität absprechend."[20]

Auf einer bestimmten Ebene ist das natürlich unbestreitbar. Jenseits der offensichtlichen Gegensätze aber verstellt die Vorstellung von einer hoffnungslos gespaltenen Kultur die Wahrnehmung für das gemeinsame Erbe und die gemeinsamen Probleme, die nach dem ersten Weltkrieg die verwandelte deutsche Gesellschaft beherrschten. In diesem gemeinsamen Zusammenhang meldeten sich Eliten von sehr unterschiedlicher intellektueller Herkunft zu Wort, die jedoch mehr Empfindungen und Denkweisen miteinander teilten, als sie selbst zuzugeben bereit waren.[21] Was wir für die typischen intellektuellen Vorhaben der Weimarer Zeit halten, sind, wie ich gerne eingestehe, jene im Kern postliberalen Erwägungen auf den Ruinen einer zerstörten politischen und kulturellen Ordnung, die neue – und gewöhnlich radikale – Antworten auf die Probleme einer tiefgreifend veränderten europäischen Zivilisation suchten. Sowohl auf der linken als auch auf der rechten Seite teilten Intellektuelle das Verlangen, auf die eine oder andere Weise neu über ihre Wurzeln nachzudenken. Ihre Übereinstimmung lag weniger in den vorgeschlagenen Lösungen als in der Herangehensweise: in dem Drang, alles neu zu überdenken, und vor allem in einer bestimmten messianischen oder apokalyptischen Grundstimmung.[22] Es ist allgemein bekannt, daß die Rechte aufgrund ihrer Entwurzelung und Entmachtung nach dem Krieg zunehmend radikaler, revolutionärer, ja selbst apokalyptischer wurde. Gerade weil sie sich entwurzelt und entmachtet fühlte, stimmte sie in den radikalen Tonfall mit ein.[23] Was Karl Löwith über ihr intellektuelles Rüstzeug geschrieben hat: die Wahrnehmung von Verfall, von einer bevorstehenden europäischen Katastrophe, das entsprechende Verlangen nach einem Bruch, einer Revolution, einem Erwachen, war keineswegs auf die Rechte beschränkt.[24] Die gleichen Spannungen stimulierten die Neuansätze der intellektuellen Linken und oft in Wechselwirkung die radikale jüdische Erneuerungsbewegung. Wie George Steiner bemerkt hat,[25] zeichneten sich die repräsentativen Werke der Kultur von Weimar – Martin Heideggers *Sein und Zeit* (1927), Ernst Blochs *Geist der Utopie* (1918), Oswald Spenglers *Untergang des Abendlands* (1918 und 1922) – alle durch einen wachen Sinn für Brüche und nihilistische Zerstörungen aus. Alle erkundeten sie neue und radikale Wege, wie die Krise zu verstehen und zu bewältigen sei. Steiner hätte zu dieser Liste leicht das ähnlich gesonnene Hauptwerk der jüdischen Renaissance von Weimar hinzufügen können: Franz Rosenzweigs *Stern der Erlösung*.

All diese Texte haben einen Bezug zu unserem Thema, drücken sie doch ein allgemeines Empfinden aus, das gerade die geschätztesten Voraussetzungen der klassischen Bildungsidee offen herausforderte, bekämpfte oder ganz verabschiedete (und dabei zugleich die Vorstellungen sowohl vom Judentum als auch von der Kultur im allgemeinen entscheidend veränderte). Denn was dem Begriff der Bildung zugrundelag und ihm Überzeugungskraft verlieh, war der im Kern liberale und aufklärerische Glaube an eine Ganzheit, an die allmähliche Entwicklung der Menschheit,[26] an Fortschritt. Zur Bildung gehörte die Vorstellung eines allmählich sich entfaltenden Prozesses der Selbstformung, der nicht nur das Leben des Einzelnen bestimmen, sondern im Zuge seiner Realisierung gegebenenfalls die gesamte Menschheit einbeziehen sollte. Wie ein Historiker der Bildungsidee, Rudolf Vierhaus, gezeigt hat, beruhte dieser Begriff auf Vorstellungen von Individualität und Entwicklung. Definiert als „selbständige Entwicklung von innen heraus", setzte Bildung die rationalen, aufklärerischen Ideen eines allmählichen Geschichtsverlaufs, einer Ent-Wicklung, eines Voran-Schreitens voraus.[27] Zudem entsprang sie, wie Mosse selbst betont, „keineswegs dem Chaos oder dem Experiment, sondern war vielmehr Disziplin und Selbstbeherrschung unterworfen".[28] Ihre Verfechter hielten also, möchte ich hinzufügen, für gegeben, was die Modernen später ernsthaft in Zweifel ziehen sollten: die Einheit und den Zusammenhang des Selbst.

Die jüdische Erneuerungsbewegung der Weimarer Republik beruhte auf der Zurückweisung von praktisch jeder dieser Voraussetzungen (obwohl es beachtenswert ist, daß die Intellektuellen, die diese Zurückweisung aussprachen, auch die Erben jener Tradition waren; zumindest zum Teil wurden ihre feinsinnigen Erwägungen erst von jener Tradition ermöglicht). Wie diese Zurückweisung aussieht, wird deutlich, sobald man sie etwa von der Position Martin Bubers absetzt. Eine jüdische Erneuerung, die einzig und allein zukunftsgerichtet sei, argumentierte er, genüge nicht mehr; ebenso wichtig wie das Verlangen nach Ankunft sei das Bewußtsein für die Ausgangspunkte.[29] Doch ist das nicht mein Punkt. Mosse behauptet, von der Orthodoxie bis zum Zionismus (einschließlich Bubers völkischem Nationalismus)[30] hätten alle Strömungen des modernen deutschen Judentums die jüdischen Ursprünge *per definitionem* in eine vorwärtsgerichtete, humanisierende Bildungsutopie einbezogen. Tatsächlich kann Buber dem von mir gemeinten Weimarer Radikalismus nicht zugerechnet werden, beruhe seine Vision von jüdischen Erneuerung doch auf einem typischen Bildungsgedanken: auf der radikalen Selbsterneuerung des einzelnen Juden und seiner *inneren* Welt.[31] Bei den Weimarer Erneuerern des Judentums blieb das nicht unbemerkt. Teilweise konzipierten sie ihre jüdischen Renaissancen ausdrücklich gegen Bubers Prämissen, wandten sie sich gegen Bubers Vorkriegsaufruf, zu einem persönlichen Judentum der Erneuerung und des reinen Erlebnisses zurückzukehren.[32]

Richtig ist: Die jüdische Erneuerungsbewegung enthielt Überzeugungen, die junge Radikale bereits in den Jahren unmittelbar vor 1914 ausgesprochen hatten. Die Revolte gegen die bürgerlichen Älteren, die Ablehnung der Assimilation, Zweifel an der Synthese von Deutschtum und Judentum[33] gingen alle dem Krieg schon voraus. Erst jetzt aber, unter den weithin veränderten Bedingungen des Krieges und einer polarisierten Republik, übernahmen die Radikalen nicht nur neue kritische Perspektiven und neue Wege, die Probleme zu beschreiben, sondern auch sie zu beantworten. Ihre Lösung war ein eklektischer Radikalismus, der auf charakteristische Weise messianische, utopische und modernistische Denkweisen verschmolz. Die Epoche bietet zahlreiche Beispiele für seinen experimentellen (und häufig esoterischen) Charakter. Er bestimmte die Atmosphäre an so verschiedenen Institutionen wie dem berühmten Jüdischen Lehrhaus in Frankfurt am Main, dem Jüdischen Volksheim und der utopisch-sozialistischen Safed-Gesellschaft in Berlin, dem Heidelberger Sanatorium (1924–1928), das Judentum mit Psychoanalyse verband (es war bekannt als „Thorapeutikum"), und den „metaphysischen Zauberern" im Umkreis Oskar Goldbergs.[34] Obwohl mein Vortrag sich auf vier der bedeutendsten Vertreter dieses neuen Radikalismus konzentriert, haben die Historiker noch andere Personen dazugezählt, sogar so verschiedene wie Georg Lukács, Gustav Landauer, Kurt Hiller, Salomo Friedländer,[35] Erich Fromm und Leo Löwenthal. (Bezeichnenderweise hatte der Zionismus des jungen Löwenthal mit Palästina wenig zu tun. Wie er 1920 an Ernst Simon schrieb, handelte es sich dabei eher um eine Bewußtseinsform: um die für Juden geeignetste Weise, Blochs *Geist der Utopie* zu realisieren!)[36]

Bloch, Scholem, Rosenzweig und Benjamin kannten einander oder, um das Mindeste zu sagen, wußten voneinander. Die komplexen, kritischen Perspektiven, die sie auf Werk und Person der jeweils anderen entwickelten,[37] bezeugen die Verschiedenheit ihrer Unternehmungen, die Unterschiedlichkeit ihrer Vorstellungen vom Judentum und den wechselnden Grad ihrer Beziehung dazu. Alle vier jedoch – Scholem und Rosenzweig durch ihre jeweiligen Neuentwürfe des Judentums, Benjamin und Bloch durch die Übernahme jüdischer Elemente in ihre eklektische Neufassung des Marxismus – wiesen entscheidende Bestandteile der Bildungstradition zurück. Sie handelten so, weil der quasi-messianische, utopische und apokalyptische Grundstrom in Verbindung mit den kritischen und prophetischen Methoden, die die Weimarer Republik weithin durchdrangen (und zumindest zum Teil diese Denker veranlaßten, sich den jüdischen messianischen und mystischen Traditionen als Inspirationsquelle zuzuwenden)[38] zahlreiche Fundamente der Bildungswelt zerstört hatten. Alle vier Denker stellten die Idee des allmählichen geschichtlichen Fortschritts in Frage und betonten stattdessen die Wichtigkeit historischer Katastrophen, Einschnitte und Brüche. Kein Wunder also, daß 1919 der erschrockene (politisch höchst konservative)[39] Franz Rosenzweig, konfrontiert mit dem Ausmaß der europäischen Katastrophe, von Oswald Spenglers rechtsgerichtetem, apokalyptischen Werk *Der Untergang des Abendlandes*, sagte, es sei „objektiv wohl das größte Geschichtsphilosophem, das seit Hegel erschienen ist".[40] (Bloch übrigens beabsichtigte das Werk, das als *Geist der Utopie* bekannt geworden ist, ursprünglich *Musik und Apokalypse* zu nennen.)[41]

Für diese Männer führte nicht mehr ein rationaler Prozeß der „Selbstbestimmung" und „Entwicklung" zur Errettung, vielmehr waren es Epiphanien, kurz aufblitzende Erscheinungen, die den Fluß der Geschichte unterbrachen und so die Erlösung ankündigten, bzw. im Fall von Rosenzweig eine Erlösung völlig außerhalb der Geschichte nahelegten.[42] (Da die Juden für Rosenzweig eine metahistorische Gemeinschaft darstellten, eine Nation jenseits der Geschichte, galten sie ihm als Verkörperung der künftigen Erlösung schon in vormessianischer Zeit und als Bewahrer der menschlichen Endzeithoffnungen.)[43]

Mochte der Begriff der Bildung auch auf pietistische Wurzeln zurückgehen, seine zentrale Bedeutung für die deutsche Kultur verwandelte ihn von der zweiten Hälfte des 18. Jahrhunderts an in eine säkulare, vollkommen selbstbezügliche Kategorie. Er „bezeichnete einen Prozeß umfassender Selbsthervorbringung auf der Grundlage einer Form, die jeder einzelne immer schon in sich trug".[44] Was konnte von dieser Welt weiter entfernt sein als die quasi-theologischen (beinahe gegensätzlichen) Kategorien der jüdischen Erneuerungsbewegung in der Weimarer Republik? Im Fall von Rosenzweig bedarf das keiner Erläuterung. Ähnlich aber schrieb auch der Marxist Benjamin: „Mein Denken verhält sich zur Theologie wie das Löschblatt zur Tinte. Es ist ganz von ihr vollgesogen."[45] Benjamins Denken ist so eigenwillig, weil es ganz von dem Empfinden durchdrungen ist, einen historischen Materialismus zu schaffen, der, wie Benjamin formuliert, „eine Vorstellung der Gegenwart errichtet, die durchsetzt ist mit den Splittern der messianischen Zeit".[46] Auf seine Weise dem Hauptstrom des Marxismus ebenso fremd, zeigte Bloch sich fasziniert von unterirdischen religiösen Phänomenen, nährte sein explosives Utopie-Projekt sich von religiöser Einbildungskraft. Sein *Geist der Utopie* endet mit den Worten: „Wahrheit als Gebet".⁴⁷ Er wurde sicherlich als Theologe wahrgenommen. Emil Lask fragte: „Wie heißen die vier Evangelisten? Matthäus, Markus, Lukács und Bloch."⁴⁸ Scholem schließlich, mochte er noch so genauer Philologe und kritischer Historiker sein, schrieb in einer Sprache, die durchgängig mit theologischen Dimensionen befrachtet war, mit der „Hoffnung", wie er es ausdrückte, „auf eine wahre Botschaft vom Berge".⁴⁹

Angeregt wurde diese theologische Stimmung durch ein klares Bewußtsein für messianische Themen. Benjamins Marxismus ist ohne dieses Bewußtsein undenkbar. Welcher andere historische Materialist hätte schreiben können: „Der Messias kommt ja nicht nur als der Erlöser; er kommt als der Überwinder des Antichrist"?⁵⁰ Blochs gesamtes Œuvre kann als fortgesetzte Meditation betrachtet werden über die glänzenden Möglichkeiten eines „atheistischen Messianismus"⁵¹ und über die eschatologische Hoffnung als ein *a priori* von menschlicher Existenz, Kultur und Politik.⁵² Wie wir gesehen haben, war sich auch Rosenzweig der messianischen Dimension seines Denkens völlig bewußt, wenn er die Juden als deren Verkörperung schon innerhalb der vormessianischen, historischen Zeit betrachtete.⁵³ Scholems brillantes Gespür für die innere Dynamik des Messianismus ist allseits bekannt. Er entwickelte sich zum führenden und schärfsten Analytiker der paradoxen Dialektik, die der messianischen – und damit auch der apokalyptischen – Idee innewohnt.⁵⁴ Doch nicht nur als Analytiker näherte er sich diesem Gegenstand. Tatsächlich war er sich der Gefahren des Messianismus ebenso bewußt, wie er davon fasziniert war. Insgesamt jedenfalls ermöglichte ihm der Messianismus eine (kritische Erlösungs-) Perspektive, die mehr war als eine einfache historische Kategorie.⁵⁵ Die normative Rolle des Messianismus in seinem Denken zeigte sich am deutlichsten, als er 1931 bei Rosenzweig die Neutralisierung des apokalyptischen Strangs im jüdischen Messianismus kritisierte. Diese Neutralisierung unterminierte, was Scholem als die tiefe Wahrheit des apokalyptischen Messianismus ansah: die „Erkenntnis von der Katastrophalität aller historischen Ordnung in einer unerlösten Welt", die Wahrheit, „daß der Erlösung nicht nur eine befreiende, sondern auch eine zerstörende Kraft innewohnt".⁵⁶

Dieses messianische Denken und seine buntscheckigen Themen – die Verabschiedung von allmählichem Wandel, die Betonung von Ursprüngen und die Wiederherstellung goldener Zeitalter, ein radikaler Utopismus (dem die Erlösung entweder als das Ende der Geschichte oder als ein Ereignis in der Geschichte erscheint, aber niemals als Ergebnis der Geschichte) sowie die Dimension der apokalyptische Katastrophe, die das messianische Zeitalter durch einen qualitativen Riß von der Vergangenheit trennt[57] – all das arbeitet mit einem Begriff von „Erlösung", der diametral den optimistischen Begriffen von Fortschritt und Entwicklung gegenübersteht, wie sie dem liberalen und aufklärerischen Bildungsbegriff inhärent sind.

Ein einziger Blick, z.B. auf die Struktur des restaurativen Messianismus und seine Rede vom Ursprung als Ziel[58] (dessen Spur im Denken aller vier genannten Philosophen nachgewiesen werden kann), führt den Umsturz vor Augen, der die Vorstellungen von Wachstum und Entwicklung im Herzen des Bildungsbegriffs erfaßt hat. Paradoxerweise gehört die Idee von der Rückkehr zu einem ursprünglichen, paradiesischen Zustand sowohl der Vergangenheit an, als auch der Zukunft. Oder, wie Bloch es ausdrückt: „Die Welt ist nicht wahr, aber sie wird erfolgreich heimkehren durch Menschen und durch Wahrheit."[59]

Wichtiger noch war die eigenartige Betrachtung der Sprache, die sich aus dem restaurativen Messianismus ergab, galt sie ihm doch als der mächtigste, beinahe magische Schlüssel zur Erlösung, ja als deren Medium. Wir müssen vorsichtig sein, wenn wir angeben wollen, was daran neu war. Deutschsprachige jüdische Intellektuelle besaßen immer ein großes Gespür für die Formkraft der Sprache.[60] Vor 1914 aber – um bei den Aktivitäten der rationalistischen Bildungsdenker zu bleiben – neigten sie dazu, eher die Mehrdeutigkeit und Gefahren der Sprache zu betonen. Als eindringliche Sprachkritiker enthüllten Männer wie Karl Kraus und Felix Mauthner die Grenzen und Unwahrheiten der Sprache (eine Tradition, die später von Ludwig Wittgenstein radikalisiert wurde).[61] Prägnanter wies niemand zu dieser Zeit auf die Schwächen und Grenzen der Sprache hin als (in einem erstaunlichen Tagebucheintrag von 1911) Franz Kafka:

„Gestern fiel mir ein, daß ich die Mutter nur deshalb nicht immer so geliebt habe, wie sie es verdiente und wie ich es könnte, weil mich die deutsche Sprache daran gehindert hat. Die jüdische Mutter ist keine ‚Mutter', die Mutterbezeichnung macht sie ein wenig komisch […] ‚Mutter' ist für den Juden besonders deutsch, es enthält unbewußt neben dem christlichen Glanz auch christliche Kälte […]"[62]

Mit ihrer messianischen und modernistischen Grundhaltung gingen die Intellektuellen der jüdischen Erneuerungsbewegung in der Weimarer Republik nun über bloße Sprachkritik hinaus und suchten nach den letzten Erlösungsmöglichkeiten der Sprache. Die Betonung der Ursprünge verwies das Denken auf die Rückgewinnung verlorener Bedeutungen, auf die Wahrheit als eine verborgene: als Teil einer ursprünglichen, esoterischen Struktur, die auf Enthüllung wartet. Trotz zahlreicher Unterschiede in den Vorstellungen der Weimarer Intellektuellen gab es unterschwellig wichtige Gemeinsamkeiten (wenn diese auch nicht immer als solche wahrgenommen wurden).[63] So glaubte Rosenzweig an eine menschliche Ursprache, eine Art von vorbabylonischem Idiom, das er durch die ursprüngliche Einheit von Wort und Sache gekennzeichnet sah. (Man braucht in diesem Zusammenhang nur die Ähnlichkeit mit Heidegger zu erwähnen.)[64] Rosenzweigs Sicht auf die erlösenden Kräfte der Sprache,[65] sein Glaube, die verlorene Ursprache könne, Gottes ewige Gegenwart vorausgesetzt, wiederhergestellt werden, verwandelten Übersetzungen in ein besonders wirkungsvolles Medium:[66] „Jede Übersetzung ist ein messianischer Akt, der die Erlösung näher bringt."[67] Ähnlich verkündete der materialistische Metaphysiker Walter Benjamin die Existenz eines paradiesischen Sprachzustands, in dem, wie er sagt, „die letzten Geheimnisse, um die alles Denken sich müht, spannungslos und selbst schweigend aufbewahrt sind".[68] Trotz der Unterschiede – Benjamin postulierte eine archaisch-mythische „Sprache der Offenbarung", während Rosenzweig diese Sprache der Offenbarung als ewig gegenwärtig betrachtete[69] – ihre Vorstellung von der Rolle der Ursprünge und der Offenbarung unterlaufen die säkulare Idee einer sich entfaltenden, selbstbestimmten Bildung.

Auch Scholem sog diese Sicht von der Kraft einer ursprünglichen Sprache in sich auf – vor allem die Idee von der Kraft der heiligen Zunge. Höchst bemerkenswert geht das aus seinem Brief an Rosenzweig (aus Anlaß von dessen vierzigsten Geburtstag

1926) hervor. In diesem *Bekenntnis über unsere Sprache*[70] wird das Hebräische, wie Robert Alter formuliert, „als ein System tiefer Leitungen in den Untergrund [...] vorgestellt, das, einmal in Gang gesetzt, einen unwiderstehlichen Ausbruch der Tiefen eröffnet".[71] „Dies Land", schrieb Scholem über das damalige Palästina, „ist ein Vulkan: Es beherbergt die Sprache. [...] Freilich, man weiß nicht, was man tut. Man glaubt die Sprache verweltlicht zu haben. Aber das ist ja nicht wahr, die Verweltlichung der Sprache ist ja nur eine façon de parler, eine Phrase. [...] Sprache ist Namen. Im Namen ist die Macht der Sprache beschlossen, ist ihr Abgrund versigelt [sic]. Es steht nicht mehr in unserer Hand, die alten Namen tagtäglich zu beschwören, ohne ihre Potenzen wachzurufen. Sie werden erscheinen, denn wir haben sie ja freilich mit großer Gewalt beschworen."[72]

Ich gebe gerne zu, daß Scholems Beziehung zu meinem allgemeinen Gedankengang ziemlich komplex ist. Indessen möchte ich an Mosses Text über Scholem anknüpfen – eine Erweiterung und Anwendung von Mosses allgemeiner These –, der Scholems Vorhaben (obwohl es eher dem Verlangen nach einer jüdischen Nation zugehört als der Integration in Deutschland) nur insoweit für verständlich hält, als man die Kategorien der Bildungsidee darauf anwendet: die moralische und humanistische Haltung, der jeder normative Nationalismus unbehaglich ist; das Beharren auf der Priorität von Kultur; die Wahrnehmung des Geschichtsprozesses als eines offenen, unabgeschlossenen Vorgangs.[73]

Sicherlich sind diese Elemente bei Scholem vorhanden. Doch bleibt diese Interpretation beschränkt, weil sie die vielen, im Kern post-liberalen, ja anarchistischen Bestandteile von Scholems Denken nicht einzubeziehen vermag, auf die Mosse selbst nachdrücklich hinweist: die massiven antibürgerlichen Überzeugungen; die unwiderstehliche Neigung zum Unkonventionellen, selbst Bizarren; der Begriff des Zionismus als experimentelle Wette usw.[74] Die klassische Bildung, betont Mosse an anderer Stelle, „war nicht chaotisch oder experimentell, sondern diszipliniert und beherrscht". Das mag Scholems Arbeitsweise charakterisiert haben, auf seine anarchistischen Vorlieben paßte es ebensowenig wie auf seine Annahmen über den Verlauf der Geschichte. Tatsächlich verabschiedete er bereits 1916 in einer Weise, die der Philosophie der Bildung ganz entgegengesetzt war, „die Illusionen von ‚Entwicklung'" als ein Hindernis der Wahrheit (vgl. das Motto am Beginn dieses Textes).

Was ich zeigen möchte, ist, daß der Diskurs dieser jüdischen Renaissance, wie der der radikalen Weimarer Rechten (Ernst Jünger, Martin Heidegger, Oswald Spengler usw.), in eindeutig Nietzscheanische[75] Terminologie gekleidet war. Es ist nicht überraschend, daß in der Weimarer Nachkriegssituation, weit entfernt von der kultivierten, verfeinerten Welt der Bildung, alle Intellektuelle von einer geschärften Aufmerksamkeit für die Falle des Nihilismus ausgingen, für dessen zugleich zerstörerische und befreiende Möglichkeiten. Anders als Bloch, Rosenzweig und Benjamin, die Nietzsche, wenn auch auf verschlungenen Wegen bewunderten,[76] bestritt Scholem hartnäckig jede solche Affinität. Dennoch sind die Anklänge im Tonfall und die thematischen Ähnlichkeiten offensichtlich: die Begriffe des Abgrunds, der Amoralität, der Katastrophe und Apokalypse, des Nihilismus und der Antinomien prägen Scholems Vorstellungswelt und durchdringen überall seine Schriften. Zudem waren es meiner Meinung nach eben diese zeitgenössisch vertrauten, radikalen Kategorien (mögen sie bei Scholem zusätzlich aus der jüdischen Tradition ausgegraben sein oder nicht), die seine Darstellung auch der esoterischsten Seitenpfade jüdischer Geistesgeschichte für den modernen Leser so leicht zugänglich und aufregend machten.

Für diese Art des Denkens waren, Scholem hat es bezeugt, die Jahre von 1916 bis 1918 entscheidend. Sie standen hinter seiner erstaunlichen und originellen Anwendung dieser Kategorien auf die Welt der Kabbala, wo er, wie er sagte, „intuitiv[e] Bejahung mystischer Thesen" fand, „die haarscharf auf der Grenze zwischen Religion und Nihilismus lagen […] [und] Mut, in einen Abgrund zu steigen, der eines Tages bei uns selber enden könnte."[77]

Die Zeitgenossen bemerkten diese Faszination, die mit Bildung so wenig zu tun hatte: 1922 etikettierte Rosenzweig Scholem schlicht als einen „Nihilisten".[78] Das Folgende schrieb Scholem 1960, doch der Geist, der es beherrscht, und die Kategorien stammen aus seinen prägenden Weltkriegs- und Weimarer Jahren: „Jeder strenge und radikale Messianismus, der ernst genommen wird, reißt einen Abgrund auf, in dem aus innerer Notwendigkeit widersprüchliche Tendenzen und libertäre Moralvorstellungen an Kraft gewinnen."[79] Seine Beschäftigung mit dem Nihilismus und mit radikalen Grenzüberschreitungen, seine Faszination an den Verbindungen zwischen nihilistischer Zerstörungsmacht und vitalen Kräften der nationalen Erneuerung – auf klassische Weise formuliert in dem hebräischen Essay *Mitzsva haba'ah ba'averah* ('Erlösung durch Sünde') von 1937, in dem er untersucht, wie „die messianische Bewegung in eine nihilistische Bewegung mit religiöser Ideologie umschlug"[80] – hätte von der Art, wie die Theoretiker der Bildung die Welt und ihre Kräfte sahen, nicht weiter entfernt sein können.[81] Fest steht, wie David Biale überzeugend gezeigt hat, daß Scholem „zugleich das Kind der vitalistischen Gegenkultur der Jahrhundertwende" war, „aber ebenso auch ihr Kritiker, eine Art antinietzscheanischer Nietzsche", dessen Anziehung durch das Irrationale und Dämonische gemildert wurde von einem Sinn für deren katastrophenträchtige Möglichkeiten.[82]

Scholems lebenslange, rege Aufmerksamkeit für das, was er den „Abgrund" nannte, ermöglicht einen tiefen Einblick in die Wege, auf denen er und seine Generation das Bildungserbe hinter sich ließen.[83] Sie spiegelt eine elementare Annahme über die Natur der Wirklichkeit. Danach ist die Stabilität der Welt illusorisch und jederzeit von Terror erfüllt: „Beruhigende Ordentlichkeit und Zusammenhang gehörten nicht notwendig dazu".[84] Scholems geschichtliche Welt ist durch die tiefe Spannung ihrer abwechselnd destruktiven und glanzvollen Möglichkeiten gekennzeichnet. Auch die klassische Bildungsidee betonte eine gewisse Offenheit der Geschichte, doch beruhte diese gerade auf dem Glauben an eine Fortschrittsentwicklung und einen humanisierenden Zivilisationsprozeß, der weit entfernt war von Benjamins (inzwischen) berühmtem Diktum, es gebe „niemals ein Dokument der Kultur, ohne zugleich ein solches der Barbarei".[85]

Unsere jüdischen Weimaraner konnten die fortschrittsgläubigen, zivilisationsfreudigen Annahmen nicht länger akzeptieren – zu tief waren sie durch die traumatisierende Erfahrung des Ersten Weltkriegs zersetzt worden. In seinem Tagebuch von 1916 registrierte der junge Scholem bereits den Tod und das Begräbnis Europas.[86] Im November 1918 schrieb Rosenzweig: „Die Kultur, die einmal die unsere gewesen ist, wird noch zu unseren Lebzeiten zerstört werden [...] Etwas Neues wird natürlich ihren Platz einnehmen. Aber das wird nicht das unsrige sein."[87] Er betrachtete die Geschichte jetzt bloß noch als eine zerstörerische Kraft und suchte die Erlösung davon in der jüdischen Ewigkeit. Eine Fortschrittsphilosophie der Geschichte jedenfalls – wie sie die Idee der Bildung mit ihren ontologischen und epistemologischen Voraussetzungen hervorgebracht hatte – war für keinen dieser Denker mehr vorstellbar. Trotz seiner Visionen zukünftiger Hoffnung postuliert Ernst Bloch nirgendwo ein System historischer Entwicklung; den Begriff des Fortschritts bekämpft er ganz explizit. Es gibt kein Kontinuum. Wahre Menschlichkeit kann vielmehr zu jeder Zeit erscheinen, in blitzartigen, erwählten Momenten, ihre letzte Verwirklichung ist in eine niemals erreichbare Zukunft verlegt.[88] Mag auch bei Bloch Humanisierung das Ziel bleiben, von dem liberalen Aufklärungsmodell ist sie weit entfernt: „Die Geschichte", schrieb er, „ist kein einlinig voranschreitendes Wesen. [...] sie ist ein vielrhythmisches und vielräumiges mit genug unbewältigten und noch keineswegs ausgehobenen Winkeln."[89]

Die genannten Denker teilten eine Art neo-eschatologischer Neigung, gekennzeichnet durch die Überzeugung, es gebe einen radikalen Bruch zwischen Geschichte und Erlösung.[90] Rosenzweig, der Anti-Hegelianer, verabschiedete die Geschichte als endlosen Kreislauf von Kriegen und Revolutionen, prinzipiell unfähig, sich selbst zu erlösen. Wie Stéphane Moses gezeigt hat, wurden die historische Argumentation und der Begriff des historischen Telos zurückgewiesen, wurde eine neue Vorstellung von Zeit entwickelt.[91] Ein Zwilling des Bildungsgedankens – Wachstum und selbstbestimmter Fortschritt – wurden aufgegeben.[92] Risse, Brüche und Revolutionen gewannen die Vorherrschaft über das Kontinuum einer gleichmäßigen Zeit. Wie wir gesehen haben, war das nicht nur eine negative Kritik, bot man doch mit der Erlösung eine – bei allen offensichtlichen Verschiedenheiten, die diese Denker trennten, strukturell überraschend ähnliche – Alternative.[93]

Diese Alternative bestand aus dem Begriff der Aktualisierung: der Erlösung als einer ständigen, immanenten Möglichkeit, jetzt und zu jeder gegebenen Zeit, der „Jetztzeit". Statt als ununterbrochen voranschreitende Ganzheit wird die geschichtliche Zeit jetzt in Form von qualitativen Augenblicken vorgestellt. So ersetzte Rosenzweig den konventionellen aufklärerischen Begriff der Zeit durch den Gedanken des ewigen jüdischen Kreislaufs und verband ihn mit dem der Jetztzeit, in der die Erlösung immer möglich ist. Der Marxist Benjamin (und ähnlich auch Bloch) betrachteten Revolutionen nicht länger als Höhepunkte eines Fortschrittsprozesses, sondern als plötzliche Eruptionen einer tieferen Wahrheit, die die Kontinuität der Geschichte sprengt. In ihr sind es, laut Benjamin, nur die Renten und Zinsen, die für Kontinuität sprechen, Diskontinuität kennzeichne hingegen das Reich der Unterdrückten und ihrer Aufstände.[94] Die Geschichte wurde damit zu einem nichtlinearen Vorgang, getränkt mit den Möglichkeiten für neue Anfänge. Wenn Scholem sich auch Benjamins Sicht nicht anschloß, verstand er doch ihre innere Struktur. Er beschrieb sie als Säkularisierung der jüdischen Lehre von der Apokalypse, in der „die edle und positive Gewalt der Zerstörung [...] nun die der Immanenz der Welt zugeordnete, die in der Geschichte der menschlichen Arbeit sich vollziehende Seite der Erlösung" werde.[95]

Festgehalten werden muß, daß diese Einstellungen jenseits der klassischen Bildungsidee sich in der Regel mit Gedanken verbanden, die ich nur als „modernistisch" bezeichnen kann. Das äußerte sich auf verschiedene Weise.[96] Es kennzeichnete die stilistischen Tendenzen, die mit dem Zusammenbruch einer kausalen, linearen Vorstellung von Zeit und Entwicklung einhergingen.[97] Es hatte zu tun mit der reflektierten Montageform, in der Bloch viele seine Arbeiten konstruierte (am berühmtesten wohl *Erbschaft unserer Zeit*). Wie er dort schreibt: „[...] die Kombinationen mannigfacher Montage halten keine abgelaufenen Ganzheiten, keine verlogen angebeteten ‚ewigen Werte', sondern unterbrochene Trümmer, neu figuriert", die ein Erlösungspotential besitzen.[98] Das Gleiche gilt im großen und ganzen auch für Benjamins Art des Schreibens, vorgeführt in seiner *Einbahnstraße*, diesen dichten persönlichen Aufzeichnungen, die Beobachtungen, Träume, Aphorismen und Prosaepigramme miteinander verbinden.[99] Insgesamt forderte der Modernismus jene Erzählformen heraus, die bezeichnenderweise als *Bildungs*-Roman bekannt sind, weil sie einen Lebenszusammenhang innerhalb einer einzelnen Biographie oder sogar über mehrere Generationen hinweg suggerieren.[100] Bloch stellte klar, daß die Zeitläufe dies in eine Unmöglichkeit verwandelt hatten. „[...] als die bürgerliche Welt noch revolutionär war [...], [war] der Weg dahin [...] noch jener vom Sturm und Drang zu Wilhelm

Meister, als dem bürgerlichen Erziehungsroman an der ‚Welt'; der geglaubte Ausgleich kulminierte [...] als Hegels ‚Versöhnung des Subjekts mit der Notwendigkeit' [...] und heute gar in der perfekten Nicht-Welt, Gegen-Welt oder auch Trümmer-Welt des großbürgerlichen Hohlraums ist ‚Versöhnung' konkreten Dichtern weder eine Gefahr noch möglich."[101]

Hier liegt noch ein weiterer Punkt, der integral mit dem Thema dieses Vortrags verbunden ist. Dieses (einmal mehr nietzscheanische) modernistische Bewußtsein forderte die vielleicht wichtigste Voraussetzung der alten Bildungsidee heraus: den Begriff eines einheitlichen, zusammenhängenden Selbst. Wie Bloch bewundernd über Benjamins *Einbahnstraße* schrieb: „Ihr Ich ist sehr nahe, aber wechselnd, ja es sind recht viele; [...] Immer neue ‚Ichs' [...] sind hier zu sehen und löschen sich aus."[102] Benjamins brillante Studie über den Surrealismus geht nicht nur explizit auf dieses Problem ein, sondern zeigt zugleich, wie, in den Worten von Charles Taylor, der modernistische Drang nach „der Befreiung der Erfahrung es nötig machen zu können scheint, daß wir aus dem Kreis der einen, einheitlichen Identität heraustreten und uns für den Strom öffnen, der sich hinter dem Bereich von Kontrolle und Vereinheitlichung bewegt [...] der Erscheinungsschwerpunkt fängt an, sich vom eigenen Selbst zu der Folge von Erfahrungen zu verlagern, zu neuen Formen der Einheit, zu einer Sprache, die auf ganz verschiedene Weisen wahrgenommen wird".[103] Sind es in der Bildungsidee die prägenden Kräfte des Selbst, auf denen die Befreiung beruht, so werden diese Kräfte nun außerhalb des Selbst gefunden. „[Die Sprache] hat den Vortritt", schrieb Benjamin. „Nicht nur vor dem Sinn. Auch vor dem Ich. Im Weltgefüge lockert der Traum die Individualität wie einen hohlen Zahn."[104]

Die jüdische Erneuerungsbewegung der Weimarer Republik, müssen wir schließen, stellt eine paradoxe Herausforderung dar für das Paradigma der Bildung und seine Vorstellungen von der intellektuellen Substanz und dem Vermächtnis des deutschen Judentums.[105] Ihre Vorkämpfer definierten ihr Judentum nicht, wie Mosse behauptet, in der Tradition des klassischen Bildungsgedankens, sondern eher, indem sie viele seiner Annahmen, und zwar gerade die beliebtesten, sprengten (während sie möglicherweise an anderen festhielten, etwa am fortgesetzten Glauben an die humanisierenden Vermögen der Kultur und die Personalisierung von Beziehungen). Es handelte sich um eine Renaissance, deren Voraussetzungen, Empfindungen und Kategorien nicht getrennt waren von den vorherrschenden Zeittendenzen, sondern im Gegenteil vielfach mit ihnen verbunden, so daß die Zeitströmungen auch bei der Entscheidung halfen, welche (in der Regel vernachlässigten und esoterischen) jüdischen Quellen und Materialien in die jeweiligen Visionen aufgenommen werden sollten. Unauslöschlich von den Zeitumständen geprägt, wurden die neuartige Bestimmung des Judentums und seine Bekräftigung erst dadurch möglich, gewannen sie erst dadurch Lebendigkeit, fanden sie erst dadurch Resonanz, daß sie entschieden über die ruhigeren Welten des klassischen Liberalismus und der Bildung hinausgingen.

Anmerkungen und Literatur

Colin Renfrew:
Symbol before concept

1 Der *multiplier effect* ist das zentrale systemtheoretische Konzept, in dem Renfrew (1972) eine Vielzahl positiver Feedback-Prozesse zwischen den verschiedenen Subsystemen der ägäischen Kultursysteme zusammenfaßte, um damit die Gesamtwirkung – eine Verstärkung der ursprünglichen Wandlungsprozesse und die daraus resultierende Entstehung komplexer Gesellschaften im dritten vorchristlichen Jahrtausend – zu beschreiben und zu erklären. Zur Definition s. Renfrew (1972, S. 27 ff., bes. 36–38). (Anm. d. Übersetzers).

2 Als *projective or symbolic subsystems* konzipierte Renfrew (1972, bes. S. 22) jene Sphären des Kultursystems, in denen sich der Ausdruck und die symbolische Formalisierung (die Projektion) menschlicher Wissensinhalte, Glaubensvorstellungen, Einstellungen und Weltanschauungen in Sprache und/oder Schrift, Ritus, Gebet, Kunst, Musik, Tanz und anderen abstrakten Formen vollzieht. Gemeint sind insbesondere die Kultursphären der Religion, Kunst und Wissenschaft. (Anm. d. Übersetzers).

Zitierte Literatur:

Appadurai, Arjun (Hg.): The Social Life of Things. Cambridge 1986.
Bell, James A.: Reconstructing Prehistory. Scientific Method in Archaeology. Philadelphia (PA) 1994.
Boyer, Pascal: The Naturalness of Religious Ideas. A Cognitive Theory of Religion. Berkeley (CA) 1993.
Bradley, Raymond S.: Altering the Earth. Edinburgh 1993.
Bradley, Raymond S.: The Significance of Monuments. London 1998.
Cassirer, Ernst: An Essay on Man. New Haven (CON) 1944.
Cauvin, Jacques: L'apparition des divinités. In: La Recherche 194 (1987), S. 1472–1480.
Cauvin, Jacques: Naissance des divinités, naissance de l'agriculture. Paris 1994.
Childe, Vere Gordon: Man Makes Himself. London 1936.
Clark, Grahame D.: Symbols of Excellence. Precious Materials as Expressions of Status. Cambridge 1986.
DeMarrais, E./Castillo, Luis Jaime/Earle, Timothy K.: Ideology, materialization, and power strategies. In: Current Anthropology 37 (1996), S. 15–31.
Donald, Merlin: Origins of the Modern Mind. Three Stages in the Evolution of Culture and Cognition. Cambridge (MA) 1991.

Earle, Timothy K.: How Chiefs Came to Power. Stanford (CA) 1997.

Hodder, Ian: Reading the Past. Cambridge 1986.

Hodder, Ian: The Domestication of Europe. Oxford 1990.

Mellars, Paul A./Gibson, Kathleen (Hg.): Modelling the Early Human Mind. Cambridge 1996.

Mithen, Steven J.: The supernatural beings of prehistory and the external storage of religious ideas. In: Renfrew/Scarre (Hg.), 1998, S. 97–106.

Renfrew, Colin: The Emergence of Civilisation. The Cyclades and the Aegean in the Third Millennium BC. London 1972.

Renfrew, Colin: Beyond a subsistence economy. The evolution of social organisation in prehistoric Europe. In Charlotte B. Moore (Hg.): Reconstructing Complex Societies: An Archaeological Colloquium (=Supplement to the Bulletin of the American School of Oriental Research. 20). Cambridge (MA) 1974, S. 69–95.

Renfrew, Colin: Towards an Archaeology of Mind (Inaugural Lecture). Cambridge 1982.

Renfrew, Colin: Varna and the emergence of wealth in prehistoric Europe. In: Appadurai (Hg.), 1986, S. 141–168.

Renfrew, Colin: The Sapient behaviour paradox. How to test for potential? In: Mellars/Gibson (Hg.), 1996, S. 11–14.

Renfrew, Colin: All the king's horses. Assessing cognitive maps in later prehistoric Europe. In Steven J. Mithen (Hg.): Creativity in Human Evolution and Prehistory. London 1998, S. 260–284.

Renfrew, Colin/Zubrow, Ezra B. W. (Hg.): The Ancient Mind. Elements of Cognitive Archaeology. Cambridge 1994.

Renfrew, Colin/Scarre, Chris (Hg.): Cognition and Material Culture. The Archaeology of Symbolic Storage. Cambridge 1998.

Searle, John R.: The Construction of Social Reality. Harmondsworth 1995. Deutsch u. d. T.: Die Konstruktion der gesellschaftlichen Wirklichkeit. Zur Ontologie sozialer Tatsachen. Reinbek 1997.

Treherne, Paul: The warrior's beauty. The masculine body and self-identity in Bronze Age Europe. In: Journal of European Archaeology 3/1 (1995), S. 105–144.

Jan Assmann:
Ägypten in der Wissenskultur des Abendlandes

1 Zum ersten Teil dieses Beitrags s. Jan Assmann: Magische Weisheit im altägyptischen Kosmotheismus. In: Weisheit. Hrsg. v. Aleida Assmann. München 1991, S. 241–258. Wiederabgedruckt in ders.: Stein und Zeit. Mensch und Gesellschaft im Alten Ägypten. München 1991, S. 59–75. Zum zweiten Teil s. ders.: Ägypten in der Gedächtnisgeschichte des Abendlandes. In: Jahrbuch des Historischen Kollegs 5 (1999) [im Druck]. Textliche Überschneidungen mit diesen beiden Aufsätzen haben sich nicht vermeiden lassen.

2 Hierzu s. Eric Iversen: The Myth of Egypt and its Hieroglyphs in European Tradition. Kopenhagen 1961. Neudruck Princeton 1993.
3 Aus einem kulttheologischen Traktat über den „König als Sonnenpriester", Jan Assmann: Der König als Sonnenpriester. Ein kosmographischer Begleittext zur kultischen Sonnenhymnik. Glückstadt, New York 1970.
4 Siehe hierzu Erik Hornung: Altägyptische Jenseitsführer. Ein einführender Überblick. Darmstadt 1997, S. 37–112, mit Verweisen auf die Literatur.
5 Das Amduat. Die Schrift des Verborgenen Raumes. Hrsg. nach Texten aus den Gräbern des Neuen Reiches v. Erik Hornung, 3 Bde. Wiesbaden 1963–67; ders.: Texte zum Amduat (=Aegyptiaca Helvetica. 13–15). Genf 1987–1994; Übersetzung ders.: Ägyptische Unterweltsbücher. 2. Aufl. Zürich 1984, S. 57–194. Siehe auch ders.: Jenseitsführer (wie Anm. 4), S. 50–55.
6 Hermès Trismégiste: Corpus Hermeticum. Griechisch und Französisch. Texte établi par Arthur Darby Nock et traduit par André-Jean Festugière, 4 Bde. Paris 1945–54. Neuere kommentierte Übersetzungen: Hermetica. The Greek Corpus Hermeticum and the Latin Asclepius in a new English translation. With notes and introduction by Brian P. Copenhaver. Cambridge 1992; Das Corpus Hermeticum deutsch. Übersetzung, Darstellung und Kommentierung in drei Teilen. Im Auftrag der Heidelberger Akademie der Wissenschaften bearbeitet und hrsg. v. Carsten Colpe und Jens Holzhausen (=Clavis Pansophiae. 7). Stuttgart-Bad Cannstatt 1997.
7 Garth Fowden: The Egyptian Hermes. A historical approach to the late pagan mind. Cambridge 1986, S. 57–74. Fowden rechnet mit einem erheblichen Ausmaß von ägyptisch-griechischer Kontinuität auf dem Gebiet der Magie, äußerst sich aber sehr skeptisch zu traditionell-ägyptischen Grundlagen der astrologischen und alchemistischen Literatur. Siehe auch Franz Cumont: L'Égypte des astrologues. Brüssel 1937 und Otto Neugebauer: The Exact Sciences in Antiquity. Princeton 1952. Nachdruck New York 1969.
8 Zur spätantiken Alchimie s. André-Jean Festugière: La Révélation d'Hermès Trismégiste, 4 Bde. Paris 1949–54, hier: Bd. I, S. 217–282.
9 Textausgabe: Hori Apollinis Hieroglyphica. Ed. Franciscus Sbordone. Neapel 1940; englische Übersetzung: The Hieroglyphica of Horapollo. Translated by George Boas (=Bollingen Series. 23). New York 1950; kommentierte Ausgabe: Gli Hieroglyphica di Orapollo. Introduzione, traduzione e note par Elena Zanco. Padova 1950.
10 Historia de duabus civitatibus, I 16.
11 Zur Idee der *theologia* oder *philosophia prisca* als eines universalen Urwissens, das von Hermes Trismegistus und Zoroaster ausgehend über Orpheus und Pythagoras dem Abendland vermittelt wurde, s. Daniel Pickering Walker: The Ancient Theology. Studies in Christian Platonism from the 15th to the 18th c. London 1972 sowie neuerdings Michael Stausberg: Faszination Zarathustra. Zoroaster und die europäische Religionsgeschichte der frühen Neuzeit, 2 Bde. (=Religionsgeschichtliche Versuche und Vorarbeiten. 42). Berlin, New York 1999.
12 Vgl. Anthony Grafton: Cardanos Kosmos. Die Welten und Werke eines Renaissance-Astrologen. Berlin 1999. Cardano, der Erfinder des nach ihm

benannten Kardangelenks, war Mathematiker, Mediziner, Astrologe, Philosoph, Enzyklopädist.

13 Den Ausdruck „Kosmotheismus" hatte Lamoignon de Malesherbes geprägt mit Bezug auf die antike, insbesondere stoische Verehrung des Kosmos oder *mundus* als Höchstem Wesen. In seiner Edition der *Naturalis historia* Plinius' des Älteren (1782) kommentierte er einen besonders typischen Satz dieser Religion – *mundum, et hoc quodcumque nomine alio coelum appellare libuit, cujus circumflexu teguntur cuncta, numen esse credi par est* – mit dem Vorschlag, Plinius „nicht einen Atheisten, sondern einen Kosmotheisten zu nennen, d. h. einen, der glaubt, daß das Universum Gott sei", s. Emmanuel J. Bauer: Das Denken Spinozas und seine Interpretation durch Jacobi. Frankfurt, Bern, New York, Paris 1989, S. 234 ff.

14 Zur Hieroglyphik der frühen Neuzeit s. insbesondere Liselotte Dieckmann: Hieroglyphics. St Louis 1970; Madeleine V. David, Le débat sur les écritures et l'hiéroglyphic aux XVIIe et XVIIIe siècles. Paris 1965; Erik Iversen, The Myth of Egypt (wie Anm. 2).

15 Isaac Casaubon: De rebus sacris et ecclesiasticis exercitationes XVI. Ad Cardinalis Baronii Prolegomena in Annales. London 1614, S. 70 ff. Siehe Frances Yates: Giordano Bruno and the Hermetic Tradition. Chicago 1964, S. 398–403; Anthony Grafton: Protestant versus Prophet. Isaac Casaubon on Hermes Trismegistos. In: Journal of the Warburg and Courtauld Institutes 46 (1983), S. 78–93. Wiederabgedruckt in ders.: Defenders of the Text. The Traditions of Scholarship in an Age of Science, 1450–1800. Princeton 1991, S. 145–161.

16 Zum Folgenden s. mein Buch: Moses der Ägypter. Entzifferung einer Gedächtnisspur. München 1998.

17 Arnaldo Momigliano: Ancient History and the Antiquarian. In: Journal of the Warburg and Courtauld Institutes 13 (1950), S. 285–314.

18 Zur Tradition der christlichen Hebraisten vor allem des 17. Jahrhunderts siehe Frank E. Manuel: The Broken Staff. Judaism through Christian Eyes. Cambridge Mass. 1992 und Aaron L. Katchen: Christian Hebraists and Dutch Rabbis. Seventeenth Century Apologetics and the Study of Maimonides Mishneh Torah. Cambridge Mass. 1984.

19 Adrian Schenker OP: Die Rolle der Religion bei Maimonides und Thomas von Aquin. In: Ordo Sapientiae et Amoris. Image et message de saint Thomas d'Aquin à travers les recentes études historiques, herméneutiques et doctrinales. Hrsg. v. Carlos-Josaphat Pinto de Oliveiro (Festschrift Jean-Pierre Torrell OP). Fribourg 1993, S. 169–193.

20 Rabbi Moses Maimonides: Doctor Perplexorum. Basel 1624.

21 Richard H. Popkin: Newton and Maimonides. In: James E. Force/ders.: The Third Force in Seventeenth Century-Thought. Leiden 1992, S. 189–202; Scott Mandelbrote: Isaac Newton and Thomas Burnet. Biblical Criticism and the Crisis of Late Seventeenth Century England. In: The Books of Nature and Scripture. Hrsg. v. Richard H. Popkin und James E. Force. Dordrecht 1994, S. 149–178.

22 Ich stütze mich im Folgenden auf die Übersetzung von Shlomo Pines: The Guide of the Perplexed (Dalalat al-ha'irin) by Moses Maimonides.

Chicago 1963. Für eine deutsche Übersetzung s. Moses ben Maimon: Führer der Unschlüssigen. Übersetzung und Kommentar v. Adolf Weiss, mit einer Einführung v. Johann Maier. Leipzig 1924. Nachdruck Hamburg 1972. Maimonides schrieb auf arabisch (mit hebräischen Schriftzeichen). Die hebräische Übersetzung von Ibn Tibbon wurde 1204 abgeschlossen.

23 Über die Sabier (arab.: *'ummat Sa'aba*, lat.: *zabii*) fehlt neuere Literatur. Das immer noch maßgebliche Werk stammt aus der Mitte des 19. Jahrhunderts: Daniel Chwolsohn: Die Ssabier und der Ssabismus, 2 Bde. St. Petersburg 1856. Zu den Sabiern oder Zabii siehe auch Th. Gale: Philosophia Generalis in duas partes determinata. London 1676, S. 139–140. Thomas Hyde: Historia religionis veterum Persarum, eorumque Magorum (1700). 2. Auflage Oxford 1760, S. 122–138 kehrt die Reihenfolge um und erblickt im Zabiismus eine Degenerationsform des Zoroastrianismus. Thomas Stanley widmete den letzten Band seiner monumentalen History of Philosophy, 3 Bde. London 1665–1672. Wieder London 1687. Nachdruck New York und London 1978, der „History of the Chaldaick Philosophy", die die „Sabeans" auf S. 1062–1067 behandelt. Siehe hierzu Michael Stausberg: Faszination Zarathustra (wie Anm. 11), Register, S. 1058 s. v. Sabäer/Sabäismus.

24 Edward Stillingsfleet identifizierte 1662 die Sabier mit den „Östlichen Chaldäern", worunter er die Zoroastrier verstand: „Was diese Zabii angeht, sagt uns Maimonides, daß das Verständnis ihrer Riten viel Licht werfen würde auf verschiedene Passagen der Schrift, die uns jetzt dunkel sind: aber wenig mehr soll derzeit von ihnen bekannt sein als was Scaliger gesagt hat, nämlich daß sie die östlicheren Chaldäer gewesen sind." Stillingfleet zufolge war Zoroaster sowohl der Gründer der Sabier als auch der „Stifter der persischen Religion oder vielmehr ihr Beförderer unter den Persern". Er sah den gemeinsamen Nenner des „Zabiismus" und der „Persischen Religion" in „ihrer Übereinstimmung im Hauptpunkt der Idolatrie, nämlich der Verehrung der Sonne": Origines sacrae, or a rational account of the grounds of Christian faith, as to the truth and divine authority of the scriptures, and the matters therein contained. London 1662. 3. Auflage London 1666; I–II Oxford 1797, I, 49–51. Theophile Gale glaubte, daß „the rites of the Zabii are the same with those of the Chaldaeans und Persians, who all agreed in this worship of the Sun, und of Fire, &c.", siehe The Court of the Gentiles, 2 Bde. Oxford 1669–71, II 73. Nach Gale überlieferte Abraham die ursprüngliche Weisheit den Chaldäern, in deren Händen sie schnell verkam zu „that Black Art (deservedly so called because of Hell) of Judicial Atrologie, or Divination". Später ging dann aus dieser Schwarzen Kunst der Zabiismus hervor. Das letzte Entwicklungsstadium dieser Tradition war der Zoroastrianismus, denn „Soroaster, who is reputed the Founder of the Persick Philosophie, and Worship, was indeed but the Promoter of it: for the main of the Persian Rites, and Wisdom, wherein their Magi were instructed, were traduced from the Zabii, or Chaldean Philosophers."

25 1670 veröffentlichte Spencer seine Dissertation über „Urim und Thummim" und 1685 sein monumentales Hauptwerk: De Legibus Hebraeorum Ritualibus et Earum Rationibus Libri Tres. Cambridge 1685, oft nachge-

druckt, z. B. Den Haag 1686; Leipzig 1705; Cambridge 1727 und Tübingen 1732. Meine Zitate beziehen sich auf die Ausgabe von 1686. Zu Spencer s. Moses der Ägypter (wie Anm. 16), Kap. 3, S. 83 ff.
26 Vgl. Francis Schmidt: Des inepties tolérables. La raison des rites de John Spencer (1685) à W. Robertson Smith (1889). In: Archive de Science sociale des Religions 85 (1994), S. 121–136.
27 The True Intellectual System of the Universe: the First Part, wherein All the Reason and Philosophy of Atheism is Confuted and its Impossibility Demonstrated (1. Auflage London 1678; 2. Auflage London 1743. Cudworth schrieb das Werk bereits 1671, schob aber seine Veröffentlichung bis 1678 hinaus und publizierte auch dann nur den Ersten Teil. Der zweite Teil ist nie erschienen und hat sich auch unter den unpublizierten Manuskripten nicht gefunden (Richard H. Popkin: Polytheism, Deism, and Newton. In: Essays on the Context, Nature, and Influence of Isaac Newton's Theology. Hrsg. v. James E. Force und Richard H. Popkin (=Archives Internationales d'Histoire des Idées. 129). Dordrecht, Boston, London 1990, S. 31). Vgl. auch Michael Stausberg: Faszination Zarathustra (wie Anm. 11), S. 426–432.
28 Die Inschrift wird von Plutarch: De Iside, cap. 9354C und Proklos: In Tim. I 30 d e, erwähnt. Marsilio Ficino, der diese Stella in seinem Timaios-Kommentar behandelt (Op. Omnia II, 1439), erwähnt Sais nicht und bringt dieses *aureum epigramma* nur mit Minerva, nicht mit Isis in Verbindung. Er übersetzt aber bereits *chiton* bzw. *peplos* mit *velum* und deutet die Stelle im Hinblick auf die Unerkennbarkeit des Göttlichen.
29 Bei Proklos heißt es statt *peplos* ('Mantel'): *chiton* (ein feinleinenes Untergewand), statt „kein Sterblicher": „niemand" (was die Unsterblichen einschließt) und es folgt der Satz „die Frucht meines Leibes aber ist die Sonne".
30 Vgl. zu diesem Thema und als Einstieg in die ungeheuer verzweigte einschlägige Literatur Monika Neugebauer-Wölk: Esoterische Bünde und bürgerliche Gesellschaft. Entwicklungslinien zur modernen Welt im Geheimbundwesen des 18. Jahrhunderts (=Kleine Schriften zur Aufklärung 8). Wolfenbüttel, Göttingen 1995; Aufklärung und Esoterik. Hrsg. v. ders. (=Schriften zum 18. Jahrhundert. 24). Tübingen 1999.
31 William Warburton: The Divine Legation of Moses Demonstrated on the Principles of a Religious Deist, from the Omission of the Doctrine of a Future State of Reward and Punishment in the Jewish Dispensation (1738–1741). 2. Auflage London 1778, s. hierzu Moses der Ägypter (wie Anm. 16), 4. Kapitel. Eine deutsche Gesamtübersetzung des dreibändigen Werkes (in neun Büchern) von J. G. Schmidt kam 1753 heraus.
32 Clem. Alex. Strom., V cap. 11 § 71.1; Warburton: Divine Legation (wie Anm. 31), I 191.
33 Siehe hierzu Moses der Ägypter (wie Anm. 16), 5. Kapitel, sowie Markus Meumann: Zur Rezeption antiker Mysterien im Geheimbund der Illuminaten: Ignaz von Born, Karl Leonhard Reinhold und die Wiener Freimaurerloge ‚Zur Wahren Eintracht'. In: Aufklärung und Esoterik (wie Anm. 30), S. 288–304. Viel Biographisches zu Reinhold und zum Orden der Illuminaten, dem Reinhold angehörte, findet sich bei Hans-Jürgen Schings: Die Brüder des Marquis Posa. Tübingen 1996.

34 Auf diesen Kontext gehe ich in „Moses der Ägypter" (wie Anm. 16) näher ein.
35 Friedrich von Schiller: Die Sendung Moses. In ders.: Historische Schriften. Hrsg. v. Helmut Koopmann (=Sämtliche Werke. 4). München 1968, S. 737–757. Zum Einfluß Reinholds auf Schiller s. Christine Harrauer: ‚Ich bin, was da ist.' Die Göttin von Sais und ihre Deutung von Plutarch bis in die Goethezeit. In: Sphairos. Wiener Studien. Zeitschrift für Klassische Philologie und Patristik 107/108 (1994/95), S. 337–355; Wolf-Daniel Hartwich: Die Sendung Moses. Von der Aufklärung bis Thomas Mann. München 1997, S. 29–47.
36 *heîs est', autotelés. henòs ékgona pánta tetuktai.*
37 Siehe hierzu Erhart Graefe: Beethoven und die ägyptische Weisheit. In: Göttinger Miszellen 2 (1972), S. 19–21 mit Verweis auf Anton F. Schindler: Biographie von Ludwig van Beethoven. 3. Auflage Münster 1860, S. 161. In der von Ignaz Moscheles herausgegebenen und übersetzten englischen Ausgabe von 1841: The Life of Beethoven. Nachdruck Mattapan 1966, Bd 2, S. 163 heißt es hierzu und hinsichtlich von Beethovens religiösen Überzeugungen: „If my observation entitles me to form an opinion on the subject, I should say he [scil. Beethoven] inclined to Deism; in so far as that term might be understood to imply natural religion. He had written with his own hand two inscriptions, said to be taken from a temple of Isis." Beethovens Text, den Schindler in Faksimile wiedergibt, lautet:
„//Ich bin, was da ist//
//Ich bin alles, was ist, was war, und was seyn wird, kein sterblicher Mensch hat meinen Schleyer aufgehoben//
//Er ist einzig von ihm selbst, u. diesem Einzigen sind alle Dinge ihr Daseyn schuldig//"
Die Sätze sind durch doppelte Schrägstriche voneinander abgesetzt. Der dritte ist vielleicht später zugefügt; die Handschrift wirkt kleiner und flüchtiger. Beethoven war kein Freimaurer, hatte aber enge Freunde unter Freimaurern und Illuminaten, zu denen etwa Beethovens Lehrer Neefe gehörte. Solomon weist völlig zu Recht darauf hin, daß diese Sätze den meisten Gebildeten jener Zeit bekannt waren und ihren Weg selbst in freimaurerische Riten gefunden hatten.
38 Siehe hierzu Maurice Olender: Les langages du paradis. Paris 1988. Deutsch u. d. T.: Die Sprachen des Paradieses. Religion, Philologie und Rassentheorie im 19. Jahrhundert. Mit einem Vorwort v. J. P. Vernant und einem Nachwort v. Jean Starobinski. Aus dem Französischen v. Peter Krumme. Frankfurt, New York 1995.

Arnold Angenendt:
Revolution in der Religion

1 Walter Burkert: Kulte des Altertums. Biologische Grundlagen der Religion. München 1998, S. 14.
2 Ebd., S. 213.

3 Burkhard Gladigow: [Artikel] Gottesvorstellungen. In: Handbuch religionswissenschaftlicher Grundbegriffe, Bd. 3. Stuttgart, Berlin, Köln, Mainz 1993, S. 32–49, hier: S. 32f.
4 Karl Jaspers: Vom Ursprung und Ziel der Geschichte. München 1949.
5 Stefan Breuer: Kulturen der Achsenzeit. Leistung und Grenzen eines geschichtsphilosophischen Konzepts. In: Saeculum 45 (1994), S. 1–33.
6 Jan Assmann: Das kulturelle Gedächtnis. Schrift, Erinnerung und politische Identität in frühen Hochkulturen. München 1992.
7 Kulturen der Achsenzeit. Ihre Ursprünge und Vielfalt. Hrsg. v. Shmuel N. Eisenstadt, 2 Teile. Frankfurt a. M. 1987.
8 Assmann: Das kulturelle Gedächtnis (wie Anm. 6), S. 87–129.
9 Ders.: Ma'at. Gerechtigkeit und Unsterblichkeit im alten Ägypten. München 1990, S. 123f.
10 Ebd., S. 119f.
11 Ebd., S. 122.
12 Jan Assmann: Richten und Retten. Zur Aktualität der altorientalischen und biblischen Gerechtigkeitskonzeption I (Ägypten: Die Idee vom Totengericht und das Problem der Gerechtigkeit). In: Gerechtigkeit. Richten und Retten in der abendländischen Tradition und ihren altorientalischen Ursprüngen. Hrsg. v. Jan Assmann, Bernhard Janowski und Michael Welker. München 1998, S. 10–19, hier: S. 18.
13 Egon Fleig: Ehre gegen Gerechtigkeit. Adelsethos und Gemeinschaftsdenken in Hellas. In: Gerechtigkeit (wie Anm. 12), S. 97–140, hier: S. 108f.
14 Ebd., S. 114.
15 Bernd Janowski: Richten und Retten. Zur Aktualität der altorientalischen und biblischen Gerechtigkeitskonzeption II (Israel: Der göttliche Richter und seine Gerechtigkeit). In: Gerechtigkeit (wie Anm. 12), S. 20–28, hier: S. 27.
16 Heiko Steuer: [Artikel] Fürstengräber. In: Reallexikon der germanischen Altertumskunde, Bd. 10. 2. Auflage Berlin, New York 1996, S. 168–216, hier: S. 168–175.
17 Jörg Fisch: Jenseitsglaube, Ungleichheit und Tod. Zu einigen Aspekten der Totenfolge. In: Saeculum 44 (1993), S. 265–299, hier: S. 271f.
18 Ebd., S. 270f.
19 Georges Minois: Die Hölle. Zur Geschichte einer Fiktion. München 1996, S. 34–38.
20 Fisch: Jenseitsglaube, Ungleichheit und Tod (wie Anm. 17).
21 Assmann: Ma'at (wie Anm. 9), S. 114.
22 Odo Marquard: Lob des Polytheismus. Über Monomythie und Polymythie. In ders.: Abschied vom Prinzipiellen. Philosophische Studien. Stuttgart 1981, S. 91–116.
23 Arnold Angenendt: Der eine Adam und die vielen Stammväter. Idee und Wirklichkeit der Origo gentis im Mittelalter. In: Herkunft und Ursprung. Historische und mythische Formen der Legitimation. Hrsg. v. Peter Wunderli. Sigmaringen 1994, S. 27–52.
24 Wolfgang Speyer: [Artikel] Genealogie. In: Reallexikon für Antike und Christentum, Bd. 9. Stuttgart 1976, Sp. 1145–1268, hier: Sp. 1148.

25 Klaus E. Müller: Das magische Universum der Identität. Elementarformen sozialen Verhaltens. Ein ethnologischer Grundriß. Frankfurt a. M., New York 1987, S. 66–120.
26 Speyer: Genealogie (wie Anm. 24), Sp. 1204.
27 Eric Voegelin: Order and History. Vol. I: Israel and Revelation. Baton Rouge 1956, S. 13–15; Vol. IV: The Ecumenic Age. Baton Rouge 1974, S. 75–78.
28 Assmann: Ma'at (wie Anm. 9), S. 28–31.
29 Ebd., S. 30f.
30 Mircea Eliade: Kosmos und Geschichte. Der Mythos der ewigen Wiederkehr. Frankfurt a. M. 1984, S. 19–47.
31 Voegelin: Order and History. Vol. IV: The Ecumenic Age. Baton Rouge 1974, S. 22.
32 Ebd., S. 58.
33 Gladigow: Gottesvorstellungen (wie Anm. 3); Christoph Elsas: [Artikel] Hochgottglauben. In: Handbuch religionswissenschaftlicher Grundbegriff, Bd. 3. Stuttgart, Berlin, Köln, Mainz 1993, S. 155–160.
34 Walter Burkert: Griechische Religion der archaischen und klassischen Epoche (Die Religionen der Menschheit. 15). Stuttgart, Berlin, Köln, Mainz 1977, S. 468–495.
35 Johannes B. Bauer: [Artikel] Herz. In: Reallexikon für Antike und Christentum, Bd. 14. Stuttgart 1988, Sp. 1093–1131, hier: Sp. 1096f.
36 Shaul Shaked: ‚Innen' und ‚Außen' in der Religionsgeschichte. Einige typologische Beobachtungen. In: Die Erfindung des inneren Menschen. Studien zur religiösen Anthropologie. Hrsg. v. Jan Assmann (Studien zum Verstehen fremder Religionen. 6). Gütersloh 1993, S. 15–27.
37 Assmann: Ma'at (wie Anm. 9), S. 120f.
38 Ders.: Zur Geschichte des Herzens im Alten Ägypten. In: Die Erfindung des inneren Menschen (wie Anm. 36), S. 81–113, hier: S. 84.
39 Burkhard Gladigow: ‚Tiefe der Seele' und ‚inner space'. Zur Geschichte eines Topos von Heraklit bis zur Science Fiction. In: Die Erfindung des inneren Menschen (wie Anm. 36), S. 114–132, hier: S. 122.
40 Assmann: Zur Geschichte des Herzens im Alten Ägypten (wie Anm. 38), S. 82.
41 Burkert: Griechische Religion (wie Anm. 34), S. 460–468.
42 Bauer: Herz (wie Anm. 35), Sp. 1096f.
43 Jan Assmann/Bernd Janowski/Michael Welker: Richten und Retten. Zur Aktualität der altorientalischen und biblischen Gerechtigkeitskonzeption. In: Gerechtigkeit (wie Anm. 12), S. 9–35, hier: S. 9.
44 Christoph Markschies: Die platonische Metapher vom ‚inneren Menschen'. Eine Brücke zwischen antiker Philosophie und altchristlicher Theologie. In: Zeitschrift für Kirchengeschichte 105 (1994), S. 1–17; Assmann: Die Erfindung des inneren Menschen (wie Anm. 36).
45 Henry Chadwick: [Artikel] Gewissen. In: Reallexikon für Antike und Christentum, Bd. 10. Stuttgart 1978, Sp. 1025–1107.
46 Hans Hattenhauer: Europäische Rechtsgeschichte. Heidelberg 1992, S. 17.
47 Chadwick: Gewissen (wie Anm. 45), Sp. 1029.

48 Platon: Nomoi IX, 876 e–877 a. Hrsg. v. Günther Eigler (= Werke 8, 2). Darmstadt 1981, S. 245–247.
49 Ebd., 865 a-b, S. 213.
50 Reinhold Glei: [Artikel] Schuld I (Griechische und lateinische Antike). In: Historisches Wörterbuch der Philosphie, Bd. 8. Basel 1992, Sp. 1442–1446, hier: Sp. 1443.
51 Jörg Dittmer: Die Katharsis des Oidipus. Überlegungen zur religiös-politischen Funktion von Sophokles' ‚Oidipus auf Kolonos'? In: Abschied von der Schuld? Zur Anthropologie und Theologie von Schuldbekenntnis, Opfer und Versöhnung. Hrsg. v. Richard Riess. Stuttgart, Berlin, Köln 1996, S. 26–50, hier: S. 27.
52 Paul Ricœur: Symbolik des Bösen. Phänomenologie der Schuld II. Freiburg, München 1971, S. 119.
53 Eric Robertson Dodds: Die Griechen und das Irrationale. Darmstadt 1970, S. 17–37.
54 Ebd., S. 15.
55 Ebd., S. 24.
56 Chadwick: [Artikel] Gewissen (wie Anm. 45), Sp. 1026.
57 Dodds: Die Griechen und das Irrationale (wie Anm. 53), S. 22.
58 Ebd.
59 Jean Gaudemet: [Artikel] Familie I (Familienrecht). In: Reallexikon für Antike und Christentum, Bd. 7. Stuttgart 1969, Sp. 286–358, hier: Sp. 312.
60 Ebd., Sp. 301.
61 Müller: Das magische Universum (wie Anm. 25), S. 228.
62 Burkert: Griechische Religion (wie Anm. 34), S. 133.
63 Dodds: Die Griechen und das Irrationale (wie Anm. 53), S. 25.
64 Walter Kornfeld: [Artikel] Reinheit, kultische I (im AT). In: Lexikon für Theologie und Kirche, Bd. 8. Freiburg 1963, Sp. 1145–1147.
65 Levitikus als Buch. Hrsg. v. Heinz Josef Fabry und Hans-Winfried Jüngling (= Bonner biblische Beiträge. 119). Berlin, Bodenheim 1999.
66 Assmann: Die Erfindung des inneren Menschen (wie Anm. 36).
67 Ders.: Ma'at (wie Anm. 9), S. 102.
68 Zit. nach ebd., S. 104.
69 Albrecht Dihle: [Artikel] Ethik. In: Reallexikon für Antike und Christentum, Bd. 6. Stuttgart 1966, Sp. 649–796, hier: Sp. 686 f.
70 Moses I. Finley: Die antike Wirtschaft. München 1977, S. 34.
71 Paul Veyne: Brot und Spiele. Darmstadt 1990, S. 42.
72 Klaus Berger: Theologiegeschichte des Urchristentums. Theologie des Neuen Testaments. Tübingen, Basel 1994, S. 41.
73 Joachim Gnilka: Jesus von Nazareth. Botschaft und Geschichte (= Herders theologischer Kommentar zum Neuen Testament. Suppl-Bd. 3). Freiburg, Basel, Wien 1990, S. 207.
74 Eduard Lohse: Paulus. Eine Biographie. München 1996, S. 233.
75 Arnold Angenendt: Sühne durch Blut. In: Frühmittelalterliche Studien 19 (1984), S. 437–467.
76 Ernst Dassmann/Georg Schöllgen: [Artikel] Haus II (Hausgemeinschaft). In: Reallexikon für Antike und Christentum, Bd. 13. Stuttgart 1986, Sp. 801–905, hier: Sp. 877–879.

77 Jacques Dupont: Jésus et la famille dans les évangiles. In: Communautés et liturgies 62 (1980), S. 477–491; Roy A. Harrisville: Jesus and the Family. In: Interpretation 23 (1969), S. 425–438.
78 Gaudemet: Familie (wie Anm. 59), Sp. 343.
79 Jochen Martin: Spätantike und Völkerwanderung (=Oldenbourg-Grundriß der Geschichte. 4). München 1987, S. 78.
80 Dorothea Wendebourg: Die alttestamentlichen Reinheitsgesetze in der frühen Kirche. In: Zeitschrift für Kirchengeschichte 95 (1984), S. 149–170; David Brakke: The Problematization of Nocturnal Emissions in Early Christian Syria, Egypt and Gaul. In: Journal of Early Christian Studies 3 (1995), S. 419–460; Susan Roll: The Churching of Women after Childbirth: an Old Rite Raising New Issues. In: QuLi 76 (1995), S. 206–229.
81 Hans-Peter Hasenfratz: Die religiöse Welt der Germanen. Ritual, Magie, Kult, Mythus. Freiburg, Basel, Wien 1992, S. 98.
82 Alfred Ebenbauer: [Artikel] Germanische Religion. In: Theologische Realenzyklopädie, Bd. 12. Berlin, New York 1984, S. 510–521, hier: S. 517.
83 Hasenfratz: Die religiöse Welt der Germanen (wie Anm. 81), S. 17.
84 Michael Müller-Wille: [Artikel] Grab, -formen, -mal A.I (Westen, Archäologie). In: Lexikon des Mittelalters, Bd. 4. Stuttgart, Weimar 1989, Sp. 1621 f.
85 Ebenbauer: Germanische Religion (wie Anm. 82), S. 517 f.; Aaron J. Gurjewitsch: Das Individuum im europäischen Mittelalter. München 1994, S. 96 f.
86 Hans Eggers: Deutsche Sprachgeschichte I. Das Althochdeutsche. Reinbek bei Hamburg 1963, S. 49.
87 Ebd., S. 197.
88 Hans-Dietrich Kahl: Was bedeutet: ‚Mittelalter'? In: Saeculum 40 (1989), S. 15–38, hier: S. 38.
89 Hattenhauer: Europäische Rechtsgeschichte (wie Anm. 46), S. 23.
90 Ruth Benedict: Urformen der Kultur. Hamburg 1955, S. 11.
91 Georges Duby: Krieger und Bauern. Die Entwicklung der mittelalterlichen Wirtschaft und Gesellschaft bis um 1200. Frankfurt a. M. 1984, S. 65.
92 Jean Delumeau: Angst im Abendland. Die Geschichte kollektiver Ängste im Europa des 14. bis 18. Jahrhunderts, 2 Bde. Reinbek bei Hamburg 1985; Peter Dinzelbacher: Angst im Mittelalter. Teufels-, Todes- und Gotteserfahrung: Mentalitätsgeschichte und Ikonographie. Paderborn u. a. 1996.
93 Herbert Kolb: Himmlisches und irdisches Gericht in karolingischer Theologie und althochdeutscher Dichtung. In: Frühmittelalterliche Studien 5 (1971), S. 284–303.
94 Werner Conze/Christian Maier: [Artikel] Adel. In: Geschichtliche Grundbegriffe. Historisches Lexikon zur politisch-sozialen Sprache in Deutschland. Hrsg. v. Otto Brunner, Werner Conze und Reinhart Koselleck, Bd. 1. Stuttgart 1972, S. 1–48, hier: S. 11.
95 Karl F. Werner: [Artikel] Adel A (Fränkisches Reich, Imperium, Frankreich). In: Lexikon des Mittelalters, Bd. 1. Stuttgart, Weimar 1980, Sp. 118–126.
96 Klaus Schreiner: Zur biblischen Legitimation des Adels. In: Zeitschrift für Kirchenbeschichte 85 (1974), S. 173–357; ders.: ‚Consanguinitas'. ‚Ver-

wandtschaft' als Strukturprinzip religiöser Gemeinschafts- und Verfassungsbildung in Kirche und Mönchtum des Mittelalters. In: Beiträge zu Geschichte und Struktur der mittelalterlichen Germania Sacra. Hrsg. v. Irene Crusius (=Veröffentlichungen des Max-Planck-Instituts für Geschichte. 93; Studien zur Germania Sacra. 17). Göttingen 1989, S. 176–305.
97 Geschichte der Universität in Europa, Bd. 1: Mittelalter. Hrsg. v. Walter Rüegg. München 1993, S. 38.
98 Theodor Schieffer: Die wirtschaftlich-soziale Grundstruktur des frühen Europa. In: Europa im Wandel von der Antike zum Mittelalter. Hrsg. v. Theodor Schieffer (=Handbuch der europäischen Geschichte. 1). Stuttgart 1976, S. 107–163, hier: S. 160.
99 František Graus: Pest – Geißler – Judenmorde. Das 14. Jahrhundert als Krisenzeit (Veröffentlichungen des Max-Planck-Instituts für Geschichte. 86). Göttingen 1987, S. 105.
100 Agobard von Lyon: De unitate legis (=Monumenta Germaniae Historica. Epistolae. 5), S. 159[4].
101 Heiko A. Oberman: Die Kirche im Zeitalter der Reformation (=Kirchen- und Theologiegeschichte in Quellen. 3). Neunkirchen-Vluyn 1981, S. 128.
102 Hartmut Hoffmann: Kirche und Sklaverei im frühen Mittelalter. In: Deutsche Archiv für Erforschung des Mittelalters 42 (1986), S. 1–24, hier: S. 24.
103 Liber sacramentorum Romanae aecclesiae ordinis anni circuli Nr. 1726 f. Hrsg. v. Leo Cunibert Mohlberg OSB (=Rerum ecclesiasticarum documenta. Serie maior. Fontes. 4). Rom 1960, S. 254 f.
104 Petrus Abaelardus: Nosce te ipsum. Hrsg. v. David Edward Luscombe. Peter Abelard's Ethics. Lateinisch-englisch. Oxford 1971, S. 4[29]; Übersetzt von Ferdinand Hommel: Nosce te ipsum. Die Ethik des Peter Abälard (=Bücher des Wissens. 2). Wiesbaden 1947, S. 58.
105 Ebd., S. 28[9]; Üb. ebd., S. 74.
106 Ebd., S. 40[9]; Üb. ebd., S. 83.
107 Alois Hahn: Identität und Selbstthematisierung. In: Selbstthematisierung und Selbstzeugnis. Bekenntnis und Geständnis. Hrsg. v. Alois Hahn und Volker Kapp. Frankfurt a. M. 1987, S. 9–24, hier: S. 18.
108 Max Weber: Wirtschaft und Gesellschaft. Grundriß der verstehenden Soziologie. 5. Auflage Tübingen 1976, S. 340.
109 Gurjewitsch: Das Individuum im europäischen Mittelalter (wie Anm. 85), S. 68.
110 Ebd., S. 59.
111 Ebd., S. 69.
112 Ebd., S. 98.
113 Ebd., S. 54.
114 Gregor von Tours: Historiarum libri decem VIII, 39. Lateinisch-deutsch hrsg. v. Rudolf Buchner (=Freiherr vom Stein Gedächtnisausgabe. 3). Berlin 1956, S. 214 f.
115 Herbert Grundmann: Adelsbekehrungen im Hochmittelalter. Conversi und Nutriti im Kloster. In ders.: Ausgewählte Aufsätze, Teil 1: Religiöse Bewegungen (=Schriften der Monumenta Germaniae Historica. 25,1). Stuttgart 1976, S. 125–149, besonders S. 148 f.

116 Johan Huizinga: Herbst des Mittelalters. Studien über Lebens- und Geistesformen des 14. und 15. Jahrhunderts in Frankreich und in den Niederlanden. 10. Auflage Stuttgart 1969, S. 19f.
117 Arnold Angenendt: Geschichte der Religiosität im Mittelalter. Darmstadt 1997, S. 532–553.
118 Adalbert De Vogüé: Die Regula Benedicti. Theologisch-spiritueller Kommentar. Hildesheim 1983, S. 176.
119 Kassius Hallinger: Überlieferung und Steigerung im Mönchtum des 8. bis 12. Jahrhunderts. In: Eulogia. Miscellanea liturgica in onore di Burkhard Neunheuser OSB (=Studia Anselmiana. 68). Rom 1979, S. 125–187, S. 157f.
120 Angenendt: Geschichte der Religiosität (wie Anm. 117), S. 537–542.
121 Thomas Lentes: Gebetbuch und Gebärde. Religiöses Ausdrucksverhalten in Gebetbüchern aus dem Dominikanerinnen-Kloster St. Nikolaus in Undis zu Straßburg (1350–1550). Diss. theol. masch., Münster 1996.
122 Ders.: Gezählte Frömmigkeit III (Gezählte Frömmigkeit im späten Mittelalter). In Arnold Angenendt u.a.: Gezählte Frömmigkeit. In: Frühmittelalterliche Studien 29 (1995), S. 1–71, hier: S. 40–69.
123 Meister Eckhart: Reden der Unterweisung 11. In ders.: Deutsche Predigten und Traktate. Hrsg. v. Josef Quint. 5. Auflage München 1987, S. 69.
124 Arnold Angenendt: Liturgie bei Heinrich Seuse. In: Festschrift Kaspar Elm (im Druck).
125 Arnold Angenendt: ‚Mit reinen Händen'. Das Motiv der kultischen Reinheit in der abendländischen Askese. In: Herrschaft, Kirche, Kultur. Beiträge zur Geschichte des Mittelalters. Festschrift Friedrich Prinz. Hrsg. v. Georg Jenal (=Monographien zur Geschichte des Mittelalters. 37). Stuttgart 1993; Hubertus Lutterbach: Sexualität im Mittelalter. Eine Kulturstudie anhand von Bußbüchern des 6. bis 12. Jahrhunderts (=Archiv für Kulturgeschichte. Beiheft 43). Köln, Weimar 1999.
126 Gisela Muschiol: Famula Dei. Zur Liturgie in merowingischen Frauenklöstern (=Beiträge zur Geschichte des alten Mönchtums und des Benediktinertums. 41). Münster 1994, S. 202–210.
127 Angenendt: Geschichte der Religiosität (wie Anm. 117), S. 404–411.
128 Ebd., S. 585–598.
129 Ders.: Das Frühmittelalter. Die abendländische Christenheit von 400–900. 2. Auflage Stuttgart u.a. 1995, S. 196–201.
130 Ders.: Theologie und Liturgie der mittelalterlichen Totenmemoria. In: Memoria. Der geschichtliche Zeugniswert des liturgischen Gedenkens im Mittelalter. Hrsg. v. Karl Schmid und Joachim Wollasch (=Münstersche Mittelalter-Schriften. 48). München 1984, S. 79–199, hier: S. 140–142.
131 Thomas Sternberg: Orientalium more secutus. Räume und Institutionen der Caritas des 5. bis 7. Jahrhunderts in Gallien (=Jahrbuch für Antike und Christentum. Ergänzungsband 16). Münster 1991, S. 105–286.
132 Uta Lindgren: [Artikel] Hospital, in: Lexikon des Mittelalters, Bd. 5. Stuttgart, Weimar 1991, Sp. 133.
133 Adalbert Erler: [Artikel] Loskauf Gefangener. In: Handwörterbuch der deutschen Rechtsgeschichte, Bd. 3. Berlin 1984, Sp. 48–55.
134 Helmut Feld: Franziskus von Assisi und seine Bewegung. Darmstadt 1994, S. 189–194; Angenendt: Geschichte der Religiosität (wie Anm. 117), S. 567f.

135 Kahl: Was bedeutet: ‚Mittelalter'? (wie Anm. 88), S. 33, 37.
136 Ebd., S. 37.
137 Krzysztof Pomian: Europa und seine Nationen. Berlin 1990, S. 21 f.
138 Thomas Nipperdey: Die Aktualität des Mittelalters. Über die historischen Grundlagen der Modernität. In ders.: Nachdenken über die deutsche Geschichte. Essays. München 1991, S. 24–35, hier: S. 24 f.; die folgenden Zitate ebd., S. 27–29.
139 Clifford Geertz: Dichte Beschreibung. Beiträge zum Verstehen kultureller Systeme. Frankfurt a. M. 1987, S. 294.
140 Christian Vogel: Vom Töten zum Mord. Das wirklich Böse in der Evolutionsgeschichte. München, Wien 1989.

John McDowell: Moderne Auffassungen von Wissenschaft

1 Wilfrid Sellars: Empiricism and the Philosophy of Mind. In: Minnesota Studies in the Philosophy of Science. Hrsg. v. Herbert Feigl und Michael Scriven, Bd. 1. Minneapolis 1956, S. 253–329, hier: S. 298 f. Richard Rorty zitiert diese Bemerkung gleich zweimal in seinem Buch: Der Spiegel der Natur. Eine Kritik der Philosophie. Frankfurt am Main 1981, S. 160 und 421.
2 Vgl. in diesem Zusammenhang S. 257 von Sellars' Empiricism and the Philosophy of Mind (wie Anm. 1).
3 Vgl. Der Spiegel der Natur (wie Anm. 1), S. 176, wo Rorty scharf unterscheidet zwischen dem, „was Sellars den logischen Raum der Begründungen nennt" und „dem [Raum] der kausalen Relationen zu Gegenständen".
4 Ich schlage vor, daß wir auf die Vorstellung von Naturgesetzen zurückgreifen sollten, um den Kontrast, auf dem Sellars beharrt, auszudrücken und dabei darauf zu verweisen, daß der Kontrast wesentlich ein moderner ist. Dadurch ignoriere ich im übrigen nicht die schlichte Tatsache, daß der Begriff des Naturgesetzes – genauso wie der Begriff der Natur – der Moderne zeitlich vorausgeht. Der Ausdruck selbst reicht offenkundig in eine Zeit zurück, in der die Vorstellung von Naturgesetzen nicht im Gegensatz stand zur Idee einer normativen Organisation eines Gegenstandsbereichs. Dies unterläuft nicht den von mir ausgeschlachteten Punkt, der davon handelt, was aus der Vorstellung von Naturgesetzen geworden ist.
5 Vgl. besonders Donald Davidson: Geistige Ereignisse. In ders.: Handlung und Ereignis. Frankfurt am Main 1990, S. 291–320. Die von mir zitierte Wendung findet sich auf S. 313.
6 Vgl. Daniel C. Dennett: The Intentional Stance. Cambridge Mass., London 1987.
7 Vgl. dazu die Diskussion des „Normativen Prinzips" auf S. 342 f. von The Intentional Stance (wie Anm. 6).
8 Einige Leuten meinen, daß Empfindungsfähigkeit eine ganz andere Angelegenheit ist, aber ich denke, das ist nicht richtig (obwohl ich es an dieser Stelle nicht diskutieren kann). Einige Hinweise in diese Richtung gebe

ich in meinem Aufsatz: One strand in the private language argument. In: Grazer Philosophische Studien 33/34 (1989), S. 285–303. Jedenfalls ist Verstandesfähigkeit für meine gegenwärtigen Ziele ausreichend.
9 Ich habe eine vielsagende Parallele zwischen Sellars' Rede vom „logischen Raum der Gründe" und Davidsons Rede vom „konstitutiven Ideal der Rationalität" ausgebeutet. Allerdings sollten wir einen Unterschied zwischen Sellars' Punkt über Wissen und dessen Verallgemeinerung festhalten. Ein Zustand oder eine Episode gilt als eine des Wissens nur dann, wenn sie oder er unter Normen der Rechtfertigung fallen kann. Wenn wir dies mechanisch extrapolieren, so werden wir annehmen, fälschlicherweise, daß ein „Raum der Gründe"-Verständnis von Denken und Handeln dort nicht zur Verfügung steht, wo Rationalität nicht ganz vollkommen ist.
10 Dieses steht in Zusammenhang mit einer anderen Sache, auf die ich zuvor hingewiesen habe: Rorty siedelt Verursachung, einfach als solche, auf der anderen Seite der von Sellars vollzogenen Abtrennung von Überlegungen über Rechtfertigung oder Berechtigung an, die die angemessene Umgebung für die Klassifikation von Zuständen oder Episoden als Fälle von Wissen bilden. Das bedeutet, daß Rorty kein Instrument zur Verfügung hat, das aber sicherlich vonnöten wäre, versucht man den Gedanken, daß die Fähigkeiten des Wissenserwerbs natürliche Kräfte sind, genauer zu erläutern.
11 Vgl. dazu Kants Bemerkung über Locke in: Immanuel Kant: Kritik der reinen Vernunft. Frankfurt am Main 1968, AIX (S. 12), zitiert nach Rorty: Spiegel der Natur (wie Anm. 1), S. 156.
12 Vgl. Kapitel V von Rorty: Spiegel der Natur (wie Anm. 1).
13 Kripkes Wittgenstein wäre so ein Fall: Vgl. Saul A. Kripke: Wittgenstein über Regeln und Privatsprache. Frankfurt am Main 1987. Ich habe allerdings eher nach einem real existierenden Vertreter dieser Position gesucht, und nicht nach einer fiktionalen Figur.
14 Man beachte vor allem Behauptungen wie, daß „Überzeugungen […] in Aussagen zugeschrieben werden, die nur dann wahr sind, wenn wir sie von einem gewissen Maß an wörtlicher Bedeutung befreien" (The Intentional Stance, wie Anm. 6, S. 72). Man halte dem den Vorschlag entgegen, daß das Subjekt, dem zugeschrieben wird, daß ihm Dinge so und so erscheinen, „lediglich eine Fiktion des Theoretikers" ist: Daniel C. Dennett: Consciousness Explained. Boston, Toronto, London 1991, S. 128.
15 Diese Spezifikation ist wichtig. Ich mache in dieser Vorlesung keine Behauptungen über den historischen Descartes. Diese Lesart orientiert sich an: Gilbert Ryle: Der Begriff des Geistes. Stuttgart 1969.
16 Ich behaupte nicht, daß der Wunsch, sich von Verantwortung zu entlasten, nicht zentral für ein angemessenes Verständnis der Entwicklung moderner Philosophie sei. Doch ich glaube nicht, daß eine vermeintlich autonome Gewißheitsobsession der richtige Kontext ist, um diesen Wunsch zu verstehen.
17 Für eine Formulierung in diesem Sinn vgl. S. 232 von Colin McGinns: The structure of content. In: Thought and Object. Hrsg. v. Andrew Woodfield. Oxford 1982, S. 207–258.

18 Beispiele sind unter anderen John Perry: Frege on demonstratives. In: Philosophical Review 86 (1997), S. 474–497 und McGinns: The structure of content (wie Anm. 17).
19 Vgl. insbesondere Ruth Garrett Millikan: Perceptual content and Fregean myth. In: Mind c (1991), S. 439–459 und dies.: White Queen Psychology. In dies.: White Queen Psychology and Other Essays for Alice. Cambridge Mass., London 1993. Ähnliche Annahmen scheinen auf der Seite 570f. von Robert B. Brandoms: Making it Explicit: Reasoning, Representing and Discursive Commitment. Cambridge Mass. 1994 aufzutauchen.
20 Millikan: White Queen Psychology (wie Anm. 19), S. 286f., besonders aber S. 287: „Eine dieser [...] Behauptungen, das Gegebensein von Bedeutungsidentität ist am zentralsten."
21 Siehe dazu Gareth Evans: Understanding demonstratives. In: Meaning and Understanding. Hrsg. v. Herman Parret und Jacques Bouveresse. Berlin, New York 1981, S. 280–303. Millikan verwischt diesen Punkt durch eine merkwürdige Lesart des Prinzips, das Evans „Russells Prinzip" nennt (vgl. dazu Kapitel 4 von Gareth Evans: The Varieties of Reference. Oxford 1982) – des Prinzips nämlich, das besagt, daß „um über einen Gegenstand zu denken, man wissen muß, um welchen Gegenstand es sich handelt – man muß wissen, welcher Gegenstand es ist, über den man nachdenkt", ebd, S. 65. Evans zeigt, wie dieses Prinzip in einen Fregeschen Rahmen paßt, und Millikan (White Queen Psychology, wie Anm. 19, S. 287f.) liest es so, als ob dadurch gefordert würde, daß eine Denkende in der Lage ist, zu sagen, wann sie wieder an den gleichen Gegenstand denkt (oder in einer schwächeren Form, daß sie in der Lage ist, zu sagen, wann der Gegenstand später in ihren Gedanken im gleichen Darstellungsmodus vorkommt). Aber konträr zu dem, was Millikans Zitate nahelegen, ist die Forderung, daß eine Denkende sagen kann, wann sie wieder über den gleichen Gegenstand nachdenkt, nicht Teil dessen, was Evans mit „Russells Prinzip" meint. Und sogar die schwächere Fassung, in Begriffen von Darstellungsmodi, liegt weit jenseits von Freges einschränkendem „Gleichzeitigkeits"-Prinzip.
22 Es ist bemerkenswert, wie viele Philosophen davon ausgehen, daß Frege ein Problem mit Gedanken hat, wie dem, den Rip Van Winkle ausgedrückt haben könnte, wenn er sagt „Heute ist der Tag, an dem ich eingeschlafen bin", nachdem er nach einem zwanzig Jahre währenden Schlaf aufgewacht ist.
23 Transparenz ist wirklich eine Finte. Auf den Seiten 121–130 von The Intentional Stance (wie Anm. 6) präsentiert Dennett den üblichen Fall gegen eine vermeintlich Fregeanische Auffassung propositionaler Einstellungen. (Obwohl Freges „Gedanken" faktisch in seinem Katalog der möglichen Dinge, die mit „Propositionen" gemeint sind, nicht auftauchen.) Dennett faßt das Argument als ein Problem für die Idee des „Begreifens von Sinn" auf oder, wie man sagen könnte, dafür zu „wissen, was man denkt". Dies kommt durch die Tatsache ins Spiel, daß man das, was man denkt, aus den Augen verliert oder durch Doppelgänger getäuscht wird, und so weiter. Würde Dennett argumentieren, daß meine, bei ent-

sprechendem Anlaß geäußerte Behauptung zu wissen, daß es Daniel Dennett ist, den ich vor mir habe, unterlaufen wird, falls ich durch einen Doppelgänger hinters Licht geführt würde (was mir sicher passieren könnte)? Warum wird das Wissen darüber, was ich denke, mit strengerem Maß gemessen? (Auf S. 129 ebd. schreibt Dennett: „Man kann das Ganze [...] so zusammenfassen: Propositionen sind nicht begreifbar, weil sie uns durch die Finger schlüpfen können." Sind lebendige Küken nicht greifbar? Natürlich können sie uns durch die Finger schlüpfen.) In ähnlichem Geist, auf S. 200 von The Intentional Stance (wie Anm. 6), bietet uns Dennett eine weitere merkwürdige Lesart von Russells Prinzip an, als eines, das der Idee Ausdruck verleiht, „daß wir eine Art von Darübersein definieren können, das sowohl eine wirkliche Relation zu etwas in der Welt ist, als auch etwas, zu dem der Zugang desjenigen, der Überzeugungen hat, vollkommen gegeben ist". Warum muß der Zugang vollkommen sein (d.h. daß wir es bewiesenermaßen nicht mit Doppelgängern und ähnlichem zu tun haben)? Das, worüber Dennett behauptet zu reden, ist nicht Russells Prinzip, wie Evans es gebraucht. Es wäre eine interessante Fingerübung herauszuarbeiten, wie die strikt cartesische Vorstellung von Selbst-Wissen, die Dennett hier den Fregeanern anhängen will, mit Dennetts eigener psychologistischer (obgleich natürlich nicht-dualistischer) Vorstellung davon zusammenhängt, was es für etwas heißt, anders zu sein als „psychologisch träge" (Ebd., S. 130).
24 Millikan: White Queen Psychology (wie Anm. 19), S. 290.
25 Ebd., S. 289.
26 Ich habe den Fokus meiner Überlegungen von der Frage der Transparenz von Sinngleichheit und -verschiedenheit verschoben auf die Frage nach der Fähigkeit eines Sinnbegriffs, überhaupt für die Ausrichtung auf Objekte zu sorgen (welche Teil der Semantizität singulärer Gedanken ist). Millikans grundlegender Einwand gegen Frege läßt sich auch innerhalb dieses Kontextes formulieren: Sinne begreifen wäre ein Ausüben „mechanischer Rationalität", und Sinn und Referenz können zusammenhängen, so wie Frege es sich vorstellt, nur wenn „mechanische Rationalität" für Semantizität hinreichen würde, was sie nicht tut. Der Vorteil der Verlagerung ist der, daß sich dadurch jeglicher Schritt in sumpfiges Gelände, wie das von Kripkes Pierre-Fall, (den Millikan heranzieht: White Queen Psychology, wie Anm. 19, S. 290f.) erübrigt. Der Vollständigkeit halber möchte ich eben noch festhalten, daß Kripkes Pierre kein Problem für eine Fregeanische Sicht der Dinge darstellt; nach Freges Prinzip müssen wir sagen, daß er über zwei Darstellungsmodi von London verfügt. Es ist eine grobe Fehlauffassung, anzunehmen, daß dies die Abspaltung eines vermeintlichen Begriffs der Rationalität vom Gerichtetsein auf Gegenstände in der objektiven Welt einschließt („eine Umsiedlung der Rationalität in ein inneres, reines, sicheres Reich": White Queen Psychology, wie Anm. 19, S. 348).
27 Das heißt, rational genug, um als ein Denkender zu gelten (und es wäre dumm zu fragen, „wie rational ist das?"). Formulierungen wie die im Text implizieren nicht, daß der begriffliche Apparat, über den ich rede, verlorengeht, wenn sich ein Subjekt als nicht ganz so perfekt rational erweist.

28 Dieser Punkt deckt sich mit dem, den Dennett macht, wenn er sagt, daß „das Gehirn [...] lediglich eine *syntaktische Maschine* ist" (The Intentional Stance, wie Anm. 6, S. 61). Gerade weil dies einer der Wege ist, Millikans Denken darzustellen, kann ich ihren Naturalismus über den „intakten Geist" dem restriktiven und nicht liberalen Naturalismus zuordnen. Sie argumentiert, daß sich „die biologischen Wissenschaften, einschließlich Physiologie und Psychologie von der Physik unterscheiden, weil ihre Interessen nicht in naturgesetzlichen [...] sondern in biologisch angemessenen Ereignissen liegen" (White Queen Psychology, wie Anm. 19, S. 363). Doch dies schließt das Biologische, so wie Millikan es versteht, nicht aus dem von mir so genannten „Reich der Gesetze" aus: Es gilt lediglich, daß die relevanten Gesetze durch Überlegungen über angemessene Funktionen verbürgt werden und nicht induktiv aus dem Geschehen gefolgert werden. Es bleibt bei dem Kontrast zum „Raum der Gründe".

29 Vgl. dazu eine außergewöhnliche Passage auf S. 442 von Millikan: Perceptual content and Fregean myth (wie Anm. 19), wo sie die Idee des „Begreifens von Sinn" als einen Fall des „Postulierens von Vermittlungen" auffaßt, mit Blick auf theoretische Aussagen über die „zugrundeliegende Natur des Trägermediums des Denkens [vehicle of thought]".

30 Eventuell, um damit einer gewissen Skepsis darüber Ausdruck zu verleihen, ob es überhaupt irgendeine solche innere Mechanik geben muß. Vgl. dazu zum Beispiel Wittgensteins berühmt berüchtigte Bemerkungen über „das Vorurteil [...] des psychophysischen Parallelismus". Ludwig Wittgenstein: Zettel. Hrsg. v. G.E.M. Anscombe und G.H. von Wright. Frankfurt am Main 1984, S. 416f. (§§ 608ff.) Das Zitat stammt aus § 611.

31 Millikan: Perceptual content and Fregean myth (wie Anm. 19), S. 442.

32 Millikan: White Queen Psychology (wie Anm. 19), S. 280.

33 Ist es eine Schwierigkeit, daß das „Kopf-Welt-System" selbst lediglich eine syntaktische Maschine ist? Millikan muß darauf hoffen, daß, wenn wir es auf eine Weise beschreiben, die entsprechend in Begriffen biologischer Funktion organisiert ist, wir es dann auf eine Weise beschreiben werden, die dazu führt, daß es sich als genuine Rationalität instantiierend herausstellt – als eine semantische Maschine. Dies scheint mir ein Hirngespinst zu sein, das ich aber nicht weiter ausführen muß. Gegenwärtig geht es mir darum zu zeigen, daß selbst wenn wir Millikan das, worauf sie hofft, zugestehen, dies nicht auf eine zufriedenstellende Antwort auf die Frage „Was denkt (Was übt semantische Rationalität aus)?" hinausläuft.

34 John Searle ist der einzige unter den zeitgenössischen Neocartesianern, der denkt, daß er beides kann: das cartesische *res cogitans* de-immaterialisieren und dessen bemerkenswerte Kräfte beibehalten.

35 Vgl. dazu mein Aufsatz: Putnam on mind and meaning in meinem Buch: Meaning, Knowledge, and Reality. Cambridge Mass. 1998.

36 Dennetts Denken zeigt in Teilen diesen Makel. Er billigt Millikans Angriff auf Frege. Betrachten wir diese Passage aus Consciousness Explained (wie Anm. 14), S. 41: „Dualismus, die Idee, daß ein Gehirn kein denkendes Ding sein kann, so daß ein denkendes Ding kein Gehirn sein kann, ist aus vielerlei Gründen verlockend, aber wir müssen der Versuchung widerstehen [...] Irgendwie muß das Gehirn Geist sein [...]." Aber ein Gehirn

kann kein denkendes Ding sein (es ist, wie Dennett selbst festgestellt hat, bloß eine syntaktische Maschine). Der Dualismus sitzt nicht in dem vollkommen richtigen Gedanken, daß das Gehirn kein denkendes Ding ist, sondern im Postulieren von etwas Immateriellem, welches das denkende Ding sein soll, das aber das Gehirn nicht ist, anstatt daß erkannt wird, daß das denkende Ding das rationale Tier ist. Dennett kann sich auf dem Gedanken, daß das Gehirn der Geist sein muß, in Kombination mit seiner Einsicht, daß das Gehirn bloß eine syntaktische Maschine ist, nur ausruhen, weil er denkt, daß in dem Sinn, in dem das Gehirn nicht *wirklich* ein denkendes Ding ist, überhaupt nichts ein solches ist: Der Status eines Besitzers von intentionalen Zuständen wird einem Objekt durch die Übernahme auf ihn gerichteter intentionaler Einstellungen verliehen, und das trifft auf Tiere so wenig zu wie auf Gehirne, genauso wenig wie auf Thermostate. Dies ist allerdings eine Gratiszugabe zu der eigentlichen Einsicht, die in der Berufung auf die intentionale Einstellung steckt. Rationale Tiere sind genuin „semantische Maschinen". (Für diese Behauptung ist es nebensächlich, daß die Intentionalität rationaler Tiere ein Produkt der Evolution ist, ein kausales Resultat von „Intentionalität" auf seiten von Mutter Natur: vgl.: The Intentional Stance (wie Anm. 6), S. 287–321.) Der Makel ist also abwaschbar: Das Meiste des Materials zum Beispiel in Consciousness Explained (wie Anm. 14) wird unabhängig von Dennetts Neocartesianischen Gedanken, daß das Gehirn der Geist sein muß, erläutert. Es liefert einen Beitrag zum Studium der „Mechanik des Bewußtseins" in einem akzeptablen Sinn, der nicht gleichzusetzen ist mit dem Sinn von Millikans Annahme, daß Frege sich mit der Mechanik der Intentionalität beschäftigt haben muß.

Steven E. Aschheim:
Jenseits von Bildung und Liberalismus

* Deutsche Übersetzung des zweiten Kapitels von Steven E. Aschheim: Culture and Catastrophe. German and Jewish Confrontations with National Socialism and Other Crises. London: Macmillan 1996, S. 31–44 und 150–162.

1 Der Satz kann als Leitmotiv der jüdischen Erneuerungsbewegung in der Weimarer Republik gelten; mit der unmittelbar anschließenden dunklen Bemerkung ist er zugleich typisch für Rosenzweigs pardoxen Stil. Nach „punktuell" fährt er fort: so daß „nur noch ein Mensch, nämlich ich, darauf wohnen kann". Brief an Gertrud Oppenheim, Juli 1924. In: Briefe und Tagebücher. Hrsg. v. Rachel Rosenzweig und Edith Rosenzweig-Scheinmann unter Mitwirkung v. Bernhard Casper, 2 Bde. (= Gesammelte Schriften. 1). Den Haag 1979, S. 980.
2 Brief an Zalman Schocken zu seinem 60. Geburtstag am 29. Oktober 1937 überschrieben mit: „Ein offenes Wort über die wahren Absichten meines Kabbalastudiums". Gedruckt in David Biale: Gershom Scholem. Kabba-

lah and Counter-History. 2. Aufl. Cambridge Mass. 1982, S. 155 f., hier: S. 156. Wieder in Gershom Scholem: Briefe. Hrsg. v. Itta Shedletzky, Bd. 1: 1914–1947. München 1994, S. 471 f.
3 Theologisch-politisches Fragment. In: Walter Benjamin: Gesammelte Schriften. Unter Mitwirkung v. Theodor W. Adorno und Gershom Scholem hrsg. v. Rolf Tiedemann und Hermann Schweppenhäuser, 14 Bde. in 7 Teilen. Frankfurt 1972–1989, Bd. II 1, S. 203 f., hier: S. 203.
4 Geist der Utopie. München, Leipzig 1918, S. 319.
5 David Sorkin: The Transformation of German Jewry, 1780–1840. New York, Oxford 1987.
6 George L. Mosse: German Jews Beyond Judaism. Bloomington 1985. Deutsch u. d. T.: Jüdische Intellektuelle in Deutschland. Zwischen Religion und Nationalismus. Mit einer Einleitung v. Aleida Assmann. Aus dem Englischen v. Christiane Spelzberg. Frankfurt, New York 1992. Die Seitenangaben im Text beziehen sich auf die deutsche Ausgabe.
7 Erst einige Zeit nach Fertigstellung dieses Aufsatzes entdeckte ich die beste und neueste Darstellung des Bildungsgedankens, nämlich die erhellende Studie von Aleida Assmann: Arbeit am nationalen Gedächtnis. Eine kurze Geschichte der deutschen Bildungsidee. Frankfurt 1993. Vgl. W. H. Bruford: The German Tradition of Self-Cultivation. ‚Bildung' from Humboldt to Thomas Mann. Cambridge 1975.
8 Siehe Sidney M. Bolkosky: The Distorted Image. German Jewish Perceptions of Germans and Germany, 1918–1935. New York 1975. Der Interpretationsrahmen, in den Bolkosky diese Beispiele einbettet, könnte durchaus in Frage gestellt werden.
9 Ludwig Strauss zitiert nach Mosse: Jüdische Intellektuelle (wie Anm. 6), S. 37. Zu Blumenfeld siehe Hannah Arendts Brief vom 7. September 1952, in Hannah Arendt/Karl Jaspers: Briefwechsel 1926–1969. Hrsg. v. Lotte Köhler und Hans Saner. München, Zürich 1985, S. 234.
10 Das Judentum wird hier nicht als soziale Gruppe oder Verbindung von Inhalten betrachtet, sondern, wie Walter Benjamin einmal formuliert hat, als der „edle Träger und Repräsentant des Intellekts". Brief an Ludwig Strauss vom 21. November 1912. Zitiert nach Anson Rabinbach: Between Enlightenment and Apocalypse. Benjamin, Bloch and Modern German Jewish Messianism. In: New German Critique 34 (1985), S. 78–124, hier: S. 97.
11 So in einem noch nicht veröffentlichten Aufsatz: The Ambivalence of *Bildung*. Jews and Other Germans.
12 Siehe die Rezension von Paul Mendes-Flohr zu *German Jews Beyond Judaism* in: Studies in Contemporary Jewry 5 (1989), S. 376–379. Das Zitat auf S. 378.
13 Die deutsche Ausgabe des Buchs trägt vielleicht den treffenderen Titel.
14 Natürlich gab es Unterschiede des Alters ebenso wie der Überzeugungen. Bloch ist Jahrgang 1885, Rosenzweig 1886, Benjamin 1892 und Scholem 1897. In intellektueller Hinsicht jedoch bildeten sie eine Generation. Rosenzweig und Benjamin starben relativ jung, Bloch und Scholem erfreuten sich eines langen Lebens.
15 Leo Löwenthal hat lebendig beschrieben, wie das funktionierte: „About a year after my first meeting with [Siegfried] Kracauer [around the end of

World War I], he introduced me to Adorno, who was then eighteen years old. I introduced him to my friend Ernst Simon, who, like myself, was studying history, *Germanistik* and philosophy, and who won me over to a very messianic version of Zionism. Through Ernst Simon Kracauer met Rabbi Nobel, then a revered figure in our Jewish circle, to whose *Festschrift*, on the occasion of his 50th birthday, Kracauer contributed. Through Nobel Kracauer first met Martin Buber and later Franz Rosenzweig. In the spring of 1922, I introduced him to Ernst Bloch, and he in turn introduced me to Horkheimer, who was already a good friend of Adorno's." Leo Loewenthal: As I remember Friedel. In: New German Critique 54 (1991), S. 5–17, hier: S. 6. Die engen Freunde Scholem und Benjamin kannten natürlich die meisten dieser Leute oder waren sogar vertraut mit ihnen.

16 Ich behaupte nicht, daß dies das einzige Vermächtnis der Weimarer Zeit ist, noch möchte ich mich mit diesem Vermächtnis unbedingt identifizieren. Die linken und marxistischen Traditionen eines Kurt Tucholsky, Georg Lukács und Karl Korsch können als weitere Traditionslinie angesehen werden, ebenso die Schriften der liberaler gesonnenenen Denker und Autoren, die Mosse diskutiert. Wenn jedoch kulturelle Moden der Gegenwart ein Indiz sind, dann läßt die wachsende Bevorzugung der hier diskutierten Denker und ihres Denkstils (zusammen mit der ihrer Gegenüber und Gegner auf dem rechten Flügel) sie allmählich als die lebendigsten Vertreter der Weimarer Zeit erscheinen. Die Dynamik dieses Rezeptionsprozesses ist selbst eine Untersuchung wert. Offensichtlich nimmt er in verschiedenen Kulturen einen je eigenen Verlauf, ist die amerikanische Rezeption nicht die gleiche wie etwa die israelische oder die deutsche. Vor allem verdienen die vielfältigen psychologischen und intellektuellen Funktionen Beachtung, die jene jüdischen Denker heute im deutschen Geistesleben einnehmen. Hier scheint Jürgen Habermas eine wichtige Vorreiterrolle gespielt zu haben, s. die Aufsätze, die er seit 1961 zu diesen Themen veröffentlicht hat: Philosophisch politische Profile. Frankfurt 1971.

17 Beim Aufzählen dieser Aspekte sollte klar sein, daß sie alle verschiedene Geschichten und Strukturmerkmale haben. Radikaler Utopismus ist natürlich nicht das gleiche wie Messianismus. Dennoch erscheint auch die utopische Errettung als das Ende der Geschichte oder als ein Ereignis in der Geschichte, das die Geschichte niemals von sich aus erreicht. Insofern kann sie zusammen mit den messianischen Tendenzen diskutiert werden.

18 Einen Versuch in diese Richtung unternimmt Detlev J. K. Peukert: Die Weimarer Republik. Krisenjahre der klassischen Moderne (= Moderne deutsche Geschichte. 9). Frankfurt 1994. Siehe vor allem die Teile I und VI.

19 Siehe in diesem Zusammenhang Kurt Sontheimer: Weimar Culture. In: The Burden of German History. Hrsg. v. Michael Laffan. London 1989, vor allem S. 1.

20 Eberhard Kolb: Die Weimarer Republik (1983). 2. Auflage München 1988, S. 93.

21 Es ist wenig bekannt, aber äußerst aufschlußreich, daß kein anderer als Carl Schmitt 1918 die Veröffentlichung von Ernst Blochs *Geist der Utopie*

im Verlag Duncker & Humblot einfädelte. (Persönliche Mitteilung von Raphael Gross).

22 Das gilt selbst während der scheinbaren und immer illusionären Stabilisierung, die angeblich die Jahre von 1924 bis 1929 prägte. In Wirklichkeit präsentierte sich noch die Neue Sachlichkeit – der kulturelle Ausdruck jener politisch-wirtschaftlichen Stabilisierungsphase – ausdrücklich als Alternative zu dem als vorherrschend empfundenen revolutionären, apokalyptischen Erlösungs-Diskurs der Zeit. Wie der expressionistische Dramatiker Paul Kornfeld 1924 in seiner Komödie *Palme oder der Gekränkte* formulierte: „Nichts mehr von Krieg und Revolution und Welterlösung! Laßt uns bescheiden sein und uns anderen, kleineren Dingen zuwenden […]" (zitiert nach Kolb: Die Weimarer Republik (wie Anm. 20), S. 94).

23 Zur Radikalisierung der Rechten s. mein Buch: The Nietzsche Legacy in Germany, 1890–1990. Berkeley 1992. Deutsch u. d. T.: Nietzsche und die Deutschen. Karriere eines Kults. Aus dem Englischen v. Klaus Laermann. Stuttgart, Weimar 1996, vor allem die Kapitel 5 und 6 sowie Jeffrey Herf: Reactionary Modernism. Technology, Culture, and Politics in the Third Reich. Cambridge 1984 und Martin Greiffenhagen: Das Dilemma des Konservatismus in Deutschland. Frankfurt 1986, vor allem S. 241–256.

24 Karl Löwith: Der politische Horizont von Heideggers Existentialontologie. In ders.: Der europäische Nihilismus. Betrachtungen zur geistigen Vorgeschichte des europäischen Krieges. In ders.: Weltgeschichte und Heilsgeschehen. Zur Kritik der Geschichtsphilosophie (=Sämtliche Schriften. 2). Stuttgart 1983, S. 473–540, hier: S. 514–528. Vgl. ebd. S. 614–617.

25 George Steiner: Heidegger, again. In: Salmagundi Nr. 82–83 (1989), S. 31–55.

26 Siehe Assmann, Arbeit am nationalen Gedächtnis (wie Anm. 7), S. 9, 29–30, 74–75.

27 Rudolf Vierhaus: [Artikel] Bildung. In: Geschichtliche Grundbegriffe. Historisches Lexikon zur politisch-sozialen Sprache in Deutschland. Hrsg. v. Otto Brunner, Werner Conze und Reinhart Koselleck, Bd. 1. Stuttgart 1972, S. 508–551, hier: S. 508. Vgl. besonders S. 516.

28 Mosse: Jüdische Intellektuelle (wie Anm. 6), S. 26 f.

29 Martin Buber: Bildung und Weltanschauung (Frankfurter Lehrhausrede). In: Mittelstelle für jüdische Erwachsenen-Bildung. Reichsvertretung der Juden in Deutschland April 1937, S. 1. Zitiert nach Mosse: Jüdische Intellektuelle (wie Anm. 6), S. 65.

30 The influence of the volkish idea on german jewry. In: George L. Mosse: Germans and Jews. The Right, the Left, and the Search for a ‚Third Force' in Pre-Nazi Germany. London 1970, S. 77–115, vor allem S. 89 f. sowie ders.: Jüdische Intellektuelle (wie Anm. 6), S. 65.

31 Siehe Paul Mendes-Flohr: Nationalism as a spiritual sensibility: The philosophical suppositions of Buber's hebrew humanism. In Paul Mendes-Flohr: Divided Passions. Jewish Intellectuals and the Experience of Modernity. Detroit 1991, S. 181–193, vor allem S. 190.

32 Siehe den faszinierenden Aufsatz von Anson Rabinbach: Between enlightenment and apocalypse. Benjamin, Bloch and modern german messianism. In: New German Critique 34 (1985), S. 78–124, vor allem S. 88 ff.

33 Zur Geschichte dieser Entwicklungen s. meine Studie: Brothers and Strangers. The East European Jew in Germany and German-Jewish Consciousness, 1800–1923. Madison 1982, Kapitel 5 und 6.
34 Siehe wiederum Aschheim: Brothers and Strangers (wie Anm. 33), S. 193–198; Reinhard Blomert: Das vergessene Sanatorium. In: Jüdisches Leben in Heidelberg. Studien zu einer unterbrochenen Geschichte. Hrsg. v. Norbert Giannini, Johannes Bauer und Hans-Martin Mumm. Heidelberg 1992, S. 249–62; Gershom Scholem: Von Berlin nach Jerusalem. Jugenderinnerungen. Frankfurt 1977. Erweiterte Ausgabe aus dem Hebräischen v. Michael Brocke und Andrea Schatz. Frankfurt 1997, S. 162, 182–186.
35 Siehe Rabinbach: Between enlightenment and apocalypse (wie Anm. 32), S. 82 f.
36 Unveröffentlichter Brief von Loewenthal an Simon vom 9. April 1920. Für die Genehmigung zur Einsichtnahme danke ich Guy Meron.
37 Wie komplex diese Beziehungen waren, zeigt schon ein kurzer Blick in Gershom Scholem: Walter Benjamin – die Geschichte einer Freundschaft. Frankfurt 1975 und Walter Benjamin – Gershom Scholem. Briefwechsel 1933–1940. Hrsg. v. Gershom Scholem. Frankfurt 1980; in Franz Rosenzweig: Briefe. Unter Mitwirkung v. Ernst Simon ausgewählt und hrsg. v. Edith Rosenzweig. Berlin 1935 sowie in die vielen anderen Quellen, die in diesem Kapitel erwähnt werden.
38 Das Ganze hat natürlich noch eine andere Seite: die problematische und doch anhaltende Beziehung dieser Modernisten zur Tradition. Wie Hannah Arendt bemerkte, hatte Benjamins Entscheidung für ein barockes Studium (im doppelten Wortsinn) „ihr genaues Gegenstück in Scholems merkwürdigem Entschluß, sich dem Judentum auf dem Weg der Kabbala zu nähern, also dem im Sinne jüdischer Tradition Untradierten und Untradierbaren, dem zudem noch etwas ausgesprochen Anrüchiges anhaftete. Nichts, möchte man im Nachhinein meinen, zeigte deutlicher als die Wahl dieser Arbeitsgebiete, daß es den Weg zurück nicht gab – weder in die deutsche oder europäische noch in die jüdische Tradition. Implizit war damit zugestanden, daß das Vergangene von sich aus nur noch aus Dingen sprach, die nicht tradiert waren, deren scheinbare Gegenwartsnähe also gerade ihrem exotischen Charakter geschuldet war, und die darum auf keinen Fall Anspruch erheben konnten, zu verpflichten." Hannah Arendt: Walter Benjamin. In dies.: Walter Benjamin, Bertolt Brecht. Zwei Essays. München 1971, S. 7–62, hier: S. 51. Von allen vieren war Benjamin natürlich am wenigsten anfällig für heilsgeschichtliche Lösungen (ebd. S. 45 f.).
39 Rosenzweig war extremer Monarchist und als solcher vollkommen empört über die Aussicht auf einen Präsidenten [sic!] Scheidemann oder einen Kaiser Max: „I feel completely outraged at the prospects of a President [sic!] Scheidemann or an Emperor Max […]". Im November 1918 verkündete er, es sei höchst natürlich, normal und unvermeidlich, dem reaktionären Lager anzugehören: „As for himself, he believed it to be ,most natural, normal and inevitable […] to be in the reactionary camp." Stefan Meinecke: A life of contradiction. The philosopher Franz Rosen-

zweig and his relationship to history and politics. In: Leo Baeck Institute Yearbook 36 (1991), S. 461–489, hier: S. 477.
40 Brief an Rudolf Ehrenburg vom 5. Mai 1919. In Franz Rosenzweig: Briefe (wie Anm. 37), S. 359.
41 Ludwig Feuchtwanger, der Lektor des Verlages Duncker & Humblot, verwarf Blochs Titel, wie Scholem schreibt, „als leserabschreckend. [Benjamin] beschrieb mir die höchst eindrucksvolle Erscheinung Blochs und erzählt mir, Bloch arbeite nun an seinem Hauptwerk, einem *System des theoretischen Messianismus* – wobei er ganz große Augen machte [...]". Siehe: Walter Benjamin – Die Geschichte einer Freundschaft (wie Anm. 37), S. 102.
42 Wenn man die ganze Vielfalt und Komplexität der Bildungsidee in Rechnung stellt, dann gibt es, darauf hat Joel Golb in einem Gespräch aufmerksam gemacht, darin auch Varianten, die Bildung als eine momenthafte, gleichsam religiöse Erscheinung ansehen. Möglicherweise beziehen sich die Denker, die wir hier betrachten, sogar auf diese spezifische Tradition. Selbst wenn das so ist, unterscheidet dieser Strang sich aber von dem, was Mosse als den klassischen Kern der Bildungsidee ansieht, dem die deutschjüdischen Intellektuellen die Treue gehalten hätten.
43 Dazu und zu verwandten Themen s. die interessanten Überlegungen von Paul Mendes-Flohr: ‚The stronger and the better jews.' Jewish theological responses to political messianism in the Weimar Republic. In: Studies in Contemporary Jewry 7 (1991), S. 159–185, vor allem S. 165–169.
44 „The ideal of *Bildung* stood at the center of the modern German culture that appeared in the last half of the eighteenth century, epitomizing its secular naturre in being entirely self-referential. It denoted a process of integral self-development on the basis of a form that was an inherent part of the individual." Sorkin: Transformation (wie Anm. 5), S. 15.
45 Walter Benjamin: Gesammelte Schriften (wie Anm. 3), Bd. V 1, S. 588. Wie immer dunkel fährt Benjamin fort: „Ginge es aber nach dem Löschblatt, so würde nichts was geschrieben ist, übrig bleiben." Was Scholem angeht, siehe die bemerkenswerten Briefe über Kafka (vom 9. und 17. Juli 1934), die er an Benjamin schrieb. Darin wird sein Beharren auf einer theologischen Weltsicht vollkommen deutlich. Walter Benjamin – Gershom Scholem. Briefwechsel (wie Anm. 37), S. 151–159.
46 Über den Begriff der Geschichte. In Walter Benjamin: Gesammelte Schriften (wie Anm. 3), Bd. I 2, S. 691–704, hier: S. 695.
47 Bloch, Geist der Utopie (wie Anm. 4), S. 445.
48 Zitiert nach Hans Saner: Karl Jaspers in Selbstzeugnissen und Bilddokumenten. Reinbek 1970, S. 33. Zur Heidelberg-Erfahrung dieser „jüdischen Apokalyptiker" s. Eva Karadi: Ernst Bloch and Georg Lukács in Max Weber's Heidelberg. In: Max Weber and his Contemporaries. Hrsg. v. Wolfgang J. Mommsen und Jürgen Osterhammel. London 1987, S. 499–514.
49 Seit 1916 blieb das eine Konstante. Eine spätere Stellungnahme enthält Scholems bemerkenswerter Aufsatz „Reflections on Jewish Theology" von 1974, in dem er die Grenzen der zionistischen „Normalisierung" und von Säkularisierung im allgemeinen thematisiert: „The position of the man

of the secularistic age *vis-à-vis* his society is more helpless than ever in his confrontation with nihilism" (S. 293). „I admit that this unshakable belief in a specific moral center, which bestows meaning in world history on the Jewish people, transcends the sphere of pure secularization. I would not even deny that in it a remnant of theocratic hope also reaccompanies that reentry into world history of the Jewish people that at the same time signifies the truly Utopian return to its own history" (S. 294 f.). „I consider a complete secularization of Israel to be out of the question so long as the faith in God is still a fundamental phenomenon of anything human and cannot be liquidated ‚ideologically'" (S. 297). Zitiert nach Gershom Scholem: On Jews and Judaism in Crisis. Selected Essays. Hrsg. v. Werner J. Dannhauser. New York 1976, S. 261–297.

50 Über den Begriff der Geschichte (wie Anm. 46), S. 695.

51 Siehe Paul Mendes-Flohr: ‚To brush history against the grain': The eschatology of the Frankfurt School and Ernst Bloch. In ders.: Divided Passions (wie Anm. 31), S. 370–389. Blochs „atheistischer Messianismus" unterscheidet sich von einem religiösen Messianismus darin, daß letzterer die Selbstbestimmung des Menschen über seine eigene Zukunft einschränkt. Bloch hingegen verschiebt die Ankunft des Messias auf eine unendliche, unrealisierbare Zunkunft. Dennoch weist auch er die Vorstellung einer linearen, voranschreitenden Entwicklung zurück.

52 Einen hervorragenden Überblick über Blochs Werk gibt Martin Jay im fünften Kapitel von: Marxism and Totality. Berkeley 1984. Siehe auch George Steiner: Sojourns in the Wondrous. In: Times Literary Supplement vom 4. Oktober 1985.

53 Paul Mendes-Flohr hat darauf hingewiesen, daß Rosenzweig, obwohl er die historisch-apokalyptischen Bestandteile des Messianismus in seine Theologie nicht zu integrieren vermochte, dennoch über ein profundes phänomenologisches Bewußtsein von ihrer Rolle verfügte. ‚The stronger and the better jews' (wie Anm. 43), S. 165–169.

54 Siehe seinen Aufsatz: Zum Verständnis der messianischen Idee im Judentum. In: Eranos Jahrbuch 28 (1959), S. 193–239. Wieder in Gershom Scholem: Judaica [1]. Frankfurt 1963, S. 7–74. Vgl. auch die anderen Texte, die in der englischsprachigen Aufsatzsammlung The Messianic Idea in Judaism and Other Essays on Jewish Spirituality. New York 1971 zusammengestellt sind.

55 „The utopian, messianic element", schreibt Henry Pachter, „in the problematic of neo-Marxism constituted the major point of contact with Scholem, who drew attention to the Jewish source of utopian thinking in the Frankfurt School; for it is evident that messianism is the basic pattern on which both he and they built their particular methods of criticizing the present system. (Interestingly, both Bloch and Max Horkheimer at the ends of their lives recognized religion as an expression of their aspirations: Scholem was vindicated.)". Henry Pachter: Masters of cultural history. Gershom Scholem – The myth of the mythmaker. In: Salmagundi Nr. 40 (1978), S. 9–39, hier: S. 22.

56 Über die Neuausgabe des *Stern der Erlösung*. In: Frankfurter Israelitisches Gemeindeblatt September 1931, S. 15–18. Wieder in Gershom

Scholem: Judaica [1] (wie Anm. 54), S. 226–234, hier: S. 232f. Als Zionist scheint Scholem zudem Anstoß an dem historischen Quietismus genommen zu haben, den Rosenzweigs Vorstellung von Messianismus implizierte.
57 Diese Skizze der restaurativen, utopischen und apokalyptischen Elemente des messianischen Denkens beruht auf der brillianten Analyse von Rabinbach: Between enlightenment and apocalyse (wie Anm. 32), vor allem S. 84–88. Rabinbach führt weiter aus, daß dieses Denken sich durch eine tiefe ethische Ambivalenz auszeichnet, durch ein Schwanken zwischen Verdammnis und Hoffnung, Kontemplation und Aktion.
58 Zu diesem Thema, vor allem bei Benjamin, s. Richard Wolin: Walter Benjamin. An Aesthetic of Redemption. New York 1982, vor allem S. 36–44.
59 Ernst Bloch: Geist der Utopie. Hier zitiert nach der Ausgabe Frankfurt 1964, S. 347. Die Erstausgabe erschien 1918, eine zweite Auflage 1923.
60 Für die deutschjüdischen Neuerer war das Jiddische (oder der „Jargon") gleichbedeutend mit Unbildung. So habe es, wie Moses Mendelssohn 1782 schrieb, „nicht wenig zur Unmoral des gemeinen Mannes beigetragen; und ich erwarte mir eine sehr gute Wirkung von dem zunehmenden Gebrauch eines reinen Deutsch." Typisch für diese Bildungsgläubigkeit ist die Annahme, Immoralität könne irgendwie durch einen richtigen Sprachgebrauch bekämpft werden. Das Zitat steht bei Michael A. Meyer: The Origins of the Modern Jew. Detroit 1967, S. 44. Vgl. Aschheim: Brothers and Strangers (wie Anm. 33), Kapitel 1.
61 Zur Analyse dieser Entwicklungen s. Allan Janik/Stephen Toulmin: Wittgenstein's Vienna. New York 1973. Vgl. Sander Gilman: Jewish Self-Hatred. Anti-Semitism and the Hidden Language of the Jews. Baltimore, London 1986.
62 Eintrag vom 24. Oktober 1911. Franz Kafka: Tagebücher 1910–1923. Hrsg. v. Max Brod. Frankfurt 1973, S. 74.
63 Eine vergleichende Untersuchung bieten Stéphane Moses: Walter Benjamin und Franz Rosenzweig. In: Benjamin. Hrsg. v. Gary Smith, S. 228–246 und Martin Jay: The politics of translation. Siegfried Kracauer and Walter Benjamin on the Buber-Rosenzweig Bible. In: The Leo Baeck Institute Year Book 21 (1976), S. 3–24, vor allem S. 18 ff.
64 Ähnlichkeiten zwischen Rosenzweig und Heidegger nicht nur in diesem Punkt, sondern in vielen weiteren Hinsichten sind schon häufig bemerkt worden. S. z.B. Karl Löwith: M. Heidegger and F. Rosenzweig or temporality and eternity. In: Philosophy and Phenomenological Research 3 (1942/43), S. 53–77; Steven S. Schwarzschild: Franz Rosenzweig and Martin Heidegger. The german and the jewish turn to ethnicism sowie Alan Udoff: Rosenzweig's Heidegger reception and the re-origination of jewish thinking. Beide in: Der Philosoph Franz Rosenzweig (1886–1929). Internationaler Kongreß – Kassel 1986, Bd. 2: Das Neue Denken und seine Dimensionen. Hrsg. v. Wolfdietrich Schmied-Kowarzik. Freiburg, München 1988, S. 887–889 und 923–950; Stéphane Moses: System and Revelation. The Philosophy of Franz Rosenzweig. Übersetzt v. Catherine Tihanyi. Detroit 1992, S. 290–293.

65 Siehe Franz Rosenzweig: Der Stern der Erlösung. 4. Auflage. Im Jahre der Schöpfung 5736. Mit einer Einführung v. Reinhold Mayer (=Gesammelte Schriften. II). Den Haag 1976, vor allem S. 121–123, 138–145, 155–157, 164f., 166–168.
66 Siehe Franz Rosenzweig: [Die Funktion der Übersetzung] [=Zweiter Teil des Aufsatzes „Die Schrift und Luther"]. In ders.: Zweistromland. Kleinere Schriften zu Glauben und Denken. Hrsg. v. Reinhold und Annemarie Mayer (=Gesammelte Schriften. III). Dordrecht, Boston, Lancaster 1984, S. 749–772, hier: S. 750ff.
67 Zitiert nach George Steiner: After Babel. Aspects of Language and Translation. London, New York 1975, S. 244. Deutsch u.d.T.: Nach Babel. Aspekte der Sprache und des Übersetzens. Deutsch v. Monika Plessner unter Mitwirkung v. Henriette Beese. Frankfurt 1981. Neuausgabe Frankfurt 1994, S. 258.
68 Die Aufgabe des Übersetzers [=Vorwort zu Charles Baudelaire: Tableaux parisiens]. In Walter Benjamin: Gesammelte Schriften (wie Anm. 3), Bd. IV i, S. 9–21, hier: S. 16. Siehe ferner: Über Sprache überhaupt und über die Sprache des Menschen. In: Gesammelte Schriften (wie Anm. 3), Bd. II 1, S. 140–157. Um genau zu sein, glaubte Benjamin, anders als Rosenzweig, daß die Sprache nach dem Sündenfall zu einem profanen Kommunikationsmedium verkommen sei. Der Vorgang der Übersetzung besaß für ihn eine beinahe magische Wiederherstellungsfunktion, indem er aus dem Schatten der bloßen Alltagskommunikation die ursprüngliche Wahrheit und Bedeutung freilegte.
69 Moses: Walter Benjamin and Franz Rosenzweig (wie Anm. 63), vor allem S. 238f.
70 Zur Komplexität dieses Verhältnisses s. Michael Brocke: Franz Rosenzweig und Gerhard Gershom Scholem. In: Juden in der Weimarer Republik. Skizzen und Porträts. Hrsg. v. Walter Grab und Julius H. Schoeps. Stuttgart, Bonn 1986, 2. Auflage Darmstadt 1998, S. 127–152.
71 Hebrew „is imagined as a system of deep taps into the abyss […] which, once having been activated, will open up an irresistible resurgence of the depths." Robert Alter: Necessary Angels. Tradition and Modernity in Kafka, Benjamin, and Scholem. Cambridge, Mass. 1991, S. 36f.
72 Gershom Scholem: Od Davar. Tel Aviv 1989, S. 58f. Der ursprünglich in Deutsch geschriebene Text ist abgedruckt bei Brocke (wie Anm. 70), S. 148–150, die Zitate S. 148 und 149.
73 George L. Mosse: Gershom Scholem as a german jew. In: Modern Judaism 10 (1990), S. 117–133, vor allem S. 124f.
74 Ebd., S. 129.
75 Aschheim: Nietzsche und die Deutschen (wie Anm. 23), vor allem die Kapitel 5 und 6.
76 Zu Rosenzweigs und Blochs Verhältnis zu Nietzsche s. mein Nietzsche und die Deutschen (wie Anm. 23), S. 102ff., 187–189, 236f., 306–309 u.ö. Zu Benjamin s. R. Reschke: Barbaren, Kult und Katastrophen. Nietzsche bei Benjamin. In: Aber ein Sturm weht vom Paradiese. Texte zu Walter Benjamin. Leipzig 1992, S. 303–341.

77 Brief an Zalman Schocken (wie Anm. 2), S. 155 und 156. Die Modernität dieser Haltung sollte klar sein. Unmittelbar im Anschluß bekundet Scholem, daß es Kafka war, bei dem er „den perfektesten und unübertroffenen Ausdruck dieser feinen Linie" fand.
78 Siehe seinen Brief an Rudolf Hallo vom 27. März 1922, in dem er sich auf den „böse[n] Scholem" bezieht: „Warum disputierst du? Über das was man tut, läßt sich nicht disputieren. Am wenigsten mit einem Nihilisten wie Scholem. Der Nihilist behält immer recht. [...] In Scholem steckt das Ressentiment des Asketen." Franz Rosenzweig: Briefe (wie Anm. 37), S. 431.
79 Gershom Scholem: Die kryto-jüdische Sekte der Dönme (Sabbatianer) in der Türkei. In: Numen 7 (1960), S. 93–122.
80 Keneset 2 (1937), S. 347–392 [in Hebräisch]. Deutsch u.d.T.: Erlösung durch Sünde. Hrsg., aus dem Hebräischen übersetzt und mit einem Nachwort versehen v. Michael Brocke (=Judaica. 5). Frankfurt 1992, S. 7–116, hier: S. 45.
81 1935 schrieb Scholem an Benjamin, der Essay über „die Ideologie des religiösen Nihilismus im Judentum" könne „nur hebräisch" geschrieben werden, „wenn man von apologetischen Hemmungen frei bleiben will". Brief vom 18. Dezember 1935. In: Walter Benjamin – Gershom Scholem. Briefwechsel (wie Anm. 37), S. 213. Mag dies auch zutreffen, so halte ich dennoch dafür, daß Fragestellung, Kategorien und Denkweise zumindest teilweise mit dem kulturellen Milieu Deutschlands nach 1916 zu tun haben.
82 Siehe den interessanten, unveröffentlichten Aufsatz von David Biale: Scholem and Modern Nationalism.
83 Mosse: Gershom Scholem (wie Anm. 73), S. 121 registriert, daß Scholems Begriff der Geschichte keinerlei Vorstellung von Fortschritt oder organischer Entwicklung enthält; die daraus resultierende Unterminierung des Bildungsideals bemerkt er nicht.
84 Siehe den unveröffentlichten Aufsatz von Robert Alter: Scholem and Modernism, S. 5.
85 Benjamin: Über den Begriff der Geschichte (wie Anm. 46), S. 696.
86 Siehe den unpublizierten Vortrag von Stéphane Moses: Benjamin, Rosenzweig, Scholem. The Critique of Historical Reason, gehalten am 14. Juli 1992 auf der Internationalen Tagung über Walter Benjamin's Jewish Constellation, S. 147.
87 „The ‚culture' that was ours will be destroyed even in our lifetime. [...] Somthing new will take its place, of course. But it will not be ours." Unveröffentlichter Brief an Magrit Rosenstock vom 11. November 1918. Zitiert nach Stefan Meinecke: A life of contradictions (wie Anm. 39), S. 481.
88 Siehe den Kommentar von Hans Mayer: Ernst Bloch in der Geschichte. In: Reden über Ernst Bloch. Frankfurt 1989, S. 60.
89 Ernst Bloch: Erbschaft dieser Zeit. Zürich 1935, S. 58.
90 Schön ausgeführt hat diesen Punkt Paul Mendes-Flohr: ‚To brush history against the grain' (wie Anm. 51).
91 Moses: Benjamin, Rosenzweig, Scholem (wie Anm. 86).
92 Wie Benjamin formuliert: „Die Vorstellung eines Fortschritts des Menschengeschlechts in der Geschichte ist von der Vorstellung ihres eine ho-

mogene und leere Zeit durchlaufenden Fortgangs nicht abzulösen. Die Kritik an der Vorstellung dieses Fortschritts muß die Grundlage der Kritik an der Vorstellung des Fortschritts überhaupt bilden." Über den Begriff der Geschichte (wie Anm. 46), S. 701.

93 Vergleichende Untersuchung bieten Ulrich Hortian: Zeit und Geschichte bei Franz Rosenzweig und Walter Benjamin. In: Der Philosoph Franz Rosenzweig (wie Anm. 64), S. 815–827 und Stéphane Moses: Walter Benjamin and Franz Rosenzweig (wie Anm. 63), S. 228–246. Während Bloch den Fortschrittsgedanken aufgibt, führen auch seine plötzlichen, blitzartigen Momente, so wichtig sie auch sein mögen, nicht zur endgültigen Erlösung. Vielmehr ist diese in eine unendliche Zukunft verlegt.

94 Einen Überblick über Benjamins Geschichtsdenken bietet Stéphane Moses: Eingedenken und Jetztzeit. Geschichtliches Bewußtsein im Spätwerk Walter Benjamins. In: Memoria. Vergessen und Erinnern. Hrsg. v. Anselm Haverkamp und Renate Lachmann (=Poetik und Hermeneutik. 15). München 1993, S. 385–405.

95 Walter Benjamin. In: Neue Rundschau 76 (1965), 1–21. Wieder in Gershom Scholem: Judaica 2. Frankfurt 1970, S. 193–226, hier: S. 223.

96 Es ist sicher kein Zufall, daß Rosenzweigs antihegelianischer Traktat, der *Stern der Erlösung*, mit einem rhapsodischen Lobgesang für den Begründer des Modernismus, für Nietzsche, beginnt. Vgl. dazu Robert Alter: Scholem and Modernism (wie Anm. 84).

97 Das paßt auch zu Blochs zentralen Begriff in *Erbschaft dieser Zeit*, nämlich zu dem der Ungleichzeitigkeit. Er beschreibt das Nebeneinander von sozialen und kulturellen Strukturen aus der Vergangenheit mit Aspekten, die schon die Zukunft in sich tragen.

98 Erbschaft dieser Zeit (wie Anm. 89), S. 156. Beachte den Zusammenhang S. 149–169.

99 Walter Benjamin: Einbahnstraße. In ders.: Gesammelte Schriften (wie Anm. 3), Bd. IV 1, S. 83–148.

100 Siehe dazu Ricardo J. Quinones: Mapping Literary Modernism. Time and Development. Princeton 1985.

101 Erbschaft dieser Zeit (wie Anm. 89), S. 190.

102 Revueform in der Philosophie (1928). In: Erbschaft dieser Zeit (wie Anm. 89), S. 276–279, hier: S. 276 und 277f. Bloch charakterisiert Benjamins Stil als „Photomontage" (S. 277).

103 The modernist quest for „the liberation of experience can seem to require that we step outside the circle of the single, unitary identity, and that we open ourselves to the flux which moves beyond the scope of control or integration [...] the epiphanic centre of gravity begins to be displaced from the self to the flow of experience, to new forms of unity, to language conceived in a variety of ways." Charles Taylor: Sources of the Self. The Making of the Modern Identity. Cambridge 1989, S. 462 und 465. Taylors gesamtes Kapitel über „Epiphanies of Modernism" ist hier von Belang. Dennoch war, wie Taylor zeigt, dieser Vorgang der Dezentrierung eine paradoxe Möglichkeit, um auf einer tieferen Ebene wieder eine Einheit einzuführen, nämlich die radikal reflexive (und deshalb innere) Haltung eines (immer vielfältigen) Modernismus.

104 Der Sürrealismus. Die letzte Momentaufnahme der europäischen Intelligenz. In Walter Benjamin: Gesammelte Schriften (wie Anm. 3), Bd. II 1, S. 295–310, hier: S. 297. Der Aufsatz stammt von 1929. Wie Aleida Assmann beobachtet hat, beruhte die Lebendigkeit der Bildungsidee auf einem unreflektierten Begriff des Zentrums, sei es dem der Persönlichkeit, sei es dem der Nation (was uns heute nicht länger vorstellbar ist). Worauf ich hinausmöchte ist, daß in den Schriften, die ich hier betrachtet habe, diese Reflexion geleistet wird. Vgl. Assmann: Arbeit am nationalen Gedächtnis (wie Anm. 7), S. 111.

105 Als ich diesen Vortrag im Oktober 1993 auf einer Tagung in Madison, Wisconsin zum ersten Mal zur Diskussion stellte, wurde dagegen eingewandt, die genannten Intellektuellen seien der ursprünglichen Bildungsidee treu geblieben, nur einige Akzente hätten sich aufgrund der veränderten Umstände verschoben. Die Vernunftkritik, so wurde behauptet, beruhte selbst auf der Bildungsidee: Als die Vernunft der Kritik versagte, wurde daraus die Kritik der Vernunft. Dem Begriff der Bildung wird damit allerdings eine bemerkenswert proteische Fähigkeit zugeschrieben, die – zumindest nach Mosses Buch – nicht zu der ursprünglichen und bleibenden Konzeption gehörte, wie sie seine Übernahme durch die deutschen Juden bestimmte.

Über die Autoren

Arnold Angenendt, geboren 1934, forscht als Professor emeritus in Münster. Nach einem Studium der Katholischen Theologie wurde er 1971 promoviert. 1975/76 war er Visiting Professor of the Pontifical Institute in Toronto, 1976 wurde er als Professor für mittlere und neuere Kirchengeschichte nach Bochum berufen. Von 1983 an lehrte er in Münster, wo er zuletzt das Seminar für Mittlere und Neuere Kirchengeschichte an der Westfälischen Wilhelms-Universität Münster leitete. Seit 1997 ist er Mitglied der nordrhein-westfälischen Akademie der Wissenschaften Düsseldorf. Angenendts Arbeitsschwerpunkte liegen bei der Kirchengeschichte des (Früh-) Mittelalters. In seine maßgeblichen Gesamtdarstellungen zu dieser Epoche hat er konsequent sozial-, mentalitäts- und religionsgeschichtliche Fragestellungen aufgenommen.
Veröffentlichungen u.a.: *Monachi peregrini. Studien zu Pirmin und den monastischen Vorstellungen des frühen Mittelalters* (1972); *Kaiserherrschaft und Königstaufe* (1984); *Das Frühmittelalter. Die westliche Christenheit von 400–900* (1990; ^{2}1995); *Heilige und Reliquien. Die Geschichte ihres Kultes vom frühen Christentum bis zur Gegenwart* (1994; ^{2}1995); *Geschichte der Religiosität im Mittelalter* (1997); *Geschichte des Bistums Münster* (1998 ff.).

Steven E. Aschheim ist Associate Professor für Europäische Kultur- und Geistesgeschichte an der Hebrew University Jerusalem. 1942 in Süd-Afrika geboren, studierte er zunächst in Johannesburg, später an der London School of Economics. An der University of Wisconsin (Madison) wurde er von George L. Mosse promoviert. Nach einer Tätigkeit am Reed-College in Portland (Oregon) lehrt er seit 1982 er an der Hebrew University. Er ist Mitherausgeber der *Historia*, der Fachzeitschrift der Israel Historical Society. Aschheims Forschungen gelten der politischen Ideengeschichte des 19. und 20. Jahrhunderts sowie der Geschichte des deutschen Judentums; zuletzt ist er mit einem Aufsatz über die Goldhagen-Kontroverse hervorgetreten.
Veröffentlichungen u.a.: *Brothers and Strangers: The East European Jew in German and German-Jewish Consciousness, 1800–1923* (1982); *The Nietzsche Legacy in Germany, 1890–1990* (1992); *Culture and Catastrophe: German and Jewish Confrontations with National Socialism and Other Crises* (1996). Herausgeben wird er den demnächst erscheinenden Band *Hannah Arendt in Jerusalem*. Auf Deutsch liegen vor: *Nietzsche und die Deutschen. Geschichte eines Kults* (1996). Archetypen und der deutsch-jüdische Dialog. Erwägungen zur Goldhagen-Kontroverse. In: *Geschichtswissenschaft und Öffentlichkeit. Der Streit um Daniel Goldhagen*. Hrsg. v. J. Heil und R. Erb (1998).

Jan Assmann, geboren 1938, studierte Ägyptologie, Klassische Archäologie und Gräzistik in München, Heidelberg, Paris und Göttingen. 1965 promoviert, 1971 habilitiert, lehrt er seit 1976 als ordentlicher Professor Ägyptologie an der Ruprecht-Karls-Universität Heidelberg. Gastprofessuren führten ihn nach Yale, Jerusalem und Paris. Seine Forschungsschwerpunkte sind die altägyptische Religion und Literatur in religionsvergleichendem und literaturtheoretischem Kontext, ramessidische Beamtengräber in Theben (DFG-Projekt seit 1978, gefördert aus Mitteln des Max-Planck-Forschungspreises), allgemeine Kulturtheorie („kulturelles Gedächtnis", Mündlichkeit und Schriftlichkeit, Kanonisierung und Dekanonisierung), Religionswissenschaft (Entstehung des Monotheismus) sowie die Ägyptenrezeption in der Frühen Neuzeit. Veröffentlichungen: 21 Bücher, 22 (mit)herausgegebene Sammelbände, über 260 Aufsätze und Rezensionen. Die wichtigsten Buchveröffentlichungen von allgemeinem Interesse sind: *Ägyptische Hymnen und Gebete* (1975); *Zeit und Ewigkeit im Alten Ägypten* (1975); *Re und Amun. Die Krise des polytheistischen Weltbilds* (1983); *Ägypten – Theologie und Frömmigkeit einer frühen Hochkultur* (^{2}1991); *Ma'at. Gerechtigkeit und Unsterblichkeit im Alten Ägypten* (^{2}1995); *Das kulturelle Gedächtnis. Schrift, Erinnerung und politische Identität in frühen Hochkulturen* (^{2}1997); *Ägypten. Eine Sinngeschichte* (1996); *Moses der Ägypter. Entzifferung einer Gedächtnisspur* (1998).

John R. Goody, geboren 1919, studierte, unterbrochen durch seinen Kriegseinsatz und eine Tätigkeit als Education Officer, Anthropologie und Ethnologie bei Meyer Fortes am St. John's College Cambridge und bei Evans-Pritchard am Balliol College Oxford. Nach seiner Promotion 1954 lehrte er in Cambridge, wo er von 1973 bis zu seiner Emeritierung 1984 eine Professur für Social Anthropology bekleidete. Seine Feldforschungen führten ihn vor allem nach Afrika; von 1966 bis 1973 leitete er als Direktor das African Studies Centre. In seinen Forschungen vergleicht Goody Gesellschaften mit und Gesellschaften ohne Schriftkultur; geht er den verschiedenen kulturellen Ausprägungen von Ehe, Familie und Verwandtschaft nach; handelt er über Gegensätze und Ähnlichkeiten zwischen Europa, Asien und Afrika.
Veröffentlichungen u.a.: *The Social Organisation of the LoWilii* (1956, ^{2}1966); *Death, Property and the Ancestors* (1962); (Hrsg.:) *Literacy in Traditional Societies* (1968); *Comparative Studies in Kinship* (1969); *Technology, Tradition and the State in Africa* (1971); *The Myth of the Bagre* (1972); *Production and Reproduction* (1977); *The Domestication of the Savage Mind* (1977); *Cooking, Cuisine and Class* (1982); *The Development of the Family and Marriage in Europe* (1983); *The Logic of Writing and the Organization of Society* (1986); *The Interface Between the Oral and the Written* (1987); *The Oriental, the Ancient and the Primitive Systems of Marriage and the Family in the Pre-industrial Societies of Eurasia* (1990); *The Culture of Flowers* (1993); *The Expansive Moment* (1995); *The East in the West* (1996); *Representations and Contradictions* (1997).
Auf Deutsch liegen vor: *Literalität in tradionalen Gesellschaften* (1981); (mit Ian Watt und Kathleen Gough:) *Entstehung und Folgen der Schriftkultur* (1986; ^{2}1991); *Die Entwicklung von Ehe und Familie in Europa* (1989); *Die Logik der Schrift und die Organisation der Gesellschaft* (1990).

Geoffrey E. R. Lloyd, geboren 1933, kann als einer der besten Kenner der antiken Philosophie und Wissenschaftsgeschichte gelten. Unter seinen weitgespannten Forschungsinteressen ragt die Beschäftigung mit den Fragmenten der frühgriechischen Philosophen und den wissenschaftstheoretischen Schriften des Aristoteles heraus. Zentrales Anliegen seiner Studien ist die Frage nach den Ursachen und Bedingungen für die Entstehung von Philosophie und Wissenschaft in der griechischen Antike wie auch in anderen Wissenskulturen. Lloyd studierte am King's College in Cambridge, dem er von 1957 bis 1989 als Fellow angehörte; seit 1991 ist er dem College als Honorary Fellow verbunden. 1958 promoviert, lehrte er seit 1965 zunächst Klassische Altertumswissenschaften, von 1974 bis 1983 Antike Philosophie und Wissenschaftsgeschichte. 1983 erhielt er eine Professur für dieses Fach an der Universität Cambridge. Lloyds Bücher wurden in acht Sprachen übersetzt, darunter ins Japanische und Chinesische, nicht jedoch bisher ins Deutsche. Obwohl er weiterhin über antike westliche Philosophie publiziert, beschäftigt er sich in den letzten Jahren intensiv mit klassischem Chinesisch und betreibt Forschungen in enger Zusammenarbeit mit Sinologen in Cambridge, Paris und den Vereinigten Staaten.

Veröffentlichungen u.a.: *Polarity and Analogy: two types of argumentation in early Greek thought* (1966); *Aristotle: The Growth and Structure of his Thought* (1968); *Early Greek Science: Thales to Aristotle* (1970); *Greek Science after Aristotle* (1973); *Magic, Reason and Experience* (1979); *Science, Folklore and Ideology* (1983); *Science and Morality in Greco-Roman antiquity* (1985); *The Revolutions of Wisdom* (1987); *Demystifying Mentalities* (1990); *Methods and Problems in Greek Science* (1991); *Adversaries and authorities* (1996); *Aristotelian explorations* (1996).

John McDowell, geboren 1942 in Süd-Afrika, studierte von 1960–62 am University College von Rhodesien und Nyasaland, 1963–66 am New College in Oxford. Von 1966 bis 1986 gehörte er als Fellow dem University College Oxford an, bis er 1986 als Professor für Philosophie an die Universität Pittsburgh wechselte. Seit 1988 bekleidet er an dieser Universität einen Lehrstuhl für Philosophie. McDowell hat sich unter verschiedenen Aspekten mit der antiken Philosophie, aber auch mit Kant und Wittgenstein beschäftigt. Seine Hauptinteressen gelten der Ethik, Metaphysik, Erkenntnistheorie sowie der Sprachphilosophie.

Veröffentlichung u.a.: *Plato's Theaetetus* [Übersetzung und Kommentar] (1973); *Mind and World* (1994; ²1996); *Mind, Value, and Reality* (1998); *Meaning, Knowledge, and Reality* (1998).
Auf Deutsch liegt vor: *Geist und Welt* (1998).

Lord Renfrew of Kaimsthorn, geboren 1937, studierte am St. John's College Cambridge, lehrte von 1965 bis 1972 an der Universität Sheffield und bekleidete von 1972 bis 1981 eine Professur für Archäologie an der Universität Southampton. 1981 wurde er nach Cambridge berufen, wo er seit 1990 das McDonald Institute for Archaeological Research leitet. Lord Renfrew hat zahlreiche Bücher zur Vorgeschichte Europas und zur archäologischen Methode vorgelegt. Gegenwärtig beschäftigt er sich vor allem mit der Vorgeschichte der Sprachen, der archäologischen Genetik, der Vorgeschichte der Ägäis sowie wissenschaftstheoretischen Fragen der Archäologie.

Veröffentlichungen u. a.: *The Emergence of Civilisation: the Cyclades and the Aegean in the Third Millennium BC* (1972); *Before Civilisation: the Radiocarbon Revolution and Prehistoric Europe* (1973; ²1990); *Problems in European Prehistory* (1979); *Approaches to Social Archaeology* (1984); *The Archaeology of Cult* (1985); *Archaeology and Language: The Puzzle of the Indo-European Origins* (1987); (zusammen mit Glyn Daniel:) *The Idea of Prehistory* (1988); *The Cycladic Spirit* (1991); *The Roots of Ethnicity: archaeology, genetics, and the origins of Europe* (1993); (zusammen mit Paul Bahn:) *Archaeology: Theories, Method and Practice* (1991; ²1996).

Register

Aufgenommen sind nur Personennamen – und zwar von sämtlichen, im Text erwähnten, realen oder mythischen Personen. Aus den Anmerkungen sind nur die Namen derjenigen Personen aufgenommen, *über* die dort gehandelt wird, nicht die Namen aller zitierten Autoren. Römische Namen sind nach den heute gebräuchlichen Beinamen verzeichnet.

Abaelard, Peter 91, 93
Abraham 160
Adalbert de Vogüé 92
Adam 79
Addison, Joseph 45
Adorno, Theodor W. 176
Agobard von Lyon 90
Alexander der Große 107
Alter, Robert 149
Ammisaduqua 101
Angenendt, Arnold 17, 76–95, 186
Arendt, Hannah 178
Aristophanes 106
Aristoteles 44, 45, 61, 62, 63, 109, 110, 114, 116, 121
Aschheim, Steven 19, 136–155, 186
Assmann, Jan 16f., 56–75, 76, 77, 78, 84, 87, 88, 186f.
Augustinus, Aurelius 62
Averroës (Ibn Roschd) 44

Beethoven, Ludwig van 73, 162
Bell, James A. 35
Benedict von Nursia 92
Benedict, Ruth 88
Benjamin, Walter 19, 55, 136, 139, 144, 145, 146, 148, 150, 151, 153, 154, 175, 176, 178, 179, 182, 183f.
Biale, David 151
Bloch, Ernst 19, 136, 139, 142, 144, 145, 146, 147, 150, 152, 153f., 154, 175, 176, 177, 180, 184
Blumenfeld, Kurt 137f.
Bodegesil von Le Mans 92

Bowen, Alan 106
Bradley, Raymond S. 35
Breuer, Stefan 76
Brown, David 100
Buber, Martin 143, 176
Buondelmonti, Cristoforo da 63
Burkert, Walter 76, 84
Butterfield, Herbert 11, 98
Buxtorf, Johann 65

Cardano, Geronimo 158f.
Casaubon, Isaak 64, 68
Cassirer, Ernst 27
Castillo, Luis Jaime 25, 27, 36, 37
Cauvin, Jacques 27, 37
Chairemon 61
Champollion, Jean-François 73, 75
Childe, Gordon 26, 53
Chomsky, Noam 43
Cicero, Marcus Tullius 111
Clark, Grahame D. 32
Clark, Kenneth 50
Clemens von Alexandria 61, 70, 73
Cudworth, Ralph 68, 69

Davidson, Donald 118, 123, 170
DeMarrais, E. 25, 27, 36, 37
Dennett, Daniel 118, 123, 124, 171f., 173f.
Descartes, René 125, 126, 127, 128, 133, 134, 135, 170, 173, 174
Dihle, Albrecht 84
Dodds, Eric 83, 84

Donald, Merlin 22
Duby, Georges 88

Earle, Timothy K. 25, 27, 36, 37
Eckhart, Meister 92
Eggers, Hans 87
Eisenstein, Elizabeth 45
Eliade, Mircea 80
Eratosthenes 110
Eudoxos 106, 107, 108, 109, 110
Euklid 110
Eusebius von Caesarea 73

Farrington, Benjamin 113
Feuchtwanger, Ludwig 179
Ficino, Marsilio 62, 65, 161
Finley, Moses 96
Fisch, Jörg 78
Fortes, Meyer 96
Fowden, Garth 60
Franz von Assisi 93
Frazer, James 67, 68
Frege, Gottlob 128, 129, 130, 131, 132, 133, 171, 172, 173, 174
Freud, Sigmund 43
Friedländer, Salomo 144
Fromm, Erich 144

Geertz, Clifford 95
Geller, Markham J. 100
Gibson, Kathleen 21
Gladigow, Burkhard 76
Goethe, Johann Wolfgang 62, 137, 138
Golb, Joel 179
Goldberg, Oskar 144
Goldstein, Bernard 106
Goody, Jack 15 f., 40–55, 96, 187 f.
Graus, František 90
Gregor von Tours 92
Grimm, Jakob und Wilhelm 43
Grundmann, Herbert 92
Gurjewitsch, Aaron 91

Habermas, Jürgen 176
Hahn, Alois 91
Harvey, William 98
Hasenfratz, Hans-Peter 87

Hattenhauer, Hans 82
Hauhet 57
Haydn, Joseph 71
Hegel, Georg Wilhelm Friedrich 145, 152, 154, 184
Heidegger, Martin 142, 148, 150, 177, 181
Herder, Johann Gottfried 74
Hermes Trismegistus 17, 60, 61, 62, 63, 64, 65, 69, 158
Herodot 106
Hesiod 77
Hiller, Kurt 144
Hipparch von Nikaia 107
Hodder, Ian 26, 28
Hoffmann, Hartmut 90
Homer 82
Horapollon Nilotes 61, 63, 64
Horkheimer, Max 176, 181
Huh 57
Huizinga, Johan 92
Humboldt, Wilhelm von 137

Iamblichos 61
Ibn Fadlan 87
Ibn Roschd s. Averroës
Isis 17, 69, 72, 73, 161

Jacobi, Friedrich Heinrich 73
Jahwe 72
Jaspers, Karl 76
Johnson, Samuel 48
Jünger, Ernst 150

Kafka, Franz 147 f., 180, 183
Kahl, Hans-Dietrich 88, 93 f.
Kant, Immanuel 73, 120, 131, 170
Kepler, Johannes 98
Kolb, Eberhard 141
Konfuzius 109
Kopernikus, Nikolaus 98
Kornfeld, Paul 177
Korsch, Karl 176
Kracauer, Siegfried 175 f.
Kraus, Karl 147
Kubu 101
Kuhn, Thomas S. 11
Kyros der Große 102

Lactantius, Lucius Cäcilius Firmianus 61, 62
Landauer, Gustav 144
Landsberger, Benno 46
Lask, Emil 146
Leach, Edmund 96
Lentes, Lucia 20
Lloyd, Geoffrey 17, 18, 96–115, 187f.
Locke, John 170
Löwenthal, Leo 144, 175f.
Löwith, Karl 142
Lukács, Georg 144, 146, 176

Macfarlane, Alan 96
Maimonides (Moses ben Maimon) 65, 66, 67, 160
Malesherbes, Chrétien Guillaume de Lamoignon de 159
Marquard, Odo 79
Marx, Karl 32, 53, 144, 145, 146, 153, 181
Mauss, Marcel 7
Mauthner, Felix 147
McDowell, John 17, 18, 19, 116–135, 188
Mellars, Paul A. 21
Mendelssohn, Moses 73, 181
Mendes-Flohr, Paul 139
Meton 106
Mill, John Stuart 48
Millikan, Ruth Garrett 128, 129, 130, 131, 132, 133, 134, 171, 172, 173, 174
Minerva 161
Mithen, Steven J. 27, 37
Momigliano, Arnaldo 65
Moses 62, 65, 66, 67, 68, 69, 70, 71, 72, 73, 74
Moses ben Maimon s. Maimonides
Moses, Stéphane 152
Mosse, George L. 136, 137, 138, 139, 140, 143, 149, 154, 179
Mozart, Johann Wolfgang 71
Müller, Klaus E. 83

Napoleon I. 33
Needham, Joseph 96, 113
Neefe, Christian Gottlob 162

Nietzsche, Friedrich 10, 150, 151, 154, 177, 182, 184
Nipperdey, Thomas 94
Nobel, Nehemia 176

Orpheus 70, 73, 74, 158
Osiris 57
Otfried von Weißenburg 88, 89
Otto von Freising 61

Paulus 85, 93
Petrus 89
Platon 8, 61, 62, 74, 82, 90, 107, 108, 109, 110
Plinius der Ältere (Gaius Plinius Secundus) 159
Plotin 61
Plutarch 61, 69, 70, 73
Pomian, Krzysztof 94
Popper, Karl R. 113
Porphyrios 61
Potter, Beatrix 43
Proklos 61, 69, 161
Ptolemäus, Claudius 108, 110, 111
Pythagoras 70, 158

Ramus, Petrus 47
Re 58, 59
Reinhold, Karl Leonhard 71, 72, 73
Renfrew, Colin 15, 21–39, 188f.
Ricœur, Paul 82
Rochberg, Francesca 100
Rorty, Richard 117, 119, 122, 123, 124, 126, 170
Rosenzweig, Franz 19, 136, 139, 142, 144, 145, 146, 148, 150, 151f., 152, 174, 175, 176, 178, 180, 181, 182, 184
Ryle, Gilbert 125, 126

Scaliger, Joseph Justus 160
Schieffer, Theodor 89
Schikaneder, Emanuel 71
Schiller, Friedrich 73, 74
Schindler, Anton 73
Schmitt, Carl 176
Scholem, Gershom 19, 136, 139, 144, 146, 148, 149, 150, 151, 153, 175, 176, 178, 179, 180, 181, 183

Schrenk, Friedemann 12
Searle, John R. 26, 28, 35, 173
Sellars, Wilfrid 116, 117, 118, 119, 120, 121, 122, 123, 126, 131, 169, 170
Seuse, Heinrich 92 f.
Shakespeare, William 49
Simon, Ernst 144, 176
Sin 66
Smith, William Robertson 68
Sorkin, David 136
Spencer, John 65, 67, 68, 70, 72
Spengler, Oswald 142, 145, 150
Speyer, Wolfgang 79
Spinoza, Baruch de 73, 74
Steele, Richard 45
Steiner, George 142
Stol, Marten 100
Strauss, Ludwig 137
Sulpaea 101

Tambiah, Stanley Jeyaraya 96
Taylor, Charles 154

Thales von Milet 106
Theomedon 108
Thomas von Aquin 65
Treherne, Paul 36
Tucholsky, Kurt 176

Vesalius, Andreas 98
Veyne, Paul 85
Vierhaus, Rudolf 142
Voegelin, Eric 79, 80
Vogel, Christian 95
Volkov, Shulamit 139

Warburton, William 69, 70, 71, 72
Weber, Max 10, 53, 91
Winckelmann, Johann Joachim 74
Wittgenstein, Ludwig 147, 170, 173

Yerushalmi, Yosef Hayim 16

Zoroaster (Zarathustra) 158, 160
Zosimus von Panopolis 61
Zubrow, Ezra B.W. 22

Buchanzeigen

Philosophie, Religion, Ethik

Jan Assmann
Religion und kulturelles Gedächtnis
Zehn Studien
2000. 256 Seiten. Paperback
Beck'sche Reihe Band 1375

Volker Gerhardt
Individualität
Das Element der Welt
2000. 242 Seiten. Paperback
Beck'sche Reihe Band 1381

Vittorio Hösle
Die Philosophie und die Wissenschaften
1999. 236 Seiten. Paperback
Beck'sche Reihe Band 1309

Christoph Horn
Antike Lebenskunst
Glück und Moral von Sokrates bis zu den Neuplatonikern
1998. 271 Seiten. Paperback
Beck'sche Reihe Band 1271

Peter Janich
Was ist Erkenntnis?
Eine philosophische Einführung
2000. 165 Seiten. Paperback
Beck'sche Reihe Band 1376

Werner Schneiders
Wieviel Philosophie braucht der Mensch?
Eine Minimalphilosophie
2., verbesserte Auflage. 2001. 304 Seiten. Paperback
Beck'sche Reihe Band 1368

Verlag C. H. Beck München

Literatur, Sprache

Willy Sanders
Was die Wörter uns verraten
Kleine Geschichten rund um die Sprache
2000. 143 Seiten mit 7 Abbildungen. Paperback
Beck'sche Reihe Band 1367

Harald Weinrich
Linguistik der Lüge
6., durch ein Nachwort erweiterte Auflage. 2000. 90 Seiten. Paperback
Beck'sche Reihe Band 1372

Hans-Martin Gauger
Über Sprache und Stil
1995. 276 Seiten mit 3 Abbildungen. Paperback
Beck'sche Reihe Band 1107

Michael Hauskeller
Was ist Kunst?
Positionen der Ästhetik von Platon bis Danto
5. Auflage. 2000. 110 Seiten. Paperback
Beck'sche Reihe Band 1254

Hans H. Hiebel (Hrsg.)
Kleine Medienchronik
Von den ersten Schriftzeichen zum Mikrochip
Von Heinz Hiebler, Karl Kogler, Herwig Walitsch.
1997. 275 Seiten. Paperback
Beck'sche Reihe Band 1206

Jürgen August Alt
Richtig argumentieren
oder wie man in Diskussionen Recht behält
3. Auflage. 2000. 167 Seiten mit 3 Abbildungen und 3 Tabellen. Paperback
Beck'sche Reihe Band 1346

Verlag C. H. Beck München